COURS D'ÉTUDES
DES PETITS SÉMINAIRES ET DES COLLÉGES.

COURS ÉLÉMENTAIRE

DE

LITTÉRATURE

STYLE ET POÉTIQUE

A L'USAGE DES ÉLÈVES DE SECONDE

PAR

M. L'ABBÉ J. VERNIOLLES

CHANOINE HONORAIRE DE TULLE, SUPÉRIEUR DU PETIT SÉMINAIRE
DE SERVIÈRES

QUATRIÈME ÉDITION
SOIGNEUSEMENT REVUE ET CORRIGÉE

PARIS
LOUIS GIRAUD, LIBRAIRE-ÉDITEUR
RUE DES SAINTS-PÈRES, 11

NIMES. — MÊME MAISON
1865

COURS ÉLÉMENTAIRE

DE

LITTÉRATURE

Tout exemplaire non revêtu de la griffe de l'Éditeur sera
regardé comme contrefait.

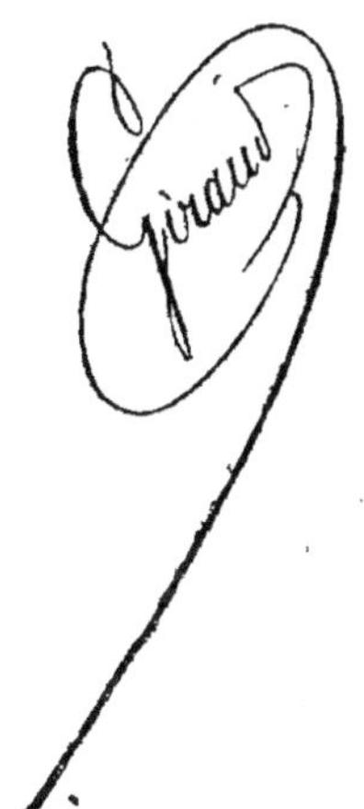

Paris. — Imprimerie P.-A. BOURDIER et C*, rue des Poitevins, 6.

COURS ÉLÉMENTAIRE

DE

LITTÉRATURE

STYLE ET POÉTIQUE

A L'USAGE DES ÉLÈVES DE SECONDE

PAR

M. L'ABBÉ J. VERNIOLLES

CHANOINE HONORAIRE DE TULLE, SUPÉRIEUR DU PETIT SÉMINAIRE
DE SERVIÈRES

QUATRIÈME ÉDITION
SOIGNEUSEMENT REVUE ET CORRIGÉE

PARIS
LOUIS GIRAUD, LIBRAIRE-ÉDITEUR
RUE DES SAINTS-PÈRES, 11

NIMES. — MÊME MAISON
1865

PRÉFACE

DE LA TROISIÈME ÉDITION

Cette troisième édition de notre *Cours de littérature* ne diffère pas notablement de la précédente. Nous nous sommes efforcé toutefois d'introduire dans ce volume des améliorations que le public a déjà parfaitement appréciées dans notre *Cours élémentaire de rhétorique*.

Les caractères typographiques ont été considérablement modifiés : dans chaque article, tous les mots importants sont imprimés en petites capitales, et les définitions sont en lettres italiques. Au commencement de tous les chapitres, nous donnons une liste des auteurs à consulter sur la question dont il s'agit. Cette liste est sans doute bien incomplète, mais nous avons cru devoir nous borner aux ouvrages qui sont plus communément à la portée des professeurs, et nous avons choisi de préférence les sources où nous avons puisé nous-même pour composer ces éléments. Quelques phrases qui manquaient de clarté, de correction, d'exactitude ou d'élégance, ont encore été retouchées dans cette édition, et les maîtres qui voudront bien la comparer avec la précédente reconnaîtront aisément que nous n'avons cessé de perfectionner notre premier travail.

Nous aurons toujours ce scrupuleux respect pour notre public, c'est-à-dire pour les maîtres et les élèves, et volontiers nous profiterons de

tous les conseils qui nous seront donnés. Il est
de notre devoir de répondre ainsi à la confiance
dont on nous honore et à l'accueil sympathique
et bienveillant qu'on fait à nos ouvrages.

J. V.

Paris, le 1er septembre 1862.

[illegible]

[illegible]
[illegible]
[illegible]
[illegible]

[illegible]

[illegible]

[illegible]

COURS ÉLÉMENTAIRE

DE

LITTÉRATURE

NOTIONS PRÉLIMINAIRES

1. Littérature et belles-lettres[1].

1. La **littérature**, en général, est la *connaissance raisonnée des ouvrages d'esprit qu'on trouve chez les anciens et chez les modernes.* Ainsi, ce mot, pris dans toute son étendue, embrasse les productions des écrivains, les principes du bon goût, le talent de la critique et celui de la composition.

2. Le mot *littérature* a pour l'ordinaire deux acceptions différentes.

Il se prend d'abord pour l'ensemble des écrits d'une époque, d'un pays, ou même d'un certain genre. C'est ainsi que l'on dit : la littérature *du siècle d'Auguste*, la littérature *grecque*, la littérature *sacrée*, la littérature *légère*. Ainsi entendue, la littérature se confond avec

---

[1] Auteurs à consulter : Marmontel, *Éléments de littérature*, art. Beau, Génie, Talent, Goût, etc.; Laurentie, *De l'étude et de l'enseignement des lettres*, ch. I, II, III; Pérennès, *Principes de littérature*, 1re et 2e part.; Collombet, *Cours de littérature profane et sacrée*, ch. 1er; l'abbé Decœur, *Essai sur la composition*, 1re part.

les *belles-lettres* et peut se définir : *L'expression du beau par la parole écrite ou parlée.*

Dans le second sens, le mot *littérature* se prend pour la collection des règles qui apprennent à juger des ouvrages d'esprit et à écrire ou parler soi-même avec goût. Ainsi entendue, la littérature peut se définir : *L'ensemble des lois qui régissent l'expression du beau par la parole écrite ou parlée.*

3. Il y a, ce semble, une différence entre les *lettres* et les *belles-lettres*. L'ordre et la correction, le respect de l'usage et des règles sont proprement du domaine des *lettres*. Pour qu'un ouvrage appartienne aux *belles-lettres*, il faut de plus qu'il y ait de l'élégance, de l'imagination et du goût. Mais on prend souvent ces deux mots l'un pour l'autre.

4. Tous les travaux de l'esprit se rapportent à trois objets principaux : le *vrai*, le *bon* et le *beau*. Le vrai est l'objet de la science ; la morale s'attache à montrer le bon ; la littérature s'applique spécialement à rechercher le beau, sans pourtant le séparer du vrai et du bon.

5. Pour agir fortement sur les hommes, pour les faire penser et vouloir comme nous, il faut sans doute leur montrer le vrai et le bien : le vrai pour obtenir l'adhésion de leur intelligence, le bien pour déterminer leur volonté. Mais, outre ces deux devoirs qui conviennent aussi au métaphysicien et au moraliste, les belles-lettres doivent s'adresser à toutes les autres facultés de l'homme, le saisir par les sens et parler tout ensemble à son imagination et à sa sensibilité.

6. **Le beau** est *ce qui, dans la nature ou dans l'art,*

nous charme et nous captive, subjugue l'intelligence, sai-sit l'imagination et touche le cœur.

Le beau, a dit Platon, est la splendeur du vrai. En effet, le vrai montré dans tous ses rapports et sous toutes ses faces, le vrai montré à toutes les facultés de l'homme et manifesté avec toutes ses perfections, c'est le vrai dans tout son éclat, c'est la *splendeur du vrai.*

7. La littérature ou les belles-lettres ont pour *but immédiat,* d'après la définition donnée, d'apprendre à parler et à écrire d'une manière intéressante et agréable. Et comme les expressions les plus belles ne sont rien si elles présentent des idées fausses, la littérature accorde une grande importance à la pensée et perfectionne ainsi les deux plus belles prérogatives de l'homme : la *parole* et la *pensée.* Elle rend capable de poser et de discuter une question, d'exposer nettement et fortement ses raisons, d'écrire convenablement une lettre, de rédiger clairement un récit, un rapport, et de faire triompher partout le bon sens et le bon droit, la justice et la vérité.

8. *La fin suprême et véritable* des belles-lettres est de perfectionner l'homme avec toutes ses facultés. Rétablir en son intelligence et en sa volonté l'image de la ressemblance divine par la vue et l'amour du beau, marquer davantage sa supériorité sur toutes les créatures qui l'environnent et que Dieu lui a soumises, communiquer aux autres cette ressemblance divine par l'expression et l'amour du beau, enfin rendre l'homme plus *homme,* c'est la fin de toutes les lettres, c'est la fin même de l'homme. De là vient que les

belles-lettres sont justement appelées, *humanités*, *lettres humaines*, HUMANIORES LITTERÆ.

9. La culture des belles-lettres est donc une **étude** *sérieuse* et *utile;* elle épure le goût, développe l'intelligence, enrichit la mémoire, embellit et perfectionne toutes les facultés. Celui qui, en les cultivant, ne songe pas à s'élever soi-même et à élever les autres à une plus haute perfection, n'est qu'un discoureur puéril et frivole, et il ne mérite pas d'être admis dans le sanctuaire des lettres.

II. Facultés littéraires.

10. Tous les hommes possèdent plus ou moins dans leur intelligence et dans leur cœur les moyens de sentir et d'apprécier le beau. Cependant, pour le sentir et le représenter de manière à le faire aimer aux autres, il faut réunir à un degré plus qu'ordinaire certaines facultés de l'âme. Les facultés qui sont les plus utiles pour la culture des belles-lettres sont le *génie*, le *talent*, l'*esprit*, la *sensibilité*, l'*imagination*, la *mémoire*, le *jugement* et le *goût*.

11. Le **génie** est *une supériorité d'intelligence qui rend capable de créer quelque chose de grand, ou de montrer, par des conceptions originales, de nouveaux rapports entre les objets.*

12. Le **talent** est *une disposition habituelle à combiner sagement des moyens ordinaires et à réussir dans ce qu'on entreprend.* En littérature, il consiste à donner aux sujets que l'on traite et aux idées qu'on exprime une forme que l'art approuve et où le goût se complaît.

13. Il y a plusieurs différences entre le génie et le talent. Le génie est une sorte d'inspiration fréquente, mais passagère ; c'est, comme parle Bossuet, une illumination soudaine qui brille et disparaît tour à tour. Le talent est une aptitude habituelle et permanente qui consiste dans la justesse du coup d'œil, dans l'élégance et la clarté, et qui demande une volonté souple, adroite et patiente.

Le cachet du génie, c'est la création et l'invention. Ce beau nom n'appartient qu'à celui qui crée ou qui féconde avec originalité, découvre des rapports qu'on n'avait pas signalés, et trouve des moyens qu'on ne soupçonnait même pas. Le talent, au contraire, ne découvre pas le premier et par lui-même ; il vérifie ce que le génie a découvert, il achève et perfectionne les détails que le génie a négligés ; il va glaner sur les traces du génie et compose une couronne de fleurs qui ont échappé à ses regards et qu'il a dédaigné de cueillir.

14. On a du génie pour la guerre, pour la politique, pour les arts, pour les sciences ; mais on ne donne le nom de génie qu'à un homme très-supérieur. Démosthène, dit le P. de Boylesve, a plus de génie que de talent ; Cicéron, plus de talent que de génie. C'est par le génie que Bossuet vous élève et vous étonne ; c'est par le talent que Massillon vous charme et vous pénètre. Le talent politique de Philippe prépare la voie au génie d'Alexandre : le talent si brillant de Pompée succombe sous le foudroyant génie de César. (Voir le n° 1er des citations à la fin du volume.)

15. L'*esprit*, dit M. Pérennès, est cette sagacité d'in-

telligence qui saisit entre les objets des rapports délicats et cachés, et qui se manifeste dans le discours par la finesse de la pensée et le tour ingénieux de l'expression. L'esprit, ajoute M. Nisard, est un don charmant, le premier après le génie.

16. La *sensibilité* est une disposition naturelle de l'âme à recevoir aisément et à communiquer aux autres les diverses impressions de joie et de tristesse, de douleur et de pitié. C'est, si l'on veut, la faculté d'être ému et de transmettre l'émotion. Si l'on n'a pas de sensibilité, on est sec et froid : avec elle, on pénètre l'âme dans ses profondeurs, on la remue, on la maîtrise.

17. L'*imagination* est cette faculté de l'âme qui nous représente les objets sous forme de tableau avec toutes leurs circonstances intéressantes.

C'est par l'imagination que la pensée se colore et se pare d'images qui l'animent et la rendent pour ainsi dire accessible aux sens ; c'est par elle que le poëte revêt de formes palpables et corporelles des êtres invisibles, absents ou même fantastiques.

18. La *mémoire* est la faculté de saisir promptement et de rappeler fidèlement les mots et les choses qui ont été présentés à l'esprit. Sans la mémoire, il est impossible d'exceller dans les belles-lettres. C'est elle qui rappelle les préceptes dictés par le goût et les œuvres des grands écrivains; c'est elle qui fournit au génie, à l'imagination, à la sensibilité la matière et l'aliment qui leur sont nécessaires.

19. Le *jugement* est une faculté par laquelle l'intelligence compare les objets et distingue le vrai du faux.

Ainsi, lorsqu'on examine si la bonté convient à Dieu et qu'on affirme cette convenance, c'est le jugement qui aperçoit un rapport entre Dieu et la bonté.

Puisque le vrai est le fondement et la source de toute beauté littéraire, il est évident que le jugement est nécessaire dans la culture des belles-lettres. Un homme sans jugement ne pourra jamais ni lier convenablement les idées, ni penser avec justesse, ni agir avec convenance.

20. Le **goût** est *le sentiment vif et délicat des beautés comme des défauts de la nature et de l'art.* C'est au goût qu'il appartient de régler et de conserver ce que produisent le talent et le génie.

21. Le goût tient à la fois du jugement, de l'imagination et de la sensibilité, mais c'est la sensibilité qui domine et prévaut. « Il faut avoir de l'âme pour avoir du goût, » a dit Vauvenargues.

Le jugement se contente d'approuver ou de condamner, mais le goût jouit ou souffre. Il est au jugement ce que l'honneur est à la probité : ses lois sont délicates, mystérieuses et sacrées.

22. Le goût est une faculté inhérente à l'esprit humain, aussi bien que la faculté de comprendre et de raisonner. Tous les hommes, dit Cicéron, par un sentiment secret, et sans connaître les règles de l'art, discernent ce qu'il y a de bon et de défectueux dans le travail d'un artiste ; et s'ils jugent sainement du mérite d'un tableau, ils sont meilleurs juges encore en ce qui concerne les mots, le nombre, les tons et la voix, c'est-à-dire en ce qui constitue l'écrivain et l'orateur.

23. La nature a pris soin de distribuer inégalement ses dons; et comme il y a des esprits bizarres qui ne voient jamais les objets que sous un faux point de vue, il y a des goûts dépravés qui prennent pour le beau ce qui n'en a que l'apparence.

Un homme bien portant et bien constitué trouve plaisir aux mets simples et salubres. De même, dans les arts, le bon goût se reconnaît à l'amour du simple et du naturel. Celui-là a un mauvais goût qui se plaît aux ornements précieux et affectés, qui recherche le burlesque, le bizarre, le monstrueux. Il existe donc un *bon* et un *mauvais* goût.

24. On remarque des divergences et des degrés différents dans le goût des différents hommes. Comme le goût se compose de trois éléments, la sensibilité, l'imagination et le jugement, la même œuvre, dit un critique, jugée par trois esprits, peut être diversement appréciée, selon qu'elle choquera davantage la sensibilité du premier, l'imagination du second, le jugement du troisième[1]. Boileau et Racine eurent le même goût, mais ils n'en eurent pas le même sentiment : Boileau jugeait comme Racine, mais il ne sentait pas comme lui.

25. Les deux principaux caractères d'un goût exquis sont la *délicatesse* et la *pureté*.

Si la sensibilité domine, si un homme joint un bon cœur à un esprit droit, il se distinguera par la délicatesse de son goût. Il discernera les moindres nuances; il apercevra les beautés les moins apparentes comme les taches les plus légères.

---

[1] L'abbé Deccœur, *Essai sur la composition*, p. 22.

Au contraire, si le jugement et la raison dominent les autres facultés, le goût se distinguera par la pureté. Un homme d'un goût pur est celui qui ne se laisse jamais tromper par des beautés fausses; il estime avec justesse, il compare avec équité les beautés des divers genres, il se rend compte du plaisir qu'il éprouve, et ce plaisir est toujours proportionné au mérite de l'ouvrage.

La délicatesse a donc sa source dans le cœur; la pureté, dans la raison. Longin possédait plus de délicatesse dans le goût; Aristote, plus de pureté et de profondeur.

III. Règles de littérature. Plan et division de l'ouvrage.

26. Les **règles** ou préceptes de littérature sont *un recueil de principes et d'observations propres à diriger dans la composition ou dans l'appréciation d'un ouvrage.*

27. Les règles sont fondées sur la nature de l'homme, et elles existaient avant que les critiques les eussent étudiées et formulées dans leurs écrits. Ce ne sont pas des inventions arbitraires sorties du cerveau de quelque rhéteur. Étudier et suivre les règles, c'est observer la marche que prescrit la raison et que suit le génie. « Les règles, a dit un écrivain célèbre, sont l'itinéraire du génie. »

28. L'étude des règles est *très-importante* pour tout homme qui veut perfectionner ses talents naturels et dominer ses semblables. L'orateur et l'écrivain doi-

vent s'emparer de l'homme tout entier et subjuguer son imagination et son cœur. Pour atteindre ce but, il y a des moyens à prendre et une route à suivre. Or, les règles indiquent précisément ces moyens et cette route; elles enseignent par quels charmes on captive les esprits, quels sont les défauts qui les rebutent. Négliger cette étude, c'est se condamner à faire seul et avec ses propres forces tout le chemin que d'habiles maîtres ont fait avant nous.

29. Les règles n'ont pas précédé, mais *suivi* les modèles. On admirait les chefs-d'œuvre de Sophocle et d'Euripide avant qu'Aristote eût tracé les règles de l'art dramatique. Homère avait été sublime avant que Longin eût défini le sublime. Il y avait des orateurs et des poëtes avant que personne enseignât à le devenir ou du moins à l'être plus sûrement. Les préceptes ont été puisés dans les œuvres de ceux qui parlaient ou qui écrivaient de manière à plaire aux hommes et à les entraîner.

30. Tout importantes qu'elles sont, les règles nous paraissent plutôt des observations et des conseils que des lois invariables et inflexibles. Presque toutes souffrent des *exceptions*. Le mérite de l'écrivain n'aurait rien d'extraordinaire si l'on pouvait donner une méthode infaillible pour bien composer. Mais, loin d'être une œuvre mécanique, l'art de bien écrire demande une longue expérience, beaucoup d'exercice, une prudence consommée et un jugement exquis. Les règles doivent donc respecter la liberté de l'esprit et l'indépendance du génie. Le chemin public, dit Quintilien, n'est pas pour nous une loi indispensable :

nous le quittons souvent pour abréger la marche ; si le pont est brisé, nous cherchons un détour, et si la porte est environnée de flammes, nous sortirons par la fenêtre.

31. La **critique** est *l'application des règles à tous les arts;* et, en littérature, c'est *le jugement que nous portons sur les beautés ou les défauts d'un ouvrage en prose ou en vers.*

Il n'est pas nécessaire, pour bien juger d'un ouvrage, d'être soi-même capable de faire mieux ou aussi bien que son auteur. On peut critiquer Homère avec beaucoup de profondeur et de justesse sans posséder son génie et sans savoir faire un vers grec. On n'a pas besoin d'être éloquent pour comprendre ce qu'il y a de beau dans les meilleurs discours de Bossuet. Un écrivain de génie peut être un critique d'un goût peu sûr ; et, au contraire, sans être un grand écrivain, on peut exceller dans la critique.

32. Les œuvres littéraires se partagent en divers genres, mais il est des principes communs à tous. *Concevoir, coordonner* et *exprimer* ses idées, telle est la triple opération de l'esprit dans toute composition littéraire. De là cette division si connue dans les traités sur les belles-lettres : *invention, disposition, élocution.* Le plus ou moins d'habileté dans ces trois opérations de l'esprit forme ce qu'on appelle le *style.*

33. Les œuvres littéraires peuvent se diviser en deux genres principaux : *prose et vers.* Cette division est fondée sur ce que les vers et la prose constituent deux formes de style essentiellement distinctes.

Nous exposerons donc d'abord les préceptes du

style, puis les règles de la *poétique*, et enfin celles de l'*éloquence*. Mais, comme il est d'usage d'assigner à la classe d'humanités les préceptes de la poétique, nous étudierons dans le premier volume le *style* et la *poétique*, et nous réserverons pour le second la *rhétorique* et l'*éloquence*.

PREMIÈRE PARTIE

DU STYLE [1]

34. Le mot *style*, qui vient du grec (στύλος), désignait primitivement une sorte d'aiguille ou de poinçon dont on se servait pour graver sur des tablettes enduites de cire les caractères de l'alphabet.

On donna ensuite le nom de *style* à la manière spéciale dont chacun se sert d'une langue pour exprimer sa pensée.

35. Le **style** est *la manière propre à chacun d'exprimer sa pensée par la parole;* ou, plus exactement peut-être, *c'est le cachet particulier, c'est la physionomie extérieure et vivante qui fait reconnaître le génie ou le caractère d'un écrivain.* Buffon a dit : *Le style est l'homme même.* C'est par le style en effet que l'homme se révèle, se distingue, se sépare de ses semblables.

36. Puisque le style est l'expression de l'homme même, il devra présenter l'homme tel qu'il est et

---

[1] Auteurs à consulter : Marmontel, art. Style ; Buffon, *Discours de réception à l'Académie* ; Blair, *Leçons de littérature*, IIIe partie ; Collombet, *Cours de littérature profane et sacrée*, ch. III ; Ernest Hello, *Le Style.*

tel qu'il sent, c'est-à-dire que la manière d'écrire d'un auteur sera l'expression fidèle de sa manière de voir et de sentir. S'il a l'intelligence très-vive, son style sera nécessairement rapide et concis; si l'imagination prédomine, ses expressions seront brillantes et figurées; s'il manque de jugement, il n'y aura pas assez de liaison entre les phrases et les diverses parties de sa composition.

37. Cette union entre le caractère et le style d'un homme est si intime et si profonde que les différents pays ont un style particulier et analogue au caractère de leurs habitants. Les peuples de l'Orient, dit Blair, ont de tout temps chargé leur style de figures fortes et hyperboliques; les Athéniens, peuple subtil et poli, s'étaient fait un style clair, pur et correct. Les Asiatiques, amis du faste et de la mollesse, avaient un style pompeux et diffus. On remarque aujourd'hui les mêmes différences entre le style des Français, des Espagnols, des Allemands et des Anglais. (Voir le nº 11.)

38. Le style est indépendant du savoir, et souvent des hommes pleins de science manquent de style et ne sont que de médiocres écrivains. Ils ont fait de nombreuses recherches, mais ils ne savent point exposer leurs découvertes d'une manière digne d'elles. Ils ont développé en eux l'entendement, le jugement et la mémoire; mais ils n'ont point cultivé l'imagination et la sensibilité, et leur style est dépourvu de grâce et de chaleur.

39. Pour classer dans un ordre facile les observations les plus importantes au sujet du style, nous le considérerons dans ses *éléments*, dans ses *qualités*,

dans ses *ornements* et dans les *moyens* de le former. De là quatre chapitres différents dans cette première partie.

***

CHAPITRE PREMIER.

Éléments du style.

40. Bien écrire, dit Buffon, c'est tout à la fois bien **penser**, bien **sentir** et bien **rendre**; c'est avoir en même temps de l'esprit, de l'âme et du goût. Quand l'âme est élevée, dit Chateaubriand, les paroles tombent de haut, et l'expression noble suit toujours la noble pensée. Le mauvais style vient presque toujours du manque d'idées et de sentiments, et tout ce qui n'est pas bien pensé, bien senti, est mal écrit.

41. Puisque le style est l'homme même, on doit trouver dans le style les principaux éléments qu'on découvre dans l'homme. Or l'âme humaine possède trois facultés principales, l'*intelligence*, la *sensibilité*, l'*imagination*, et ces facultés manifestent leur puissance par les *organes* du corps.

Dans le style, nous pouvons aussi distinguer les *pensées* qui émanent de l'intelligence, les *sentiments* qui partent du cœur, les *images* que produit l'imagination, et enfin les *mots* qui traduisent au dehors ces trois éléments primitifs et leur servent de vêtement.

Nous parlerons donc successivement des *pensées*, des *sentiments*, des *images* et des *mots*.

ARTICLE PREMIER.

DES PENSÉES [1].

42. La **pensée** (*pendere, pensare,* peser) est *un acte par lequel l'intelligence compare deux idées et juge des rapports qu'elles ont entre elles.* C'est à peu près ce que les logiciens appellent jugement, en latin *judicium, sententia.*

43. Il y a une grande différence entre une *idée* et une *pensée.* L'idée (εἴδω, je vois) n'est que la simple représentation que l'esprit se forme des objets. La pensée est l'affirmation d'un rapport qu'on aperçoit entre deux idées par suite d'une comparaison qu'on a faite.

Quand je dis : *Dieu est bon,* mon esprit aperçoit deux idées, l'idée de *Dieu* et l'idée de la *bonté ;* il les examine et les compare, et lorsqu'il affirme que la *bonté* convient à *Dieu,* il forme une *pensée* ou un *jugement.*

44. Il faut observer cependant que le mot *pensée* désigne souvent les opérations de l'esprit d'une manière générique, et qu'il s'applique dans ce cas aux idées, aux raisonnements, aux images, aussi bien qu'aux jugements proprement dits. Mais la pensée littéraire, dans un sens rigoureux, est la forme extérieure sous laquelle le jugement se manifeste. La logique ne con-

---

[1] Auteurs à consulter : Longin, *Traité du sublime,* ch. VIII ; Rollin, *Traité des études,* liv. III, ch. III ; le P. Bouhours, *La manière de bien penser dans les ouvrages d'esprit ;* l'abbé Tuet, *Guide des humanistes.*

sidère que le fond ; la littérature s'occupe tout à la fois du fond et de l'expression.

45. Puisque le style n'est que l'ordre et le mouvement que l'on met dans ses pensées, il conviendrait peut-être de ne point séparer l'un de l'autre. Nous le faisons toutefois pour être plus clair et mieux compris. D'ailleurs, on ne peut pas avoir une juste idée du style sans considérer les pensées et le fond des choses. Les expressions les plus belles, si elles offrent des idées fausses ou triviales, ne sont que des riens cadencés et des bagatelles harmonieuses.

46. Les qualités des pensées sont de deux sortes : les unes, qu'on peut appeler *logiques*, sont exigées par la raison et le bon sens, et les autres, qui sont plutôt *littéraires*, dépendent du bon goût et donnent à un ouvrage cet agrément qui le fait lire avec plaisir.

Les qualités requises par la raison sont la *vérité*, la *justesse* et la *clarté*.

47. La pensée est **vraie** quand elle représente son objet tel qu'il est. Si je dis : *Dieu est juste*, j'exprime une pensée vraie, parce qu'il y a une convenance parfaite entre les deux idées de Dieu et de justice ; mais si je disais : *Tout homme est juste*, la pensée serait fausse, parce que ce rapport de convenance n'existe plus.

Voltaire a dit :

> Du devoir il est beau de ne jamais sortir,
> Mais plus beau d'y rentrer avec le repentir.

On cite le premier vers comme exemple de pensée vraie, et le second comme exemple de pensée fausse.

En effet, il est plus *pénible* peut-être de rentrer dans le devoir que de n'en pas sortir. De là vient que ceux qui ont le courage d'y rentrer sont plus *remarqués*, plus *admirés* que ceux qui n'en sont jamais sortis. Mais l'innocence est toujours préférable au repentir; et, si la pensée du second vers n'est pas tout à fait fausse, elle est du moins très-mal exprimée.

Elle est beaucoup plus chrétienne et plus vraie, cette pensée d'un jeune poëte de nos jours:

> Le repentir un jour peut nous ouvrir son aile:
> Oui!... mais, s'il est bien beau, l'innocence est plus belle.
> Si ses pleurs ont leur charme, ils ont aussi leur fiel;
> La plus pure des fleurs qui naissent sur nos fanges,
> C'est lui. — Mais l'innocence est la vertu des anges,
> La fleur qui ne germe qu'au ciel.
>
> (P. REYNIER.)

48. Une pensée **juste** est celle qui est parfaitement conforme à son objet, sous quelque rapport qu'on la considère. La *justesse* dit donc plus que la *vérité*, et une pensée peut être vraie sans être juste.

> Pauvre Didon, où t'a réduite
> De tes maris le triste sort?
> L'un en mourant cause ta fuite,
> L'autre en fuyant cause ta mort.

Ces quatre vers renferment une pensée juste, parce qu'elle convient parfaitement à la destinée de Didon et résume toute son histoire.

Citons maintenant deux maximes de nos poëtes:

> La raison du plus fort est toujours la meilleure.
>
> (LA FONTAINE.)

A qui venge son père il n'est rien d'impossible.
(CORNEILLE.)

Les pensées exprimées par ces deux vers sont vraies en un sens, mais elles ne sont pas justes, parce qu'elles ne conviennent pas à leur objet sous tous les rapports et dans toutes ses parties.

La raison du plus fort est toujours la *meilleure*, en ce sens qu'elle finit presque toujours par prévaloir et triompher; mais elle n'est pas toujours la meilleure, c'est-à-dire la plus juste devant Dieu et devant les hommes.

De même, les nobles cœurs applaudissent à l'enthousiasme du fils qui se croit capable de *tout* pour accomplir un devoir sacré; mais on sent que la chose n'est pas rigoureusement vraie, et qu'il est des obstacles invincibles même pour la plus intrépide valeur.

49. La pensée **claire** est celle qui représente nettement et distinctement son objet. Il faut que l'esprit puisse distinguer aisément cet objet de tous les autres et qu'il discerne jusqu'aux moindres nuances qui lui appartiennent.

On comprend très-bien ce que Boileau veut dire dans ces deux vers :

L'honneur est comme une île escarpée et sans bords :
On n'y peut plus rentrer dès qu'on en est dehors.

Mais on saisit moins facilement la pensée d'un auteur contemporain quand il nous dit :

Une créature *disloquée* ne peut être *recousue*.
(V. HUGO.)

50. Outre ces trois qualités communes à toutes les pensées, il est certains caractères particuliers qui donnent à chacune d'elles une physionomie spéciale. Ces caractères varient selon la nature des objets, et le nombre de ces nuances est presque infini.

Nous distinguerons spécialement la *simplicité* et la *naïveté* qui conviennent au genre simple ; la *finesse* et la *grâce* qui sont propres au genre tempéré ; la *hardiesse*, la *force* et la *sublimité* qui appartiennent au genre élevé.

Il faut observer cependant que ces diverses qualités ne sont pas tellement attachées à un genre qu'elles ne puissent aussi appartenir à un autre.

51. La pensée **simple** est celle qui présente des objets qui n'ont rien de relevé ni rien de bas, sans art et sans apprêt, et avec les traits naturels que fournit le langage ordinaire.

> Heureux qui se nourrit du lait de ses brebis
> Et qui de leur toison voit filer ses habits ;
> Qui ne sait d'autre mer que la Marne et la Seine,
> Et croit que tout finit où finit son domaine.
>
> (SEGRAIS.)

52. La **naïveté** de la pensée consiste dans la vue soudaine d'une vérité qu'on ne soupçonnait pas, ou dans un premier mouvement qui paraît nous échapper sans étude ni réflexion. En voici un exemple :

> Un boucher moribond, voyant sa femme en pleurs,
> Lui dit : Ma femme, si je meurs,
> Comme en notre métier un homme est nécessaire,
> Jacques, notre garçon, ferait bien ton affaire ;

C'est un fort bon enfant, sage, que tu connais ;
Épouse-le, crois-moi, tu ne saurais mieux faire.
— Hélas ! dit-elle, *j'y pensais.*

Le trait qui termine cette fable est un modèle de naïveté ; La Fontaine en a beaucoup de ce genre, et c'est par là qu'il nous plaît et nous ravit.

53. La naïveté n'exclut pas absolument l'énergie. Elle produit quelquefois de très-grands effets dans la tragédie et dans les autres compositions dramatiques. On en voit un exemple dans la scène où Joas répond aux propositions que lui fait Athalie.

ATHALIE.

Je prétends vous traiter comme mon propre fils.

JOAS.

Comme votre fils ?

ATHALIE.

Oui ; vous vous taisez ?

JOAS.

Quel père

Je quitterais ! et pour....

ATHALIE.

Eh bien !

JOAS.

Pour quelle mère !

Ce dernier trait, d'abord contenu, échappe à la naïveté de l'enfant, et l'effet en est terrible.

54. Il faut distinguer la naïveté de ce qu'on appelle *une naïveté.* La naïveté est le propre d'un enfant ingénu ou d'un villageois sans culture qui a de l'esprit naturellement et comme sans s'en douter. Elle a je

ne sais quoi d'imprévu et de surprenant, et pourtant de si vrai, que l'on se reproche de n'avoir pas eu soi-même cette pensée. Une naïveté est une sottise qui échappe par mégarde à l'étourderie ou à l'irréflexion.

On racontait à un enfant la mort de Pyrrhus :

Ah ! s'écria-t-il, je *mourrais* de honte *d'avoir été tué* par la main d'une femme.

55. Un autre défaut voisin de la naïveté, c'est la *bassesse* ou la *trivialité*. La bassesse voit et sent d'après les instincts d'une nature dégradée; elle résulte d'un caractère sans dignité, ou de l'habitude de vivre et de converser avec des hommes grossiers.

Un enfant voit arriver sur la table un mets délicieux, et il se prend à pleurer :

Qu'avez-vous ? lui demande-t-on.— Hélas! *je n'ai plus faim*.

56. La pensée **fine** ne montre la vérité que sous un côté pour laisser aux autres le plaisir de deviner le reste, ou d'en découvrir la raison.

EXEMPLES :

Quelque bien qu'on dise de nous, on ne nous apprend rien de nouveau.   (LA ROCHEFOUCAULD.)

Ci-gît Piron qui ne fut rien,
Pas même académicien.
                    (PIRON.)

On disait devant Fontenelle que Dieu avait fait l'homme à son image :

« L'homme le lui rend bien, » répondit-il.

Le spirituel écrivain voulait faire entendre que l'on prête souvent à la Divinité les faiblesses et les passions de l'homme.

57. Le défaut voisin de la finesse, c'est la *prétention* à montrer de l'esprit à tout propos, et une puérile subtilité qui dégénère en misérables jeux de mots. C'est le défaut de Voiture, c'est celui que Molière a prêté aux précieuses ridicules et aux célèbres personnages qui fréquentaient l'hôtel Rambouillet.

> L'Afrique, écrivait Voiture à un évêque de son temps, ne m'a rien fait voir de plus nouveau que vos ouvrages ; en les lisant à l'ombre de ses *palmes,* je vous *les ai* toutes souhaitées.

58. La pensée **gracieuse** est celle qui présente des objets riants et agréables par eux-mêmes ou par la manière dont ils sont décrits. Les pensées gracieuses tirent leur agrément des choses qui flattent les sens, comme les fleurs, la lumière, les beaux jours, les fictions ingénieuses ou touchantes.

Voici le début du cantique de Moïse :

> Audite, cœli, quæ loquor... Concrescat ut pluvia doctrina mea, fluat ut ros eloquium meum, quasi imber super herbam, quasi stilla super gramina (*Deut.* 32).

> Incipe, parve puer, risu cognoscere matrem.
>
> (Virgile.)

59. La pensée **hardie** présente les objets sous des expressions ou des tours extraordinaires, qui, paraissant sortir de la règle, frappent et captivent l'attention.

En intercédant pour son peuple, Moïse s'écrie :

Aut dimitte eis hanc noxam, aut si non facis, dele me de libro tuo quem scripsisti.

C'est par une pensée hardie qu'Horace nous peint le chagrin poursuivant sa victime :

Post equitem sedet atra cura.

Mais Boileau a été encore plus hardi que son modèle en disant :

Le chagrin monte en croupe et galope avec lui.

60. La hardiesse, poussée à l'excès, se change en *extravagance*. On peut donner ce nom à certaines pensées de Lucain, de Ronsard, et de quelques auteurs contemporains qui nous disent des choses invraisemblables ou même tout à fait impossibles.

Il y a plus que de la hardiesse dans ce cri de l'orgueilleux Lucifer :

Ascendam super altitudinem nubium, similis ero Altissimo. (Isaïe, ch. 14.)

Pour peindre la fureur d'un combat, un auteur est encore allé trop loin, quand il a dit :

Dimidiato corpore pugnabant, sibi superstites et peremptæ partis ultores. (Strada.)

61. La pensée **forte** est celle qui présente de grands objets en peu de mots, ou qui montre dans un homme beaucoup de courage et de puissance. Elle exprime souvent une résolution froide et calme, mais ferme et

généreuse, et fait ainsi une profonde impression sur les âmes.

Judas Machabée dit à des guerriers qui lui conseillaient de fuir devant une armée sept fois plus nombreuse que la sienne :

Moriamur in virtute propter fratres nostros, et non inferamus crimen gloriæ nostræ. (1 *Mac.*, ch. 9.)

Saint Paul s'écrie :

Si Deus pro nobis, quis contra nos? (*Rom.*, 8·)

Il y a aussi de la force dans cette inscription composée pour une maison de jeu :

Il est trois portes à cet antre :
L'espoir, l'infamie et la mort.
C'est par la première qu'on entre,
C'est par les deux autres qu'on sort.

62. La force devient de la *dureté* et de la *roideur* lorsqu'elle est trop fréquente et trop continue. La force dégénère également en dureté lorsqu'elle exige le devoir ou qu'elle l'accomplit sans pitié pour la faiblesse humaine ou pour les sentiments les plus sacrés de la nature.

Il y a de la dureté dans les paroles de Manlius et de Brutus, qui condamnent eux-mêmes leurs propres fils et les font exécuter sous leurs yeux. Ils pouvaient et ils devaient s'épargner ce spectacle.

On voit encore de la dureté dans le patriotisme sauvage du jeune Horace, qui s'écrie :

Avec une allégresse aussi pleine et sincère
Que j'épousai la sœur, je combattrai le frère;

> Et pour trancher enfin des discours superflus,
> Albe vous a nommé, je ne vous connais plus.

Aussi, les cœurs généreux se révoltent contre cette *âpre vertu*, et ils applaudissent à la noble réponse de Curiace :

> Je vous connais encore, et c'est ce qui me tue.
>
> (*Horace*, acte II, sc. III.)

63. La pensée **sublime** présente des objets dont la grandeur transporte et élève l'âme au-dessus d'elle-même, en lui laissant la conscience de cette élévation.

C'est dans nos saintes Écritures que les pensées sublimes se rencontrent en foule :

> Dixit Deus : Fiat lux, et facta est lux. (*Genèse*, ch. 1.)

Pour peindre la terreur que le nom d'Alexandre inspirait à toute la terre, l'Écriture dit encore :

> Siluit terra in conspectu ejus.

En commençant l'éloge de Louis XIV, Massillon s'écrie :

> Dieu seul est grand, mes frères !

C'est, dit Chateaubriand, un beau mot que celui-là, prononcé en regardant le cercueil de Louis le Grand.

64. Comme le grand mérite d'une pensée est d'être proportionnée au sujet que l'on traite, la seule règle qu'on puisse prescrire pour l'emploi des pensées, c'est qu'elles *conviennent* au sujet et à la situation des personnes qui parlent ou que l'on fait parler. Il serait ridicule de chercher des pensées gracieuses quand

on veut effrayer, ou des pensées majestueuses et sublimes dans une matière enjouée. Ici, comme ailleurs, la seule règle essentielle qui embrasse toutes les autres, c'est la *convenance : caput artis decere.* (Cic.)

ARTICLE DEUXIÈME.

DES SENTIMENTS [1].

65. Par **sentiments** nous entendons ici *les affections et les mouvements du cœur.* Ils diffèrent un peu des passions dramatiques et oratoires ; les passions sont des affections violentes et pleines de tempêtes qui sont à notre cœur ce que les orages sont à l'Océan ; les sentiments sont plutôt des inclinations douces et paisibles qui laissent à l'âme son calme et sa liberté.

66. La pensée n'est pas toujours un sentiment ; mais le sentiment est toujours précédé d'une pensée, puisqu'il n'est qu'une impression de peine ou de plaisir qu'on éprouve à la représentation d'un objet. Bien plus, si l'on veut plaire et intéresser, le sentiment doit nécessairement s'unir à la pensée. Un ouvrage, quoique admirablement pensé, fatigue bien vite, lorsque le sentiment ne vient pas lui communiquer la chaleur et la vie.

67. Les sentiments, comme les pensées, ont des caractères *communs* qui conviennent à tous les sujets, et des caractères *particuliers* qui varient avec les situa-

---

[1] Auteurs à consulter : Longin, *Traité du sublime*, ch. VIII ; Quintilien, *Institution oratoire*, liv. VI, ch. II ; l'abbé Decœur, *Essai sur la composition*, IIIe part., ch. II.

tions. Les caractères communs sont la *vérité* et le *naturel*, les caractères particuliers sont la *délicatesse*, l'*énergie*, la *noblesse* et la *sublimité*.

68. Le sentiment **vrai** est celui qui n'est pas contrefait et affecté, mais qui part du cœur, s'adresse au cœur et touche le cœur.

Hector, armé pour le combat et prêt à partir, prend son fils dans ses bras et fait cette prière :

Dieux immortels, faites que cet enfant soit brave dans les combats et puissant sur son peuple ; faites qu'en le voyant revenir chargé de dépouilles sanglantes, après avoir tué quelque illustre ennemi, la foule dise : Il est plus brave que son père ! — Et cette voix de la foule réjouira le cœur de sa mère.

69. Le sentiment est **naturel** quand il convient à la situation de la personne qui en est affectée ou qui est censée l'éprouver.

Quand Pyrrhus promet à Andromaque de relever les murs de Troie et d'y couronner Astyanax, la veuve d'Hector lui répond :

Seigneur, tant de grandeurs ne nous touchent plus guère ;
Je les lui promettais tant qu'a vécu son père.
Non, vous n'espérez plus de nous revoir encor,
Sacrés murs que n'a pu conserver mon Hector.

(*Andromaque.*)

Ce sentiment est naturel dans la situation où se trouve la mère d'Astyanax ; mais si elle n'était point captive, si son Hector vivait encore, elle ne renoncerait pas à voir monter son fils sur le trône.

70. Un sentiment **délicat** est celui qui a quelque chose de mystérieux et de caché qu'on n'entrevoit

d'abord qu'à demi, mais qu'on saisit bientôt avec plaisir et bonheur. La délicatesse est pour le cœur ce que la finesse est pour l'esprit. Elle laisse deviner ce qui, déclaré ouvertement, pourrait offenser l'amour-propre ou faire rougir la modestie. On l'emploie pour louer et pour blâmer, pour demander et pour remercier.

Voici le placet adressé à Louis XIV par le possesseur d'une île du Rhône :

> Qu'est-ce en effet pour toi, grand monarque des Gaules,
> Qu'un peu de sable et de gravier?
> Que faire de mon île, il n'y croît que des saules,
> Et tu n'aimes que le *laurier*.

71. Le sentiment **énergique** est celui qui résulte d'une foule d'idées réunies sur un petit nombre de mots et qui éclate avec beaucoup de force et de vivacité.

Les harangues de Galgacus et de Camille chez les anciens, celles de Henri IV et de La Rochejaquelein chez les modernes, sont des modèles d'énergie.

> Ituri in aciem, et *majores* et *posteros* cogitate. (TACITE.)
> Hostem, an me, an vos ignoratis? (TITE-LIVE.)
> Je suis votre roi, vous êtes Français, voilà l'ennemi. (HENRI IV.)
> Si j'avance, suivez-moi ; si je recule, tuez-moi ; si je meurs, vengez-moi. (LA ROCHEJAQUELEIN.)

72. Le sentiment **noble** est celui qui part d'un grand cœur et qui remplit l'âme d'un sentiment d'admiration.

Alexandre demandait à Porus comment il voulait qu'on le traitât :

> « En roi, » répond Porus.

2.

On conseillait à Louis XII de se venger de quelques injures qu'il avait reçues quand il n'était que duc d'Orléans ;

Ce n'est pas au roi de France, répondit-il, à venger les injures du duc d'Orléans.

73. Le sentiment est **sublime** quand il nous pénètre d'enthousiasme et qu'il fait voir dans la faiblesse humaine une constance en quelque sorte divine.

On demande au vieil Horace comment il voulait que son fils pût résister à trois adversaires ;

Que vouliez-vous qu'il fît contre trois ?

LE VIEIL HORACE.

Qu'il mourût !

Auguste, après avoir montré à Cinna toute la noirceur de sa conduite, ajoute ces paroles :

Soyons amis, Cinna, c'est moi qui t'en convie.

La reine Henriette d'Angleterre, au milieu d'une affreuse tempête, rassurait ceux qui l'accompagnaient en disant que *les reines ne se noyaient pas*.

74. Les sentiments dont l'expression nous émeut le plus, dit un critique, sont ceux qui émanent d'une âme belle et vertueuse, et qui prennent leur source dans la charité, c'est-à-dire dans l'amour de Dieu et des hommes. Au contraire, l'égoïsme est étroit, et, grâce à Dieu, il n'a pas d'écho dans le cœur humain. On n'est touché que des choses communes à tous les hommes : les bizarreries et les exceptions nous laissent indifférents.

ARTICLE TROISIÈME.

DES IMAGES [1].

75. On entend par **image** *le vêtement extérieur qu'on donne à une idée pour rendre son objet sensible, s'il ne l'est pas, plus sensible, s'il ne l'est pas assez.* Ce n'est ni un tableau, ni une description achevée ; c'est un coup de pinceau vif et rapide qui, sans peindre les détails, laisse à l'imagination le plaisir de les deviner.

Un poëte a dit :

La vie est un *combat* dont la palme est aux cieux.

(DELAVIGNE.)

Bossuet, au lieu de dire que les hommes devenaient de jour en jour plus méchants, dit qu'*ils allaient s'enfonçant dans l'iniquité*. Non-seulement, il ennoblit son idée en nous offrant l'*iniquité* sous l'image d'un gouffre immense et profond, mais en même temps il peint une masse énorme descendant par degrés dans l'abîme.

76. Pour défendre la vérité et faire aimer la vertu, tout écrivain digne de ce nom doit employer ces tours ingénieux qu'on appelle des images. En effet, si l'on maîtrise l'intelligence par la pensée, le cœur par le sentiment, c'est par l'image qu'on captive l'imagination, et nous avons déjà dit que l'écrivain, pour être complet, doit saisir à la fois ces trois facultés. Tout

---

[1] Auteurs à consulter : Longin, *Traité du sublime*, ch. xv ; Marmontel, *Élém. de litt.*, art, Image ; Fénelon, *Lettre sur les occupations de l'Académie.*

écrivain est peintre, dit La Bruyère, et tout excellent écrivain, excellent peintre.

77. Toute image, dit Marmontel, suppose une ressemblance et renferme une comparaison; et de la justesse de cette comparaison dépend la clarté, la transparence de l'image. Le propre d'une image, c'est de peindre un objet sous des traits qui ne sont pas les siens, mais ceux d'un objet analogue.

Quand je dis d'un homme furieux et avide de vengeance : « C'est un lion altéré de sang, » j'emprunte à un objet étranger les traits qui me semblent propres à caractériser un homme cruel et sanguinaire.

78. La clarté et la vérité des images dépendent du plus ou moins de rapports qui existent entre un sentiment ou une idée et l'objet physique auquel on les compare. Si par exemple le génie ou l'éloquence d'un orateur débrouillent dans mon entendement le chaos de mes pensées et en dissipent l'obscurité, je me rappelle que le soleil produit le même effet sur la nature, et je dis de cet orateur que c'est un génie *lumineux*.

Au contraire, quand Victor Hugo nous peint dans ses vers :

Napoléon qui va *glanant tous les canons,*

je suis choqué de cette image fausse et ridicule, parce que je ne vois aucun rapport entre l'idée du poëte et l'objet auquel il la compare.

79. Les images doivent être **naturelles** et proportionnées aux mœurs et à la langue de ceux pour qui l'on parle. Les langues ne sont presque que des re-

cueils d'images que l'habitude ou la convention ont rendues familières, et qu'on emploie sans s'en apercevoir. Mais toutes les images ne peuvent ni ne doivent être transportées d'une langue dans une autre. En toutes choses, il faut étudier et observer les convenances particulières à chaque peuple.

Les Grecs disaient dans un chœur de tragédie :

> Que les araignées fassent désormais leurs toiles sur nos lances et nos boucliers.

Cette image ne serait pas soufferte dans la haute poésie française.

80. Pour s'assurer de la justesse d'une image, il faut se demander en écrivant : Que fais-je de mon idée ? une colonne ? un fleuve ? une plante ? et puis, ne rien représenter qui ne convienne à la plante, au fleuve, à la colonne. Telle image est claire comme expression simple, et elle s'obscurcit dès qu'on veut l'étendre. *S'enivrer de louanges* est une expression familière ; mais si l'on dit : *Un roi s'enivre des louanges que les flatteurs lui font respirer*, on ne voit plus aussi bien l'accord des idées, parce que le mot *parfum* est ici sous-entendu. Pour être bien compris, on dira donc :

> Un roi s'enivre du parfum de la louange que les flatteurs lui font respirer.

Ou bien, avec La Fontaine :

> Le *nectar* que l'on *sert* au maître du tonnerre,
> Et dont nous *enivrons* tous les dieux de la terre,
> C'est la *louange*, Iris.

81. Il faut beaucoup de discernement et de sobriété

dans la distribution des images. Pour employer une image, deux conditions sont nécessaires : que l'idée ait besoin d'être rendue plus sensible, et que cette idée mérite d'être embellie.

Si l'objet dont il s'agit ne se présentait qu'avec peine à l'imagination, l'image qui le peint avec force, ramassée comme en un seul point, soulage l'esprit autant qu'elle embellit le style. Mais si l'objet est de ceux que l'imagination se retrace aisément, il faut se contenter de l'expression naturelle : le coloris étranger serait superflu.

Ce n'est pas assez que l'idée ait besoin d'être embellie, il faut qu'elle mérite de l'être. L'image n'est faite que pour rendre l'idée sensible : si elle ne mérite pas d'être sentie, ce n'est pas la peine de la colorer.

82. Une pensée triviale revêtue d'une image pompeuse et brillante porte le nom de **phébus**. Le phébus est un mélange d'obscurité et d'affectation, et vient ordinairement de la profusion des images, de l'incohérence et de l'exagération des figures. Voici une phrase de Voltaire qui se rapproche du phébus :

> Cette *image* vraie semblait *anéantir* ses malheurs, en lui *retraçant le néant* de son être et celui de Babylone.

Une image *n'anéantit* rien ; on ne *retrace* pas le *néant*, parce que le néant n'a aucune forme.

On peut encore prendre comme sujet d'exercice la phrase suivante de Chateaubriand :

> Nous l'avons visitée au milieu de la nuit, la vallée solitaire, *habitée par des castors*, ombragée par des sapins et rendue toute

silencieuse par la présence d'un *astre* aussi *paisible* que le peuple dont il éclairait les travaux !

83. Le sublime d'image est celui qui peint de grands objets avec des couleurs si frappantes qu'on est saisi d'admiration.

Homère représente la Discorde

> La tête dans les cieux et les pieds sur la terre.

Dans cette image, dit Longin, il semble que le poëte ait donné la mesure de son génie encore plus que celle de la Discorde.

Virgile dit, en parlant de Jupiter :

> Annuit, et totum nutu tremefecit Olympum.

Nos saintes Écritures sont pleines d'images plus sublimes encore que toutes celles des poëtes profanes. Nous nous contenterons de citer celles-ci :

> Stetit et mensus est terram, aspexit et dissolvit gentes. (HABACUC, c. 8.)

> Et dixi : usque huc venies, et non procedes amplius; et hic confringes tumentes fluctus tuos. (JOB, c. 38.)

ARTICLE QUATRIÈME.

DES MOTS [1].

84. Ce qui contribue le plus à faire valoir les pensées, les sentiments, les images d'un écrivain, c'est la forme qu'on leur donne, ce sont les **mots** qu'on em-

---

[1] Auteurs à consulter : Cicéron, *De oratore*, III, 38-53 ; Quintilien, *Inst. orat.*, liv. VIII ; Le Batteux, *Principes de littérature*, Construction oratoire ; l'abbé Girard, *Synonymes français*.

ploie. Vainement vous auriez sur un sujet de haut
pensées et de nobles sentiments : si vous ne savez p
les couvrir de ce vêtement extérieur qui fera presq
tout leur prix, vous ne posséderez jamais l'art
parler ou d'écrire. Tout ce qui concerne les mots e
donc d'une grande importance pour de jeunes hum
nistes.

85. Pour aider les commençants dans cette part
essentielle de l'art d'écrire, nous allons donner que
ques règles : 1º sur les mots considérés en eux-mêmes
2º sur la construction des phrases.

§ I.

Des mots considérés isolément.

86. Pour ce qui regarde les mots considérés en eux
mêmes, il faut observer la *pureté* et la *propriété*. Nou
allons exposer brièvement ces deux conditions, qui s
rapportent aussi aux qualités générales du style.

87. La **pureté** consiste à éviter dans l'emploi de
mots tout mélange inconvenant et étranger, et à pros
crire les termes inusités, déjà vieillis ou trop nou
veaux.

Voulez-vous être toujours compris, employez de
termes bien connus de ceux qui vous lisent ou vou
écoutent; évitez par conséquent les expressions grossières que des gens bien élevés doivent ignorer, e
les mots techniques empruntés à des sciences ou à
des professions que vos lecteurs ne sont pas obligés de
connaître.

88. Ce qu'il y a de plus contraire à la pureté du lan-

gage dans le choix des mots, c'est d'employer des *barbarismes*. Le **barbarisme** est un mot étranger à la langue que l'on parle ou à l'usage reçu.

Le poëte Lamartine est tombé dans cette faute :

..... Un brouillard glacé, rasant les pics sauvages,
.. Comme un fils de Morvan, me *vétissait* d'orages.

(Jocelyn.)

Il fallait dire *vétait* ou *revétait*.

Chose étrange ! le barbarisme envahit jusqu'au Dictionnaire de l'Académie, et dans la *Préface* de ce livre, M. Villemain a employé le mot *déconstruire*, qui est banni du Dictionnaire même.

89. C'est encore un barbarisme de donner à un mot un sens contraire à celui qui lui est consacré, ou d'unir ensemble des mots qui s'excluent mutuellement.

Un étranger écrivait à Fénelon :

Monseigneur, vous avez pour moi des *boyaux* de père.

Il voulait dire *entrailles*.

On ne peut pas dire non plus :

Jouir d'une *mauvaise* santé, d'une *mauvaise* réputation.

Le mot *jouir* indique toujours un bien ou un avantage.

90. La **propriété des mots** consiste à rendre une idée par le terme juste qui lui correspond et qui lui convient le mieux. Chaque idée a dans chaque langue un mot qui lui est propre, et ce mot est unique. Un terme propre rend l'idée tout entière ; un terme peu propre ne la rend qu'à demi ; un terme impropre la défigure. Il faut donc chercher avec constance ce mot propre qui ne se présente pas toujours au premier abord.

Dans une de ses tragédies, Marmontel s'étonne de la crédulité de certains grands hommes :

> Dans l'âme des héros quelle fatalité
> Mêle à tant de grandeur tant de *simplicité?*

Le mot *simplicité* signifie ici bêtise, et va au delà de la pensée de l'auteur. Il fallait *crédulité.*

91. Ce qui rend les mots propres difficiles à trouver, c'est la ressemblance des mots qu'on appelle **synonymes.** A parler rigoureusement, il n'y a pas de synonymes. Il est très-rare, en effet, que deux mots puissent en toutes les circonstances s'employer indifféremment l'un pour l'autre, et une personne d'un goût sûr saisit le point délicat par lequel le sens de ces deux mots cesse d'être le même.

L'abbé Girard, dans son *Dictionnaire des synonymes,* a très-bien montré qu'une foule de mots qui se ressemblent n'ont pas en réalité le même sens. Pour écrire avec propriété, il faut avoir longtemps étudié la valeur des mots, consulté leur origine et leur étymologie, et les employer ensuite toujours à propos.

Inventer et *découvrir* ne sont pas synonymes. On *invente* de nouvelles choses; on *découvre* des choses cachées. La mécanique *invente* les outils et les machines; la physique *découvre* les causes et les effets.

Indolent, nonchalant, négligent, paresseux, fainéant, ne sont pas synonymes. On est *indolent* par défaut de sensibilité; *nonchalant* par défaut d'ardeur; *négligent* par défaut de soin; *paresseux* par défaut d'action; *fainéant* par antipathie de la peine.

Sénèque marque ainsi la différence des mots *securus*

et *tutus* : *Tuta scelera esse possunt, secura non possunt.*

Un mauvais poëte avait confondu les mots *constance* et *patience*. Un malin lui en apprit ainsi la différence :

> Or, apprenez comme l'on parle en France.
> Votre longue persévérance
> A nous donner de méchants vers,
> C'est ce qu'on appelle *constance* ;
> Et dans ceux qui les ont soufferts,
> Cela s'appelle *patience*.

92. La propriété défend de se servir des mots équivoques. Un terme est *équivoque* lorsqu'il peut avoir deux ou plusieurs sens différents. Dans les ouvrages sérieux, l'emploi des équivoques accuse l'ignorance ou la mauvaise foi de celui qui parle. Mais dans la comédie on les accepte comme un simple badinage.

> De quelle *langue* voulez-vous vous servir avec moi ? — Parbleu, de la *langue* que j'ai dans la bouche. Je crois que je n'irai pas emprunter celle de mon voisin. (MOLIÈRE.)

§ II.

Des phrases.

93. La **phrase** est *un ensemble de mots qui forment ordinairement plusieurs propositions tellement liées ensemble que le sens n'est complet qu'au dernier mot.*

Une phrase bien faite doit réunir la *correction*, la *précision* et l'*ordre*.

94. La **correction** consiste à disposer les mots et les propositions selon les règles de la langue et d'après l'usage reçu. C'est à la syntaxe qu'il appartient

de fixer les exigences de la langue ; c'est aux hommes de goût et à la bonne compagnie qu'il appartient de constater un usage légitime.

On appelle **solécisme** une faute contre les règles de la syntaxe.

> C'est *à vous*, mon esprit, *à qui* je veux parler.
>
> (BOILEAU.)

Il fallait dire :

> C'est à vous, mon esprit, que je veux parler.

95. Le respect de la langue est la première condition pour bien parler et bien écrire, et le jeune humaniste qui connaît et observe rigoureusement les règles de la grammaire aura toujours dans ses compositions une supériorité marquée sur ceux qui ne possèdent point cette connaissance.

C'est avec raison que Boileau nous dit :

> Surtout qu'en vos écrits la langue révérée
> Dans vos plus grands excès vous soit toujours sacrée.
> En vain vous me frappez d'un son mélodieux,
> Si le terme est impropre ou le tour vicieux.
> Mon esprit n'admet point un pompeux barbarisme,
> Ni d'un vers ampoulé l'orgueilleux solécisme.

96. La correction exige qu'on ne sépare pas les mots qui se complètent l'un l'autre ou qui servent à en lier d'autres ensemble ; elle veut qu'on place aussi près que possible les mots et les membres de phrase qui ont entre eux une relation plus intime, afin que leur rapport soit clairement saisi par l'esprit du lecteur.

Si l'on dit par exemple :

> Eschine avait trahi l'État, *corrompu par l'or de Philippe,*

on croira que c'est la république d'Athènes qui est corrompue par l'or du Macédonien. Que l'on place le second membre de la phrase avant le mot *Eschine*, le sens deviendra clair et il n'y aura plus d'équivoque possible.

Il importe donc beaucoup de placer à propos les phrases incidentes et les adverbes qui modifient tantôt un seul mot, tantôt le sens de toute une proposition. Sans cette précaution, la pensée offre des équivoques et des incertitudes, et parfois la phrase fait même un véritable contre-sens.

C'est souvent pour avoir oublié cette règle que les commençants laissent une foule d'ambiguïtés dans leurs compositions, et qu'ils traduisent avec si peu d'exactitude les auteurs grecs et latins.

97. La correction défend encore de passer subitement d'un objet à un autre, d'une personne à une autre. Si les pronoms, *il, les, leur, qui*, etc., ne sont pas employés avec des précautions infinies, ils engendrent une foule d'équivoques, d'obscurités et d'embarras. « Le pronom, dit le comte de Maistre, est le grand écueil des écoliers dans la langue française. » Il faut donc éviter la fréquente répétition de ces particules, et bien voir d'avance si le lecteur en saisira le vrai rapport.

Voici quelques phrases qui pèchent contre cette règle:

Dieu ne veut pas la mort de l'impie : *il* n'abandonne jamais un homme s'*il* ne l'abandonne le premier. — Voici une lettre de Jean Racine : *il* fait part à son fils du plaisir qu'*il* lui fait en lui rendant compte de ses lectures. — Le soleil de justice n'a point de coucher ; l'incrédule a beau creuser dans ses souvenirs, *il* ne trouvera jamais un seul jour où *il* ait été éclipsé.

98. La **précision** consiste à employer le moins de mots possible et à choisir les mots les plus justes et les plus exacts. Il faut donc supprimer tous les mots qui n'ajoutent rien à l'idée : en multipliant les adverbes, les épithètes, les synonymes, les parenthèses, vous allongez vos phrases outre mesure, vous lassez l'attention et vous faites perdre de vue la pensée principale.

Souvent on multiplie les mots pour ne rien dire :

> J'arrivai au port, j'aperçus un navire, je m'informai du prix du passage, je fis mon marché ; je m'embarque, on lève l'ancre, on met à la voile, nous partons.

Il suffisait de dire : *je m'embarquai.*

99. Le défaut contraire à la précision s'appelle **diffusion** ou **prolixité**. La prolixité consiste à noyer sa pensée dans une surabondance de mots inutiles. Tantôt c'est une accumulation de circonstances minutieuses ou indifférentes à l'intelligence du sujet, comme dans l'exemple que nous venons de citer; tantôt on répète la même idée sous des termes différents, sans en accroître la force ou l'intérêt. Ainsi Corneille dit dans *Nicomède* :

> Trois sceptres à son trône attachés par mon bras
> *Parleront* au lieu d'elle et *ne se tairont pas.*

100. **L'ordre** consiste à disposer les mots selon l'importance des faits et des idées qu'ils représentent, et de manière à faire ressortir la pensée principale. Rien ne contribue à la clarté et à la force du discours comme cette disposition habile qui montre chaque

mot à son point le plus net et le plus saillant. C'est l'arrangement des parties, dit Le Batteux, qui fait la beauté d'un tableau, la solidité d'un édifice, la force d'une armée rangée en bataille; c'est aussi de l'arrangement des mots que dépendent toute la grâce et la force du discours.

101. Dans toute pensée et dans tout sentiment, il y a une idée principale à laquelle se rapportent toutes les autres idées; et dans toutes les phrases, il y a un terme qui correspond à cette idée et qu'il faut mettre en relief, en lui donnant la place la plus avantageuse pour faire sentir sa valeur. La *première* et la *dernière* place sont celles qui conviennent le mieux au membre principal ou au mot important de chaque phrase.

102. Lorsqu'on veut exciter l'attention, frapper l'imagination, ou rattacher une pensée à celle qui précède, le mot le plus important se place au commencement de la phrase. Quant aux autres parties qui ne servent qu'à modifier ou à compléter l'idée première, on les dispersera dans des positions plus obscures. Qu'on examine cette phrase de Fléchier, et l'on verra que l'ordre d'importance relative a été exactement suivi dans l'arrangement des mots :

> Déjà prenait l'essor, pour se sauver dans ses montagnes, cet aigle dont le vol hardi avait d'abord effrayé nos provinces.

103. Si vous voulez graver fortement une idée dans les esprits; si vous devez les préparer à une chose qui, exprimée sans détour, paraîtrait hasardée; si vous désirez ménager l'intérêt, piquer la curiosité, et produire une impression profonde après une légère

suspension, vous réserverez le mot principal pour la fin de la phrase.

> Ce vaillant homme, poussant enfin avec un courage invincible les ennemis qu'il avait réduits à une fuite honteuse, reçoit le coup mortel, et demeure comme enseveli dans son triomphe.
>
> (FLÉCHIER.)

Dans cette phrase, l'orateur a réservé pour la fin les mots qui doivent produire un effet plus décisif.

CHAPITRE DEUXIÈME.
Des qualités du style[1].

104. Les qualités du style sont *générales* ou *particulières*. On appelle qualités générales celles qui sont essentielles à toute composition et conviennent à tous les sujets qu'on peut traiter ; les qualités particulières sont celles qui varient selon la différence du genre ou du sujet.

Nous allons parler successivement de ces diverses qualités, et pour mieux les faire connaître, nous dirons un mot des défauts qui leur sont opposés.

ARTICLE PREMIER.
QUALITÉS GÉNÉRALES DU STYLE.

105. Certains rhéteurs comptent un grand nombre

---

[1] Auteurs à consulter : Cicéron, *Orator*, 76-95 ; Quintilien, *Institut. orat.*, liv. VIII, ch. I, II, III : Blair, *Leçons de littérature*, IIIe partie ; Rollin, *Traité des études*, liv. III, ch. III ; Crevier, *Rhétorique française*, IIIe partie ; Collombet, *Cours de littérature*, section Ire, chap. III.

de qualités générales du style; mais nous nous bornerons ici à citer la *clarté*, la *pureté*, le *naturel*, la *noblesse* et la *convenance*.

§ I.

De la clarté.

106. La clarté est *cette qualité du style qui fait qu'on saisit sur-le-champ et sans effort la pensée exprimée par la parole.* Il faut, dit Quintilien, que l'expression soit tellement claire que l'idée frappe les esprits comme le soleil frappe les yeux. Tout ce qui est louche, vague ou équivoque, doit être soigneusement éclairci ou impitoyablement retranché.

107. La clarté est la qualité la plus indispensable pour un écrivain. Puisqu'on n'écrit que pour se faire entendre, celui qui manque de clarté n'atteint pas son but, et la clarté est tellement essentielle dans tous les genres de compositions qu'aucun autre mérite ne peut la suppléer. Sans elle, les plus riches ornements peuvent bien éblouir un instant, mais ils finissent bientôt par fatiguer le lecteur.

Quand on ne sait pas se faire entendre, il n'y a qu'à garder le silence. C'est le remède indiqué dans ces vers :

> Mon ami, chasse bien loin
> Cette noire rhétorique ;
> Tes écrits auraient besoin
> D'un devin qui les explique.
> Si ton esprit veut cacher
> Les belles choses qu'il pense,
> Dis-moi ; qui peut t'empêcher
> De te servir du silence ?

(MAYNARD.)

3.

108. Le meilleur moyen d'être clair, c'est de bien comprendre soi-même ce qu'on veut dire et de méditer à loisir ses propres pensées. Quand une pensée se présente, ayez donc le courage de la retourner en tous sens, et ne l'admettez pas avant de la voir nette, sans nuage, et pure comme un rayon de lumière. Celui qui sait bien ce qu'il pense et ce qu'il veut, n'a pas à craindre de voir les mots et les tours lui manquer au moment où il faut prendre la plume.

> Selon que la pensée est plus ou moins obscure,
> L'expression la suit ou moins nette ou plus pure;
> Ce que l'on conçoit bien s'énonce clairement,
> Et les mots pour le dire arrivent aisément.

109. L'**obscurité**, qui est le vice contraire à la clarté, est le principal défaut qui puisse se rencontrer dans le style d'un ouvrage. Elle vient des images, lorsqu'elles sont vagues et incohérentes. Telle est cette phrase d'un grand poëte qu'on trouve rarement en défaut.

Dans Racine, Mithridate dit qu'il n'est point de rois

> Qui, sur le trône assis, n'enviassent peut-être,
> Au-dessus de leur gloire un naufrage élevé
> Que Rome et quarante ans ont à peine achevé.

On ne sait trop ce que c'est qu'un *naufrage élevé au-dessus de la gloire des rois*, et encore moins ce que veut dire *achever un naufrage*.

110. L'obscurité vient encore de ce qu'on veut paraître fin, délicat, profond, mystérieux; on croit par là en imposer au vulgaire qui admire aisément ce qu'il ne comprend pas. Ce défaut est commun de nos jours. Diderot définit ainsi la naïveté :

> On est, dit-il, naïvement héros, naïvement scélérat, naïvement dévot, naïvement beau, naïvement orateur, naïvement philosophe ; on est un arbre, une plante, un animal naïvement. La naïveté est une grande ressemblance de l'imitation avec la chose. C'est de l'eau prise dans le ruisseau et jetée sur la toile.

Il est difficile d'être plus inintelligible. Évidemment, l'auteur ne se comprenait pas lui-même, et les lignes qui précèdent sont ce qu'on appelle du **galimatias**.

111. L'obscurité vient de l'expression lorsque les mots sont impropres ou équivoques, ou lorsque la phrase est mal construite et embarrassée. Nous avons dit ailleurs que la pureté et la propriété des expressions contribuent beaucoup à la clarté du style. L'arrangement des mots et la construction des phrases ont aussi une grande importance, et l'on évitera les constructions forcées pareilles à celle-ci :

> Au temple suspendues, le feu du sanctuaire éclairait les armes du guerrier.

112. Il est quelquefois permis d'obscurcir sa pensée pour lui donner plus de grâce et de délicatesse, et pour éviter de prononcer un mot qui produirait un effet désagréable ou une trop pénible impression.

Évandre, faisant ses adieux à son fils, consent à vivre s'il doit encore le revoir ; mais, ajoute ce tendre père :

> Sin *aliquem infandum casum*, Fortuna, minaris,
> Nunc, o nunc liceat crudelem abrumpere vitam,
> Dum te, care puer, mea sera et sola voluptas,

> Complexu teneo : *gravior* ne *nuntius* aures
> Vulneret!
>
>   (*Æn.*, VIII, 708.)

Ces mots *aliquem infandum casum*, *gravior nuntius* font deviner la pensée d'Évandre. Il veut parler de la mort, mais il n'ose prononcer le mot fatal. Cette espèce d'obscurité, loin d'être un défaut, est une beauté réelle.

§ II.

De la pureté du style.

113. La **pureté** du style *consiste à n'employer que les mots propres à la langue que l'on parle, à leur donner le sens fixé par l'usage et à bannir les tours et les constructions qui ne sont pas conformes à la syntaxe.* La pureté exige d'abord que l'on évite les équivoques, les barbarismes et les solécismes dont nous avons déjà parlé.

114. On peut pécher contre la pureté du style par défaut et par excès. Le *néologisme* pèche par défaut, le *purisme* par excès. Le néologisme aurait pour effet de rendre la langue barbare à force de confusion ; le purisme, avec sa sévérité outrée, enlèverait au génie toute sa liberté et arrêterait tout progrès.

115. Le **néologisme**, ou innovation dans le langage, consiste à employer des mots nouveaux et inutiles, ou étranges et bizarres. C'est cette manie de l'innovation qui a égaré Ronsard, et qui égare encore aujourd'hui plusieurs écrivains de notre époque.

Victor Hugo définit ainsi un bon écrivain :

> *Ses idées* sont faites *de cette substance particulière* qui se prête, *souple et molle, à toutes les ciselures* de l'expression, qui s'insinue

bouillante et liquide dans *tous les recoins du moule* où l'écrivain *la verse, et se fige* ensuite, *lave* d'abord, *granit* après.

116. Il est un certain nombre de mots nouveaux qui sont en grande faveur dans les écrits modernes, et que réprouvent cependant les hommes d'un goût pur et sévère. Ainsi, pour désigner un homme éminent ou remarquable, on dira une *sommité*, une *notabilité*, une *illustration*, une *capacité*, etc. On emploie aujourd'hui des mots métaphysiques, des mots empruntés aux sciences exactes ou aux récentes découvertes. Les mots *pivoter, galvaniser, positivisme, utilitarisme, parlementarisme, humanitaire*, qui nous paraissent encore un peu barbares, sont d'un fréquent usage ; mais il en est d'autres qu'on citait comme exemples de néologisme il y a trente ans, et qui sont maintenant adoptés par la bonne littérature. Ainsi, *utiliser* une découverte, *démoraliser* une armée, *s'élever à la hauteur* des principes, *être fort de* ses intentions, sont des locutions définitivement acceptées.

117. C'est la prétention de parler d'une manière neuve, frappante, inattendue, qui pousse à ces bizarreries et à ces étrangetés ; c'est pour faire parade de savoir que l'on emprunte à la physique et aux autres sciences une foule de mots techniques qui n'auraient jamais dû sortir du laboratoire. Chose étrange ! ceux qui condamnent cet abus y tombent quelquefois dans les phrases mêmes dont ils se servent pour le reprocher aux autres.

Eh quoi ! dit M. Geruzez, vous avez près de vous ce grand *nomenclateur* qui a reçu d'*Adam* son *privilége*, le peuple, que

Malherbe prenait pour arbitre, et vous dénaturez, vous tour-
mentez, vous *galvanisez* le beau langage qu'il faut seulement
entretenir et vivifier !...

Il est facile de découvrir dans cet endroit quelques
traces de prétention et de néologisme, et même des
rapprochements un peu forcés.

118. Sans doute, il ne faut employer des mots nouveaux que lorsqu'il y a une véritable nécessité, et ces
créations doivent être rares, prudentes, heureusement
choisies. Mais pourtant, comme le dit Horace, on ne
peut pas interdire à un écrivain les légitimes moyens
de rajeunir le style et d'enrichir la langue. Pour réussir dans ces innovations, il faut puiser des mots dans
l'étude du grec et du latin ; faire quelques emprunts
tantôt à la langue populaire, tantôt à nos vieux écrivains, et surtout renouveler et rajeunir les mots par
des alliances heureuses ou imprévues. C'est le résumé
des conseils qu'Horace a donnés sur cette matière.

> Dixeris egregie, notum si callida verbum
> Reddiderit junctura novum.

119. Rechercher de préférence les mots tombés en
désuétude et employer souvent des tournures vieillies,
c'est un autre défaut qu'on appelle l'*archaïsme*. Quelques imitations de notre vieux langage ne déplaisent
pas, surtout dans le genre simple et familier. Mais il
est bien rare qu'on puisse actuellement donner à notre
langue cette grâce naïve, cet abandon, cette fine délicatesse qu'on trouve dans Joinville, Froissart, d'Orléans, Montaigne et saint François de Sales.

120. On appelle **purisme** une affectation minu-

tieuse et pédantesque qui ne veut jamais autoriser la moindre hardiesse et qui proscrit impitoyablement les mots et les tours que l'usage n'a pas consacrés. Cette intolérance a été condamnée par Horace et toujours combattue par les grands écrivains.

Jamais un puriste n'aurait osé dire avec Bossuet :

Environnez ce tombeau, versez des larmes avec des prières.

ou encore :

Dormez votre sommeil, riches de la terre, et ne sortez pas de votre tombeau.

Il faut donc laisser au génie la liberté de créer quelques expressions ou quelques locutions nouvelles ; mais le génie lui-même doit user de ce pouvoir avec sagesse et sobriété : *Licentia sumpta pudenter.*

§ III.

Du naturel dans le style.

121. **Le naturel** dans le style *consiste à rendre un sentiment ou une idée sans effort et sans apprêt, comme s'ils s'étaient présentés d'eux-mêmes à l'esprit.*

On peut citer comme modèle de style naturel ces strophes de la *Jeune captive* par André Chénier :

Est-ce à moi de mourir? Tranquille je m'endors,
Et tranquille je veille; et ma veille au remords
    Ni mon sommeil ne sont en proie.
Ma bienvenue au jour me rit dans tous les yeux ;
Sur les fronts abattus, mon aspect dans ces lieux
    Ranime presque de la joie.

> Mon beau voyage encor est si loin de sa fin!
> Je pars, et des ormeaux qui bordent le chemin
> J'ai passé les premiers à peine.
> Du banquet de la vie à peine commencé,
> Un instant seulement mes lèvres ont pressé
> La coupe en mes mains encor pleine.
>
> Je ne suis qu'au printemps, je veux voir la moisson,
> Et, comme le soleil, de saison en saison,
> Je veux achever mon année.
> Brillante sur ma tige et l'honneur du jardin,
> Je n'ai vu luire encor que les feux du matin;
> Je veux achever ma journée.

122. Il y a une certaine différence entre le *naïf* et le *naturel*. Tout ce qui est naïf est naturel; mais tout ce qui est naturel n'est pas naïf. Le naturel s'allie très-bien avec le grand et le sublime; la naïveté est rarement compatible avec les sujets nobles. Le naturel n'exclut que le faste et l'emphase, le naïf exclut ordinairement la grandeur.

123. Il n'y a rien de si bien pensé ni de si bien dit que ce qui a un air naturel et aisé. Il semble à chacun de ceux qui vous lisent ou vous entendent qu'ils pourraient aisément dire de même. Mais aussitôt qu'ils veulent essayer, leur illusion se dissipe: ils font de grands efforts, et n'y atteignent presque jamais. C'est une observation présentée par Horace:

> . . . . Ut sibi quivis
> Speret idem; sudet multum, frustraque laboret,
> Ausus idem.

124. Les écrivains français du dix-septième siècle sont presque tous remarquables par le naturel du style.

Bossuet, La Bruyère, Fénelon, Boileau, La Fontaine disent les choses de telle façon qu'elles semblent ne leur avoir rien coûté. C'est surtout le caractère des lettres de Mme de Sévigné. Les confidences intimes et les récits inimitables qu'elle fait à sa fille n'ont pour nous tant de charme que parce qu'ils paraissent toujours couler de source et sans effort. Ce mérite est beaucoup plus rare dans les écrivains de nos jours. Les meilleurs et les plus vantés ont presque toujours quelque chose de tendu, de faux et de guindé.

125. Le naturel dans le style produit l'aisance et la *facilité*. Le style facile est celui où le travail ne se montre pas. Racine et Boileau faisaient leurs vers avec beaucoup de soin et de lenteur ; mais ce travail ne paraît nullement aux yeux de ceux qui les lisent. Il n'en est pas ainsi de la prose de Fléchier, encore moins de celle de Voiture et de Balzac.

L'air de contrainte et d'effort dans un ouvrage semble faire partager au lecteur la peine que l'auteur a éprouvée.

On montrait à un évêque de Lisieux un nouvel écrit de Balzac :

Cela est beau, dit le prélat, mais pas assez pour la peine que cela a dû lui coûter.

126. L'**affectation**, qui est le défaut contraire au naturel, consiste à dire en termes brillants et recherchés des choses simples et communes. Un rhéteur ancien appelle les vautours des *tombeaux vivants*. Les précieuses ridicules disaient : *Voiturez-nous les commodités de la conversation*, au lieu de dire : *Approchez des*

fauteuils. Lamothe appelle une haie *le suisse d'un jardin.*

127. De tous les vices du style, dit Longin, l'affectation est le plus méprisable et le plus bas, et c'est celui qui choque le plus le lecteur. Quoi de plus puéril en effet que des pensées communes et vulgaires tournées avec une froide recherche? On tombe dans ce défaut lorsqu'on court après les traits brillants et qu'on veut à tout prix dire du piquant ou du nouveau.

> Votre éloquence, dit Balzac, rend votre douleur contagieuse; et quelle *glace* ne fondrait à la *chaleur* de vos belles larmes?

§ IV.

De la noblesse du style.

128. La **noblesse** du style, qu'on pourrait appeler aussi **dignité**, *consiste dans une certaine élévation de sentiments et de pensées qui fait éviter les objets vils et populaires, les expressions basses ou triviales.* Des âmes sans cesse nourries des idées de gloire et de vertu ont presque toujours un langage digne d'elles.

129. Il faut bien se garder de croire que la noblesse ne convienne qu'à un certain genre d'ouvrages ou de compositions. Les sujets les plus simples, les détails même les plus petits ont une noblesse qui leur est propre et que le goût sait très-bien discerner. C'est la pensée de Boileau :

> Quoi que vous écriviez, évitez la bassesse,
> Le style le moins noble a pourtant sa noblesse.

Rien de moins noble en apparence que la prière du pauvre qui *demande un sou*. M. Guiraud sait très-bien relever cette pensée par un admirable choix d'expressions :

> J'ai faim : vous qui passez daignez me secourir.
> Voyez : la neige tombe, et la terre est glacée,
> J'ai froid : le vent se lève, et l'heure est avancée,
>   Et je n'ai rien pour me couvrir.
>
> Tandis qu'en vos palais tout flatte votre envie,
> A genoux sur le seuil, j'y pleure bien souvent.
> Donnez : peu me suffit ; je ne suis qu'un enfant,
>   *Un petit sou me rend la vie.*

130. On relève les expressions qui manquent de noblesse par un contraste énergique, par des épithètes convenables et par une heureuse alliance avec des termes plus nobles et plus décents. Ce qui fait la beauté d'une phrase, c'est l'ensemble et la disposition des membres qui la composent. Il est tel écrivain, dit Longin, qui passe pour avoir de la noblesse et de l'élévation, quoiqu'il emploie assez souvent des mots communs et vulgaires : il le doit à cet art de les placer d'une manière propre à produire les effets qu'il se propose :

> Et je n'ai plus trouvé qu'un horrible mélange
> D'*os* et de *chairs* meurtris et traînés dans la fange,
> Des lambeaux pleins de sang et des membres affreux
> Que des *chiens* dévorants se disputaient entre eux.
>
> (RACINE.)

Au moyen des épithètes *meurtris* et *dévorants,* le poëte fait entrer dans ses vers des expressions très-peu nobles par elles-mêmes.

131. Ce n'est que depuis Malherbe, Balzac, Cor-

neille, que la différence entre le style noble et le style familier s'est fait bien sentir; de leur temps même, le style noble était trop guindé et manquait de naturel. Corneille sentait la nécessité d'être simple dans les choses simples; mais alors il descendait trop bas comme il s'élevait quelquefois trop haut quand il voulait être noble. Racine a mieux connu ces limites, et par la facilité avec laquelle il passe de l'un à l'autre ton, il a fixé pour jamais l'idée de la *noblesse* du style.

132. Ce qui fait la noblesse des expressions, c'est la proportion qui existe entre les pensées et les mots qui les expriment. Quelquefois il suffit d'un léger changement dans les mots pour relever et ennoblir une pensée. Comparez ces deux vers .

> Il ne s'est donc pour moi *battu* que par pitié.
> Il aura donc pour moi *combattu* par pitié?

Le premier vers rappelle une scène de carrefour : *il s'est battu ;* le second nous transporte sur un champ de bataille : *il aura combattu.* S'il est bas et ignoble de *se battre* comme les gens grossiers dans un transport de colère, il est noble et glorieux de *combattre* pour venger la patrie et soutenir le bon droit.

133. La **bassesse** consiste à employer des expressions populaires, ignobles et triviales. On y tombe facilement si l'on manque de goût et d'élévation dans la pensée, surtout en écrivant dans le genre simple et familier. Voici quelques vers qui peuvent montrer ce qu'on entend par le style bas :

> Ah ! je sens que c'est fait, je suis morte, autant vaut ;
> Hélas ! je n'en puis plus ; le pauvre cœur me faut.
>
> (HEUDON.)

Qui sent son père ou sa mère coupable
De quelque tort ou faute reprochable
Cela de cœur bas et lâche le rend,
Combien qu'il l'eût de sa nature grand.

Un autre poëte a dit avec plus de noblesse :

Mais quelque noble ardeur qu'inspire un sang si beau,
Le crime d'une mère est un pesant fardeau.

§ V.

De la convenance du style.

134. La **convenance** est *une qualité par laquelle on assortit le style au genre que l'on traite, aux pensées qu'on exprime, et à toutes les circonstances de temps, de lieux et de personnes qui se rapportent à son sujet.*

135. Il y a autant de styles différents qu'il y a de sujets ou plutôt de pensées différentes dans un sujet; et comme cette variété s'étend à l'infini, il s'ensuit qu'il est impossible de donner des règles positives sur le style que l'on doit employer. Il est telle fable de La Fontaine, telle page de Racine ou de Bossuet, qui renferme à la fois les tons les plus divers. Voyez, par exemple, ces vers du fabuliste :

Un bloc de marbre était si beau
Qu'un statuaire en fit l'emplette.
Qu'en fera, dit-il, mon ciseau?
Sera-t-il Dieu, table, ou cuvette?
Il sera dieu; même je veux
Qu'il ait en sa main un tonnerre;
Tremblez, humains, faites des vœux :
Voici le maître de la terre.

On voit que le poëte passe sans effort du genre le plus simple à un style noble et élevé.

136. Le mérite des bons écrivains consiste à changer de style selon le sujet qu'ils traitent. A chaque page, à chaque phrase même, ils savent varier leurs couleurs. Tantôt lents et tantôt rapides, tantôt simples et tantôt élevés, ils emploient tour à tour le style coupé et le style périodique, et toujours l'expression et le tour sont appropriés à la circonstance. Enfin ils prennent pour devise ce beau vers de Delille :

> Des couleurs du sujet je teindrai mon langage.

137. Le principal avantage de la convenance, c'est de produire la **variété** dans le style. Sans variété, les meilleurs écrivains ne sauraient plaire longtemps : les choses mêmes qui nous charment le plus sont celles qui nous lassent le plus vite si elles sont prodiguées avec excès. Les œuvres de l'homme sont d'autant plus parfaites qu'elles imitent mieux l'inépuisable variété de la nature : or, dans la nature, nous rencontrons à chaque pas des oppositions et des contrastes :

> Heureux qui, dans ses vers, sait d'une voix légère
> Passer du grave au doux, du plaisant au sévère.
>
> (BOILEAU.)

138. La *monotonie*, qui est un vice opposé à la convenance et à la variété, consiste à employer toujours et dans tous les sujets les mêmes tons et les mêmes couleurs. Rien de plus intolérable que ce défaut.

« Oh ! les beaux vers ! disait Fontenelle, oh ! les beaux vers ! Je ne sais pourquoi je bâille en les lisant. » Les vers dont il est question manquaient de variété, et il est impossible, dit Cicéron, qu'un style toujours brillant et fleuri ne déplaise pas bientôt à force de plaire.

> Un style trop égal et toujours uniforme
> En vain brille à nos yeux, il faut qu'il nous endorme.
>
> (BOILEAU.)

Lorsqu'on a longtemps médité et mûri ses sentiments et ses pensées, le style se teint naturellement des couleurs du sujet, et l'on s'exprime tout à la fois avec convenance et variété. Cependant, pour mieux observer ce que prescrit la convenance, il est bon de connaître les trois principaux genres que distinguent les anciens rhéteurs. C'est ce que nous allons faire en expliquant les qualités particulières du style.

ARTICLE DEUXIÈME.

DES QUALITÉS PARTICULIÈRES DU STYLE.

139. Outre les qualités essentielles à toute composition, il y en a, comme nous l'avons dit, qui sont accidentelles et dépendent du genre de sujet que l'on traite. Or, les sujets que l'on traite, quoique variés à l'infini, ont été réduits à trois genres principaux par la plupart des rhéteurs : genre *simple*, genre *tempéré*, genre *sublime*.

§ I.

Du style simple.

140. Le style **simple** est *celui qui exprime les pen-*

sées, *les sentiments et les images, sans presque les orner et les embellir.* Il naît sans effort d'une vue claire et nette des objets, ou d'un mouvement de l'âme naturel et spontané.

141. Le style simple convient aux entretiens familiers, aux récits de faits ordinaires, aux lettres, aux fables, et généralement à tous les sujets où l'on se propose d'instruire. Il n'est pas rare même de le trouver dans les grands sujets : Homère, Virgile, Corneille, Bossuet, ont souvent cette noble simplicité; et, dans leurs plus beaux endroits, ils n'emploient que des expressions communes et ordinaires.

Le comble de l'art, dit Marmontel, c'est d'être simple dans les grandes choses et dans l'expression de tous les sentiments intéressants par eux-mêmes.

142. La justesse et le naturel, la naïveté des pensées, la pureté et la précision du langage sont les qualités propres au style simple. Il rejette les figures trop vives, les ornements recherchés, les mouvements pathétiques, les périodes nombreuses et les chutes cadencées.

On peut citer comme modèle de style simple l'histoire de Joseph et celle de Tobie dans nos saintes Écritures, les *Satires* et les *Épîtres* d'Horace, la première *Églogue* de Virgile : et parmi les auteurs français, La Fontaine, La Bruyère et Mme de Sévigné. La simplicité fait aussi le mérite des vers suivants, où M. Guiraud raconte le retour du petit Savoyard :

> Bientôt de la colline il prend l'étroit sentier :
> Il a mis ce matin sa bure du dimanche,

Et dans son sac de toile blanche
Est un pain de froment qu'il garde tout entier.

Pourquoi tant se hâter à sa course dernière ?
C'est que le pauvre enfant veut gravir le coteau,
Et ne point s'arrêter qu'il n'ait vu son hameau
Et n'ait reconnu sa chaumière.

Les voilà !... tels encore qu'il les a vus toujours,
Ces grands bois, ce ruisseau qui fuit sous le feuillage.
Il ne se souvient plus qu'il a marché dix jours ;
Il est si près de son village !

(Voir le n° III.)

§ II.

Du style tempéré.

143. Le style **tempéré** est ainsi nommé parce qu'il tient le milieu entre le style simple et le style sublime. Cicéron définit le style tempéré : *Stylus intermedius nec acumine inferioris, nec fulmine utens superioris, vicinus amborum, in neutro excellens, utriusque particeps.*

144. Le but du style tempéré est principalement de plaire par la finesse des pensées, par la délicatesse des sentiments, par la grâce des images, par l'élégance et la richesse des expressions ; et comme il emploie de préférence les fleurs de l'élocution et l'éclat des figures, on l'appelle encore le style *fleuri*.

Comme nous avons parlé ailleurs de la finesse des pensées, de la grâce et de la délicatesse des sentiments, nous ajouterons seulement quelques mots sur l'*élégance* et la *richesse*.

145. L'élégance du style consiste à donner à la pensée un tour noble et poli, et à la rendre par des expressions choisies, coulantes et gracieuses à l'oreille. Virgile, Racine, Massillon sont des écrivains qui brillent surtout par l'élégance.

Un poëte avait dit, dans les termes suivants, que les secrets des destins n'étaient pas enfermés dans les entrailles des victimes :

> Donc, vous vous figurez qu'une bête assommée
> Tienne votre fortune en son ventre enfermée,
> Et que des animaux les sales intestins
> Soient un temple adorable où parlent les destins?
>
> (Du Ryer.)

Un autre poëte a exprimé ainsi la même pensée :

> Pensez-vous qu'en effet, au gré de leur demande,
> Du vol de leurs oiseaux la vérité dépende?
> Que sous un fer sacré des taureaux gémissants
> Dévoilent l'avenir à leurs regards perçants?
> Et que de leurs festons ces victimes ornées,
> Des humains dans leurs flancs portent les destinées?
>
> (Voltaire.)

C'est l'élégance en face d'une grossière platitude.

146. Le défaut contraire à l'élégance est la **platitude** ou la **grossièreté**. Elle consiste à employer des expressions basses, communes, triviales, qu'on supporterait à peine dans les entretiens familiers ou qu'on abandonne au peuple qui fréquente les carrefours. C'est le défaut de quelques écrivains de nos jours.

Dans un récit d'ailleurs très-émouvant, Alexandre Dumas dit, en parlant d'un ours :

> Qu'est-ce qui aurait dit qu'*une bête comme ça* aimait les poires?

Les bons auteurs du dix-septième siècle nous apprennent comment on peut être simple et familier sans descendre jusqu'à la platitude et à la trivialité.

147. La **richesse** du style consiste à présenter avec une certaine abondance les pensées brillantes, les images vives, les traits frappants et les tours harmonieux. Lamartine a dit, en parlant de Dieu :

> Il est ; tout est en lui : l'immensité, le temps,
> De son être infini sont les purs éléments ;
> L'espace est son séjour ; l'éternité son âge ;
> Le jour est son regard, le monde est son image ;
> Tout l'univers subsiste à l'ombre de sa main ;
> L'être à flots éternels découlant de son sein,
> Comme un fleuve nourri par une source immense,
> S'en échappe et revient finir où tout commence.

148. L'expression est riche quand elle renferme beaucoup de sens en peu de mots, ou quand elle forme une sorte de tableau. Salluste, parlant de Catilina, qui fut trouvé sur le champ de bataille parmi les cadavres des ennemis, ajoute :

> Paululum etiam spirans, ferociamque animi, quam habuerat vivus, in vultu retinens.

Chateaubriand a imité ce passage dans les *Martyrs* :

> Les Sicambres, tous frappés par devant et couchés sur le dos, conservaient, dans la mort, un air si farouche, que le plus intrépide osait à peine les regarder.

149. La **sécheresse**, qui est opposée à la richesse, consiste à dire froidement les choses et à bannir toute espèce d'ornements. En ce cas, on ne cherche à flatter ni l'imagination, ni la sensibilité. Un pareil style n'est tolérable tout au plus que dans les écrits didactiques.

§ III.

Du style sublime.

150. Le style **sublime** est *celui où la grandeur des pensées et des sentiments, la magnificence des expressions et des images répondent à la grandeur du sujet.* Ce genre de style ne convient qu'aux sujets élevés et dramatiques.

On en trouve un bel exemple dans *Athalie :*

> Où menez-vous ces enfants et ces femmes ?
> Le Seigneur a détruit la reine des cités ;
> Ses prêtres sont captifs, ses rois sont rejetés :
> Dieu ne veut plus qu'on vienne à ses solennités ;
> Temple, renverse-toi ; cèdres, jetez des flammes.
>   Jérusalem, objet de ma douleur,
> Quelle main en un jour t'a ravi tous tes charmes ?
> Qui changera mes yeux en deux sources de larmes
>   Pour pleurer ton malheur ?
>   Quelle Jérusalem nouvelle
> Sort du fond du désert brillante de clartés,
>   Et porte sur son front une marque immortelle?
>   Peuples de la terre, chantez,
> Jérusalem renaît plus charmante et plus belle.
>   D'où lui viennent de tous côtés
> Ces enfants qu'en son sein elle n'a point portés?
> Lève, Jérusalem, lève ta tête altière,
> Regarde tous ces rois de ta gloire étonnés ;

Les rois des nations devant toi prosternés
De tes pieds baisent la poussière ;
Les peuples à l'envi marchent à ta lumière.
Heureux qui pour Sion d'une sainte ferveur
Sentira son âme embrasée !
Cieux, répandez votre rosée,
Et que la terre enfante son Sauveur !

(Voir le n° IV.)

151. Le style sublime est caractérisé d'abord par la force et la hardiesse des pensées, par la grandeur et la vivacité des images, et nous avons déjà parlé de ces qualités. Mais on le distingue aussi par l'*énergie*, la *véhémence*, la *magnificence* et le *sublime* proprement dit.

152. L'énergie du style presse en peu de mots le sentiment ou la pensée pour l'exprimer avec plus de force ou de vivacité.

Casimir Delavigne dit, en parlant de Jeanne d'Arc :

A travers les vapeurs d'une fumée ardente,
Jeanne encor menaçante
Montre aux Anglais son bras à demi consumé.
Pourquoi reculer d'épouvante ?
Anglais ! son bras est désarmé.

153. Le style *faible*, qui est le vice contraire à l'énergie, consiste à n'offrir que des conceptions vagues, confuses, indéterminées. Dans ce cas, les expressions et les idées sont souvent incohérentes, et la construction des phrases est parfois louche et embarrassée. C'est le défaut de ceux qui n'ont pas assez médité leur sujet.

154. La **véhémence** du style consiste dans la vivacité animée par le sentiment, et elle dépend surtout du mouvement impétueux des idées et de la succession rapide des impressions.

Euryale est surpris par l'ennemi, Nisus veut le sauver, et s'écrie :

> Me, me, adsum qui feci ! in me convertite ferrum,
> O Rutuli ! Mea fraus omnis ; nihil iste nec ausus,
> Nec potuit. Cœlum hoc et conscia sidera testor ;
> Tantum infelicem nimium dilexit amicum.

155. Le style *froid*, de peur d'exagérer le sentiment, s'interdit toute émotion : c'est le vice contraire à la véhémence. Les écrivains froids s'adressent à la pure raison, sans rien ajouter qui puisse flatter l'imagination ou toucher le cœur. On ne supporte ce style que chez les philosophes et chez les mathématiciens.

156. La **magnificence** du style consiste à unir la grandeur des idées ou des sentiments à la richesse des expressions ou des images. Tel est ce passage de David :

> Inclinavit cœlos et descendit, et caligo sub pedibus ejus. Et ascendit super Cherubim, et volavit : volavit super pennas ventorum.

Cette image a été reproduite dans notre langue par plusieurs poëtes ; mais celui qui a dit le premier : *Inclinavit cœlos et descendit*, n'en demeure pas moins, dit La Harpe, le poëte qui en trois mots a tracé la plus imposante image que notre imagination ait jamais conçue.

Bossuet déplore ainsi la fuite de la reine d'Angleterre :

> O voyage bien différent de celui qu'elle avait fait sur la même mer, lorsque, venant prendre possession du sceptre de la Grande-

Bretagne, elle voyait, pour ainsi dire, les ondes se courber sous elle, et soumettre toutes leurs vagues à la dominatrice des mers.

157. L'écueil à éviter dans la magnificence, c'est **l'enflure**. L'enflure consiste à employer des termes pompeux et des phrases magnifiques pour exprimer des pensées fausses ou communes. Rien ne rend le style rebutant comme des mots emphatiques et sonores qui ne parlent ni à l'esprit ni au cœur. L'enflure, dit Longin, n'est pas moins vicieuse dans le discours que dans le corps : elle a de l'apparence, mais elle est creuse au dedans. Sénèque, Lucain, Corneille lui-même, sont tombés dans ce défaut. Lucain dit, en parlant de Pompée laissé sans sépulture :

> . . . . . . Cœlo tegitur qui non habet urnam.

Un autre écrivain a dit, en parlant du même Pompée :

> La terre, qui lui manqua pour ses victoires, lui manqua aussi pour sa sépulture.

On voit aisément combien cette pensée est fausse, ridicule et ampoulée.

158. Le **sublime**, dit Longin, est un trait qui nous étonne, nous enlève, et qui, agissant avec une puissance invincible, domine tous ceux qui en sont frappés. Il consiste quelquefois dans une expression, dans une pensée, dans un sentiment, dans le silence même. Le sublime, dit encore Longin, c'est *le son que rend une grande âme*.

159. Il y a donc une grande différence entre le *sublime* et le *style sublime*. Le style sublime consiste dans

une suite de grandes pensées rendues avec noblesse et majesté, et il se soutient plus longtemps. Le sublime est un trait rapide comme la foudre, mais qui renverse tout sur son passage.

L'exemple suivant fera saisir cette différence :

> J'ai vu l'impie adoré sur la terre ;
> Pareil au cèdre, il cachait dans les cieux
> Son front audacieux :
> Il semblait à son gré gouverner le tonnerre ;
> Foulait aux pieds ses ennemis vaincus ;
> Je n'ai fait que passer, il n'était déjà plus.
>
> (RACINE, *Athalie*, acte III.)

Les cinq premiers vers offrent des idées grandes, et appartiennent au style sublime. Le dernier vers présente une idée sublime par elle-même ; cette idée est néanmoins rendue par les mots les plus simples ; le dernier vers est donc du sublime sans être du style sublime.

Nous avons dit ailleurs à quelles conditions les pensées, les sentiments et les images peuvent prendre un caractère de sublimité.

CHAPITRE TROISIÈME.

Des ornements du style.

160. Par **ornements** du style, nous entendons ici certains tours moins connus, certaines expressions plus choisies qui donnent au discours plus de grâce et d'agrément.

161. Comme l'écrivain veut s'insinuer dans l'esprit de ses lecteurs et leur faire adopter ce qu'il pense, il ne doit négliger aucun moyen de plaire. S'il ne songeait qu'à être compris et à éviter les fautes de langage, on se dégoûterait bientôt de son style, et il n'atteindrait pas son but. Sans ornements, dit Quintilien, la composition la plus sage languit bientôt et ressemble à un corps immobile et sans vie.

162. Les ornements du style doivent être dispensés avec mesure et sobriété. Un ouvrage qui serait partout brillant et fleuri causerait plutôt une espèce d'éblouissement qu'une véritable admiration. Il en est du style comme de la peinture : il lui faut des ombres, et tout ne doit pas être lumière.

163. Les deux sources principales où le style puise ses ornements sont : 1° l'heureux emploi des *figures*, 2° l'*harmonie* du langage.

ARTICLE PREMIER.

DES FIGURES [1].

164. Les **figures** sont *des expressions ou des tours qui donnent aux sentiments ou aux pensées une force, une grâce, un mouvement qu'ils n'auraient pas présentés sous une autre forme.*

165. Pour reconnaître les figures dans une phrase, il faut examiner si tous les mots de cette phrase sont

[1] Auteurs à consulter : Longin, *Traité du sublime*, chap. XVI-XXX; Cicéron, *De oratore*, III, 200-210 ; Quintilien, *Instit. orat.*, liv. IX; Du Marsais, *Des tropes*; Blair, *Leçons de littérature*, IIIe part., leç. 14, 15 et 16 ; De Calonne, *Traité de la narration*, IIIe part.

employés dans leur acception primitive, et s'il n'y a pas dans leur construction quelque artifice particulier suggéré par l'imagination ou le sentiment.

Si je dis : *Tel est fait pour le second rang qui n'est pas capable d'occuper le premier*, je ne fais point de figure, parce que dans cette phrase tous les mots sont pris dans leur acception naturelle et présentés sans artifice. Mais qu'on dise avec l'auteur de la *Henriade* :

Tel brille au second rang qui s'éclipse au premier,

on emploie une figure, parce que les mots *brille*, *s'éclipse* conviennent proprement aux astres, et non à un homme capable de bien tenir le second rang et incapable d'occuper le premier.

De même, on dirait sans figure : *Si le ciel et la terre pouvaient parler, ils répondraient*. Mais si je dis avec Racine :

Répondez, cieux et mers, et vous, terre, parlez,

j'emploie une figure, parce que par un mouvement d'enthousiasme, je prête du sentiment à des êtres inanimés, et je leur adresse la parole.

166. On distingue deux classes principales de figures : les figures de *mots* et les figures de *pensées*. Il y a cette différence entre les unes et les autres, dit Cicéron, que les figures de pensées dépendent uniquement du tour de l'imagination, et restent toujours les mêmes, quoiqu'on change les expressions ; les figures de mots disparaissent presque toujours, si l'on change les termes sur lesquels elles reposent.

§ I.

Des figures de mots.

167. Les **figures de mots** consistent dans la disposition des mots ou dans la signification étrangère qu'on donne à quelques-uns d'entre eux. Les figures qui transportent un mot de sa signification propre dans une signification étrangère portent le nom de **tropes** (τρέπω, changer). Celles qui consistent dans l'arrangement des mots conservent proprement le nom de *figures de mots*.

168. La plupart des mots ont un sens *propre* et un sens *figuré*. Ils sont employés dans le sens propre lorsqu'ils signifient la chose pour laquelle ils ont été créés ; ils sont employés dans le sens figuré lorsque, en vertu d'une analogie que l'esprit aperçoit, on les fait passer de cette signification primitive à quelque autre signification étrangère. Quand on dit : la *chaleur* du feu, la *dureté* du fer, ces mots sont pris dans le sens propre ; mais si l'on dit : la *chaleur* du combat, la *dureté* du cœur, ils sont pris dans le sens figuré.

Des tropes.

169. Les rhéteurs comptent ordinairement six tropes : la *métaphore*, l'*allégorie*, la *catachrèse*, l'*antonomase*, la *métonymie*, la *synecdoque*.

L'allégorie, la catachrèse et l'antonomase ne sont que des espèces particulières de métaphore, et la synecdoque ressemble beaucoup à la métonymie. Puisque la métaphore est le trope par excellence, nous nous attacherons particulièrement à faire connaître les règles qu'on doit suivre dans l'emploi de cette figure si fréquente dans le discours.

170. La **métaphore** (μεταφέρω, je porte au delà), est *une figure par laquelle on transporte un mot de sa signification propre à une signification étrangère en vertu d'une comparaison qui se fait dans l'esprit.*

Dites en parlant de Condé : *Ce lion s'élance,* vous faites une métaphore. Mais dites ensuite : *Condé s'élance comme un lion,* vous faites une comparaison.

Quand le prophète-roi dit au seigneur : *Votre parole est une lampe devant mes pas,* il fait une métaphore; s'il avait dit : *Votre parole éclaire mes pas comme une lampe de sa lumière,* il aurait exprimé la comparaison et il n'y aurait point eu de figure.

171. La métaphore est le plus fréquent, le plus agréable et le plus riche de tous les tropes ; le langage lui doit ses plus grandes beautés, et, comme le dit Quintilien, il n'est rien qu'on ne puisse exprimer avec le secours de la métaphore. Les savants comme les ignorants, les hommes du peuple aussi bien que les hommes de cour, font un continuel usage de cette figure ; et pour nous dire qu'il ne faut pas trop la prodiguer, Rollin a fait une phrase qui renferme trois métaphores.

On dit souvent, par exemple :

La *pénétration* de l'esprit, la *rapidité* de la pensée, le *torrent* des passions, le *feu* de la jeunesse, le *printemps* de la vie, les *glaces* de la vieillesse, le *poids* des années.

172. Par la métaphore, on donne un corps et des

couleurs aux choses les plus abstraites, et on présente les objets sensibles sous des traits plus énergiques ou plus gracieux. La métaphore personnifie les passions, prête de la réflexion aux animaux, donne le sentiment et l'action aux choses inanimées.

> Le flot qui l'apporta recule épouvanté.
>
> (RACINE.)

Les métaphores sont très-souvent employées dans les saintes Écritures, et les tropes les plus hardis se présentent en foule sous la plume des prophètes et des autres écrivains sacrés :

> *Inebriabo* sagittas meas sanguine, et gladius meus *devorabit* carnes.

173. Les métaphores peuvent pécher de trois manières :

1° Une métaphore est défectueuse quand elle est forcée, prise de trop loin, et que le rapport n'est point assez naturel et assez sensible. Une métaphore recherchée et tirée d'un objet peu connu jette de l'obscurité dans le discours.

Dumarsais condamne avec raison cette métaphore du poëte Théophile : *Je baignais mes mains dans les ondes de ses cheveux* On dit bien *chevelure ondoyante*, mais baigner ses mains dans les *ondes de ses cheveux* est une mauvaise métaphore.

Les métaphores hardies et tirées d'objets peu ressemblants sont cependant admises en poésie, pourvu qu'elles soient bien préparées.

> . . . . . . Les soins ne purent faire
> Qu'elle échappât au temps, cet insigne larron.
> Les ruines d'une maison
> Se peuvent réparer. Que n'est cet avantage
> Pour les *ruines du visage!*
>
> (LA FONTAINE.)

Les ruines du visage est une métaphore très-hardie, mais elle est préparée par ces mots : *les ruines d'une maison.*

2° Les métaphores sont défectueuses quand elles sont tirées d'objets bas et dégoûtants. Tertullien a dit en parlant du déluge :

Diluvium naturæ generale lixivium fuit.

Benserade n'a pas été plus heureux quand il a dit :

Dieu lava bien la tête à son image.

Il y a cependant des cas où les termes bas ne déplaisent pas. La Fontaine a dit dans la fable *le Lion et le Moucheron :*

Va-t'en, chétif insecte, excrément de la terre !

Il y a là sans contredit un mot qui offre une image peu noble; cependant il ne nous blesse point, parce que nous n'y voyons qu'une expression énergique de l'orgueilleux dédain avec lequel le roi des animaux repousse un misérable insecte.

3° Les métaphores sont défectueuses quand on passe d'une image à une autre sans aucune liaison, ou qu'on réunit deux images ou deux idées qui sont matériellement contraires. Tel est le défaut de ces vers de Malherbe :

> Prends *ta foudre*, Louis, et va comme *un lion*,
> Porter le dernier coup à la *dernière tête*
> De la rébellion.

Louis se trouve successivement comparé à Jupiter maître de la foudre, à un lion, et enfin à Hercule terrassant l'hydre de Lerne.

J.-B. Rousseau a commis la même faute dans la strophe suivante :

> Et les jeunes zéphyrs, de leurs chaudes haleines,
> Ont *fondu l'écorce* des eaux.

Outre que l'*écorce des eaux* est une métaphore peu naturelle, *fondre* se dit de la glace ou du métal, mais on ne peut fondre une *écorce*.

Voici une métaphore où les traits de l'image sont mieux en harmonie. Un écrivain de nos jours, après avoir dit que le clergé actuel est né du martyre, ajoute aussitôt :

> Le berceau des hommes qui gouvernent aujourd'hui l'Église a flotté sur les ruines des autels, submergés du sang des prêtres. (L. VEUILLOT.)

La révolution est considérée comme un naufrage, et les trois mots *berceau, flotté, submergés* sont en parfait rapport avec cette comparaison.

174. Il y a beaucoup de traits de ressemblance entre une métaphore et une image, et presque toutes les règles que nous avons données sur l'emploi des images

s'appliquent à l'emploi des métaphores. Cependant, quoique toute métaphore suppose une comparaison, il n'est pas vrai de dire que toute métaphore est une image. Lorsqu'on dit la *clef* d'une voûte, le *pied* d'une montagne, on emploie une métaphore ou transposition de mots ; mais ces expressions ne font pas image. Pour que la métaphore renferme une image, il faut que l'expression nous représente l'idée nouvelle avec les couleurs de son premier objet et forme une espèce de tableau.

On demandait à Agésilas pourquoi Lacédémone n'avait point de murailles :

> *Voilà*, dit-il, en montrant ses soldats, *les murailles de Lacédémone.*

Cette expression renferme tout à la fois une métaphore et une image.

175. **L'allégorie** (ἄλλος, autre, ἀγορεύω, dire), qui n'est qu'une métaphore continuée, consiste à dire une chose pour en faire entendre une autre. Ce qui la distingue de la métaphore, c'est que cette suite de traits figurés dont se compose l'allégorie doit commencer avec la phrase pour ne finir qu'avec elle. C'est comme un tableau à double face qui, sous des images connues, nous révèle des objets cachés qu'on a le plaisir de reconnaître à travers les emblèmes ; car, a dit un poëte :

> L'allégorie habite un palais diaphane.
>
> (LEMIERRE.)

Pour nous montrer qu'une princesse a bien profité des grâces du ciel, Bossuet nous dit :

Cette jeune *plante*, ainsi *arrosée des eaux* du ciel, ne fut pas longtemps sans *porter des fruits*.

176. Quand l'allégorie se prolonge pendant toute la durée d'un morceau, ce n'est plus simplement une figure, mais une composition allégorique. A ce genre appartiennent les paraboles, les fables, les emblèmes. Par ce moyen, on personnifie les êtres moraux, on dissimule des reproches ou des conseils, on présente avec délicatesse une demande ou une louange qui pourrait déplaire.

Nous pouvons citer comme exemple de compositions allégoriques le psaume 79, l'ode d'Horace *O navis*, et l'idylle de Mme Deshoulières à ses *chères brebis*. (Voir le n° v).

Chateaubriand peint ainsi l'espérance :

Il est dans le ciel une puissance divine, compagne assidue de la religion et de la vertu. Elle nous aide à supporter la vie, s'embarque avec nous pour nous montrer le port dans les tempêtes, également douce et secourable aux voyageurs célèbres et aux passagers inconnus. Quoique ses yeux soient couverts d'un bandeau, ses regards pénètrent l'avenir. Quelquefois elle tient des fleurs naissantes dans sa main, quelquefois une coupe pleine d'une liqueur enchanteresse. Rien n'approche du charme de sa voix, de la douceur de son sourire ; plus on avance vers le tombeau, plus elle se montre pure et brillante aux mortels consolés. La Foi et la Charité lui disent *ma sœur*, et elle se nomme l'*Espérance*.

177. La catachrèse (κατά, contre, χρῆσις, usage) est une espèce de métaphore hardie et forcée à laquelle on a recours par nécessité, quand il n'existe pas de mot propre pour exprimer ce qu'on veut dire. Les rhéteurs lui ont donné ce nom, qui signifie *abus*, *extension,* parce que la ressemblance est peu sensible entre le mot et la chose signifiée, et que c'est abuser des mots que de leur donner une signification à laquelle ils semblent se refuser.

Une *feuille* de papier, une *glace* de miroir, cheval *ferré* d'argent, aller à *cheval* sur un bâton.

> Equitare in arundine longâ.
>
> (HORACE.)

178. L'antonomase (ἀντὶ, pour, ὄνομα, nom) consiste à employer un nom propre pour un nom commun, ou un nom commun pour un nom propre.

1° L'*apôtre* pour *saint Paul,* l'*orateur romain* pour *Cicéron.*

2° Un *Néron* pour un *prince cruel,* un *Démosthène* pour un *homme éloquent.*

179. La métonymie (μετὰ, au delà, ὄνομα), qui signifie changement de nom, a lieu toutes les fois qu'on emploie un nom pour un autre. Elle diffère de la métaphore en ce qu'elle ne suppose pas de comparaison, et elle lui ressemble en ce qu'elle est comme elle une transposition de mots.

La métonymie emploie :

1° La cause pour l'effet. On dit par exemple :

> *Mars* pour *la guerre, Cérès* pour *le blé* ; lisez *Cicéron,* c'est-à-dire les *œuvres* de Cicéron.

2° L'effet pour la cause :

> Non habet Pelion *umbras.*

Umbras est ici pour *arbores.*

Pallentes habitant morbi *tristisque* senectus.

La pâleur et la tristesse ne sont que les effets de la maladie et de la vieillesse.

3° Le *contenant* pour le *contenu*.

Ille impiger hausit
Spumantem *pateram*, et pleno se proluit auro.

Pateram est mis ici pour *vinum*.

4° Le *signe* pour la chose *signifiée* :

On dit le *sceptre* pour la royauté, l'*épée* pour *la guerre*.

Cedant *arma togæ*, concedant *laurea linguæ*. (CICÉRON.)
A la fin j'ai quitté la *robe* pour l'épée. (CORNEILLE.)

5° Le nom *abstrait* pour le nom *concret* :

C'est la vertu qui distribue les grâces ; la paresse et la médiocrité murmurent toutes seules contre la sagesse des choix.

(MASSILLON.)

6° Le *possesseur* pour la *chose possédée* :

Jam proximus ardet
Ucalegon.

Ucalégon pour le palais d'Ucalégon.

180. La **synecdoque** (σύν, avec, ἐκδοχὴ, action de recevoir) est une espèce de métonymie qui met le plus pour le moins ou le moins pour le plus. Elle est ainsi nommée parce qu'elle étend ou restreint la signification ou compréhension des mots.

1° Elle emploie l'espèce pour le genre ou le genre pour l'espèce :

> Seigneur, dans ta gloire adorable
> Quel *mortel* est digne d'entrer?
>
> (J.-B. ROUSSEAU.)

On dit la vallée de *Tempé* pour *toute vallée agréable*.

2° Le tout pour la partie ou la partie pour le tout:

> Aut *Ararim* Perthus bibet, aut Germania *Tigrim*.
>
> (VIRGILE.)

> J'ignore le destin d'une *tête* si chère.
>
> (RACINE.)

3° Le pluriel pour le singulier et le singulier pour le pluriel.

> Le *Français*, né malin, créa le vaudeville.
>
> (BOILEAU.)

On dit aussi : *les Cicéron, les Virgile* pour Cicéron et Virgile ;

Nous pour *je* quand on fait un discours public.

4° Le nom de la *matière* pour la *chose* qui en est faite.

> Qu'entends-je? Autour de moi l'*airain* sacré résonne.
>
> (LAMARTINE.)

181. On voit aisément que les quatre premiers tropes dont nous avons parlé renferment une comparaison et se rapportent tous à la métaphore. Ainsi l'allégorie n'est qu'une métaphore plus longtemps prolongée, la catachrèse une métaphore forcée et commandée par la nécessité, et l'antonomase une métaphore particulière qui concerne le changement des noms propres et des noms communs. Quant à la synecdoque, elle n'est qu'une espèce de métonymie qui augmente ou diminue la signification des mots.

Il faut donc attacher peu d'importance à savoir si tel mot est une synecdoque, une métonymie, une métaphore ou une catachrèse. L'essentiel est de bien comprendre qu'il y a un trope et de sentir comment ces changements de mots contribuent à l'élégance et à la beauté du style.

182. A ces principaux tropes on peut rapporter certaines locutions plus ou moins figurées, comme *l'allusion*, la *métalepse, l'antiphrase, l'euphémisme, l'hypallage* et quelques autres. Nous n'en parlerons point ici parce que ces longues nomenclatures chargent inutilement la mémoire et n'aboutissent dans la pratique à aucun résultat sérieux. Quelques-uns de ces tropes rentrent d'ailleurs dans les figures de pensées.

Des figures de mots proprement dites.

183. Les principales figures de mots proprement dites sont l'*ellipse*, le *pléonasme*, la *syllepse* et l'*hyperbate* ou *inversion*.

184. **L'ellipse** supprime dans la phrase un ou plusieurs mots que la grammaire exigerait, mais que l'esprit peut aisément suppléer. Cette suppression doit donner à l'expression plus de rapidité et d'énergie.

> Ainsi dit, ainsi fait : les mains *cessent* de prendre,
> Les bras d'agir, les jambes de marcher.

Le verbe *cessent* est sous-entendu dans les deux derniers membres de la phrase.

> Je t'aimais inconstant, qu'eussé-je fait, fidèle?

La grammaire aurait exigé : *si je t'aimais, quoique*

tu fusses inconstant, qu'eussé-je fait *si tu avais été* fidèle ? Mais, en ajoutant ces mots, vous ôtez à la phrase son élégance et sa rapidité.

185. Le **pléonasme**, qui est l'opposé de l'ellipse, ajoute, pour mieux exprimer la passion, ce que la grammaire regarderait comme superflu.

> Je l'ai *vu*, dis-je, *vu*, de mes propres yeux *vu*,
> Ce qu'on appelle *vu*.   (MOLIÈRE.)

> Puissé-je *de mes yeux* y voir tomber la foudre !
>   (CORNEILLE.)

186. La **syllepse** détruit l'accord grammatical et fait accorder le relatif avec l'idée plutôt qu'avec le mot auquel il se rapporte.

> Je ne vois point le peuple à mon nom s'alarmer ;
> Le ciel dans tous *leurs* pleurs ne m'entend point nommer.
>   (RACINE.)

187. L'**hyperbate** ou **inversion** est une figure qui renverse l'ordre de la syntaxe. Cette figure très-fréquente dans les langues anciennes est moins usitée dans la prose française.

> Le matin, elle fleurissait, avec quelles grâces, vous le savez.
>   (BOSSUÈT.)

> Restait cette redoutable infanterie dont les bataillons serrés ressemblaient à autant de tours.

En vers, les inversions sont plus fréquentes et plus hardies :

> C'est en vain *qu'au Parnasse* un téméraire auteur
> Pense *de l'art des vers* atteindre la hauteur,
> S'il ne sent point *du ciel* l'influence secrète.

§ II.

Des figures de pensées.

188. Les **figures de pensées** sont, comme nous l'avons dit, des tours suggérés par la passion et l'artifice, et qui sont tellement liés aux sentiments et aux idées que le changement des mots ne les fait point disparaître.

189. Les rhéteurs ont généralement compté un très-grand nombre de figures de pensées. Comme nous ne voyons aucune utilité réelle à les faire connaître toutes, nous ne rappellerons que les plus importantes et les plus fréquemment employées. Les classifications qu'on a suivies sont un peu arbitraires, et il est certaines figures qui semblent appartenir à chacune des classes qu'on a formées. Néanmoins, puisque toute parole humaine se propose l'une de ces trois fins, *instruire, plaire* et *toucher*, il semble qu'il est permis de rapporter toutes les figures de pensées à trois sources principales : à la *raison,* à l'*imagination,* au *sentiment.*

Figures propres à instruire.

190. Les principales figures propres à instruire et qui s'adressent spécialement à la raison sont la *prolepse,* la *suspension,* la *concession,* la *communication,* la *prétermission,* la *sentence* ou *épiphonème.*

191. La **prolepse,** qu'on appelle aussi *antéoccupation* et *subjection,* consiste à prévenir une objection pour la réfuter d'avance. C'est un moyen de désarmer un adversaire avant qu'il soit descendu dans l'arène ; c'est se ménager ainsi l'occasion de l'accabler sous de nouveaux traits.

On pouvait reprocher à Boileau son goût pour la satire et la manière dont il traitait Chapelain. Il prévient cette objection, et, sous prétexte de se justifier, il écrase le malheureux poëte :

> Il a tort, dira l'un, pourquoi faut-il qu'il nomme !
> Attaquer Chapelain ! ah ! c'est un si bon homme !
> Balzac en fait l'éloge en cent endroits divers :
> Il est vrai, s'il m'eût cru, qu'il n'eût point fait de vers.
> Il se tue à rimer : que n'écrit-il en prose ?
> Voilà ce que l'on dit. Eh ! que dis-je autre chose ?
> En blâmant ses écrits, ai-je d'un style affreux
> Distillé sur sa vie un venin dangereux ?
> Ma muse en l'attaquant, charitable et discrète,
> Sait de l'homme d'honneur distinguer le poëte.
> Qu'on vante en lui la foi, l'honneur, la probité ;
> Qu'on prise sa candeur et sa civilité ;
> Qu'il soit doux, complaisant, officieux, sincère :
> On le veut, j'y souscris, et suis prêt à me taire.

192. Quand la prolepse présente une suite de propositions dont chacune est suivie d'une proposition qui sert de réponse ou d'application à la précédente, cette figure prend le nom particulier de *subjection*.

Dans la chaire et au barreau, la subjection a de grands avantages et peut produire beaucoup d'effet. Fléchier a dit en parlant de Turenne :

> Qui fit jamais de si grandes choses ? Qui les dit avec plus de retenue ? Remportait-il quelque avantage ? à l'entendre, ce n'était pas qu'il fût habile, mais l'ennemi s'était trompé. Rendait-il compte d'une bataille ? il n'oubliait rien, sinon que c'était lui qui l'avait gagnée. Racontait-il quelqu'une de ces actions qui

l'avaient rendu si célèbre? on eût dit qu'il n'en avait été que le spectateur, et l'on doutait si c'était lui qui se trompait ou la renommée.

Saint Jérôme se sert aussi de la subjection pour inspirer à son ami Héliodore le goût de la solitude :

Quid agis, frater, in sæculo, qui major es mundo? Paupertatem times? sed beatos Christus pauperes appellat. Labore terreris? at nemo athleta sine sudore coronatur. De cibo cogitas? sed fides famem non timet. Super nudam metuis humum membra collidere? sed Dominus tecum jacet... Infinita eremi vastitas te terret? sed tu paradisum mente deambulas.

193. La **suspension** consiste à tenir le lecteur ou l'auditeur dans l'incertitude, pour mieux exciter son attention ou pour lui ménager une surprise en lui montrant autre chose que ce qu'il attendait.

Dans l'oraison funèbre de la reine d'Angleterre, Bossuet a fait usage de cette figure :

Combien de fois a-t-elle remercié Dieu de deux grandes grâces : l'une de l'avoir faite chrétienne; l'autre... messieurs, qu'attendez-vous? peut-être d'avoir rétabli les affaires du roi son fils? non, c'est de l'avoir faite reine malheureuse.

On peut citer comme un bel exemple de suspension la parabole du prophète Nathan au roi David : *Tu es ille vir* est un mot écrasant pour le prince coupable.

Dans le discours où Auguste déclare à Cinna qu'il connaît tous ses projets, il y a aussi une longue suspension qui se termine par cette terrible parole :

Cinna, tu t'en souviens, et veux m'assassiner!

Dans le genre familier et badin, la lettre de Mme de

Sévigné sur le mariage de Lauzun et les vers bien connus de Scarron sont aussi des suspensions fréquemment citées que nous n'avons pas besoin de rapporter ici.

194. La **concession** est une figure par laquelle on accorde à son adversaire quelque chose qu'on pourrait lui refuser, pour en tirer avantage contre lui, ou pour insister plus vivement sur ce qu'on ne veut pas lui accorder.

> Je veux bien, dit Bossuet, avouer de Charles 1er ce qu'un auteur célèbre a dit de César, *qu'il a été clément jusqu'à être obligé de s'en repentir.* Que ce soit donc là, si l'on veut, l'illustre défaut de Charles aussi bien que de César; mais que ceux qui veulent croire que tout est faible dans les malheureux et les vaincus ne pensent pas pour cela nous persuader que la force d'âme ait manqué à son courage, ni la vigueur à ses conseils.

On trouve encore des exemples de concession dans la satire de Boileau sur la noblesse, et dans le discours du vieil Horace défendant son fils condamné à mort. Tite Live et Corneille peuvent être comparés en ce dernier point. (Voir le n° vi.)

195. La **communication** est une figure par laquelle un orateur, plein de confiance en ses raisons, consulte ses auditeurs ou son adversaire, et semble s'en rapporter à leur décision.

> Dis, Valère, dis-nous, puisqu'il faut qu'il périsse,
> Où penses-tu choisir un lieu pour son supplice?
> Sera-ce entre ces murs, que mille et mille voix
> Font résonner encor du bruit de ses exploits?
> Sera-ce hors des murs, au milieu de ces places
> Qu'on voit fumer encor du sang des Curiaces?

A cette figure on peut rapporter la *dubitation* et la

supposition, dont les noms disent assez la signification, sans qu'il soit nécessaire de s'y arrêter.

196. La **prétérition** ou **prétermission** consiste à paraître passer sous silence ce qu'on dit néanmoins, mais en peu de mots et sans y insister. Cette figure a le double avantage de resserrer dans un même tableau des choses qu'on a l'air d'écarter, et de fortifier davantage les moyens sur lesquels on veut insister. Valère dit en plaidant contre Horace :

> Je pourrais ajouter aux intérêts de Rome
> Combien un pareil coup est indigne d'un homme ;
> Je pourrais demander qu'on mît devant vos yeux
> Ce grand et rare exploit d'un bras victorieux :
> Mais je hais ces moyens qui sentent l'artifice.

197. La **sentence** est une réflexion courte et vive, inspirée par le sujet même, et qui renferme une maxime générale que l'on veut graver dans l'esprit.

> Je suis jeune, il est vrai ; mais, aux âmes bien nées,
> La valeur n'attend pas le nombre des années.
>
> (CORNEILLE.)

198. La sentence prend le nom d'*épiphonème* quand elle est une espèce d'exclamation qui sert de conclusion à un récit ou à un raisonnement.

Virgile dit après le tableau des infortunes d'Énée :

> Tantæ molis erat romanam condere gentem.

Et ailleurs encore, en parlant de Polymnestor :

> Fas omne abrumpit : Polydorum obtruncat, et auro
> Vi potitur. *Quid non mortalia pectora cogis,*
> *Auri sacra fames?*

Figures propres à plaire.

199. Les principales figures qui s'adressent à l'imagination et qui semblent avoir pour but spécial de plaire et de flatter l'esprit, sont la *correction*, la *réticence*, l'*antithèse*, la *gradation*, l'*ironie*, le *contraste* ou la *comparaison*.

200. La **correction** est une figure par laquelle on se reprend soi-même comme si l'on voulait dire autrement ou mieux que ce qu'on a dit. C'est souvent pour dire la même chose avec plus de force ou pour se ménager un passage délicat à de nouvelles idées que l'on veut ajouter aux premières.

> Tout est vain en nous, excepté le sincère aveu que nous faisons devant Dieu de nos vanités, et le jugement arrêté qui nous fait mépriser tout ce que nous sommes. Mais dis-je la vérité? L'homme que Dieu a fait à son image n'est-il qu'une ombre? Ce que Jésus-Christ est venu chercher du ciel en terre, ce qu'il a cru pouvoir, sans se ravilir, racheter de son sang, n'est-ce qu'un rien? Reconnaissons notre erreur.

201. La **réticence** est une figure par laquelle on interrompt tout à coup sa phrase pour passer brusquement à un autre objet, mais pourtant de manière à faire entendre ce qu'on supprime. Cette figure est très-adroite et fait entendre souvent plus qu'on ne dirait. Mais il ne faut ni la prodiguer à tout propos, ni la confondre avec les points accumulés si ridiculement employés dans certains livres modernes.

Dans Virgile, Neptune gourmande ainsi les vents déchaînés :

> Jam cœlum terramque, meo sine numine, venti,
> Miscere, et tantas audetis tollere moles :
> Quos ego... Sed motos præstat componere fluctus.

Racine a souvent employé cette figure avec succès :

> J'appelai de l'exil, je tirai de l'armée
> Et ce même Sénèque et ce même Burrhus,
> Qui depuis... Rome alors estimait leurs vertus.
>
> (Britannicus.)

> Je devrais, sur l'autel où ta main sacrifie,
> Te... Mais du prix qu'on m'offre il faut me contenter.
>
> (Athalie.)

202. L'antithèse ($\dot{\alpha}\nu\tau\dot{\imath}\ \tau\dot{\imath}\theta\eta\mu\iota$) rapproche des mots ou des idées opposées afin de les faire mieux ressortir. Pour être bonne, cette figure doit naître du contraste des idées. C'est une raison pour ne pas en abuser. Quand on la prodigue, elle éblouit au lieu d'éclairer et dégénère en affectation.

Pascal nous peint ainsi les contrariétés étonnantes qui se trouvent dans l'homme :

> Quelle chimère est-ce donc que l'homme? Juge de toutes choses, imbécile ver de terre, dépositaire du vrai, amas d'incertitudes, gloire et rebut de l'univers. S'il se vante, je l'abaisse, s'il s'abaisse, je le vante et le contredis toujours, jusqu'à ce qu'il comprenne qu'il est un monstre incompréhensible.

203. La gradation présente une suite d'idées ou de sentiments qui vont en augmentant ou en diminuant. Ainsi, la gradation peut être ascendante ou descendante :

> Vous voulez qu'un roi meure, et pour son châtiment
> Vous ne donnez qu'un jour, qu'une heure, qu'un moment.

Nihil agis, nihil moliris, nihil cogitas, quod ego non modo,
non audiam, sed etiam non videam planeque sentiam.

(CICÉRON, in Cat.)

La première de ces deux phrases renferme une gradation descendante. Dans la seconde, il y a une gradation descendante et une gradation ascendante.

204. **L'ironie** (εἴρων, simulation) consiste à présenter précisément le contraire de ce qu'on pense et
de ce qu'on veut faire entendre. Elle sert quelquefois
à railler avec finesse ou à louer avec délicatesse,
souvent aussi elle est le dernier trait de la colère ré-
duite au désespoir.

> Je le déclare donc : Quinault est un Virgile ;
> Pradon comme un soleil en nos ans a paru ;
> Pelletier écrit mieux qu'Ablancourt et Patru ;
> Cottin, à ses sermons traînant toute la terre,
> Fend les flots d'auditeurs pour se rendre à sa chaire.

(BOILEAU.)

> Grâce aux dieux, mon malheur passe mon espérance !
> Oui, je te loue, ô ciel, de ta persévérance.
> Ta haine a pris plaisir à former ma misère ;
> J'étais né pour servir d'exemple à ta colère,
> Pour être du malheur un modèle accompli :
> Eh bien ! *je meurs content*, et mon sort est rempli.

(RACINE, Andromaque.)

Ce mot *je meurs content*, dans la situation d'Oreste,
est le sublime de la rage.

205. Quand l'ironie est l'expression de la colère et
de la vengeance et qu'elle tombe sur un ennemi
vaincu et terrassé, elle prend le nom de *sarcasme*. On
en trouve beaucoup d'exemples chez les orateurs

païens et quelquefois chez les poëtes. Athalie, se
croyant victorieuse, parle ainsi à Josabeth :

> Ce Dieu, depuis longtemps votre unique refuge,
> Que deviendra l'effet de ses prédictions,
> Qu'il vous donne ce roi promis aux nations !
> Cet enfant de David, votre espoir, votre attente !
>
> (RACINE.)

206. La **comparaison** ou **similitude** rapproche deux objets qui se ressemblent par un ou plusieurs côtés, afin de rendre l'un d'eux plus sensible
et plus frappant. Les comparaisons ont pour but d'é-
claircir les pensées, d'orner le discours ou de fortifier
le raisonnement; elles doivent être claires, justes, nobles et sobrement ménagées. La comparaison a beaucoup de rapports avec la métaphore, et tout ce que
nous avons dit sur l'emploi des images et des métaphores s'applique aussi à la comparaison.

> Il s'émeut, et *semblable à l'instrument terrible,*
> *Qui recule au moment qu'il vomit le trépas.*
> Il chancelle, il hésite, il recule d'un pas.
>
> (DELILLE).

207. La comparaison prend le nom de *contraste* lorsqu'elle oppose deux objets différents ou un seul objet
placé dans deux situations différentes :

> Vous parlez en soldat, je dois agir en roi.
>
> (RACINE.)

> La vérité, dans les ouvrages de raisonnement, est un roi à la
> tête de son armée un jour de combat; dans les ouvrages d'ima-
> gination, elle est comme une reine, au jour de son couronne-
> ment, au milieu de la pompe et de la splendeur.
>
> (DE BONALD.)

Figures propres à émouvoir.

208. Les principales figures propres à émouvoir, sont l'*hyperbole*, la *permission*, l'*apostrophe*, l'*interrogation*, l'*exclamation*, la *déprécation*, l'*imprécation*, la *prosopopée* et le *dialogisme*.

209. L'hyperbole (ὑπὲρ βάλλω) est une exagération qui donne à l'objet dont on parle quelques degrés de plus ou de moins qu'il n'en a dans la réalité; mais c'est uniquement pour frapper l'imagination et amener l'esprit à connaître les choses telles qu'elles sont. Les phrases hyperboliques sont très-naturelles et s'emploient fréquemment dans la plus simple conversation :

Il marche comme une tortue. — Il va plus vite que le vent.

Je les peins dans le meurtre à l'envi triomphants,
Rome entière noyée au sang de ses enfants.

(CORNEILLE, Cinna.)

Fléchier s'est servi de l'hyperbole dans l'oraison funèbre de Turenne, lorsqu'il dit :

Des ruisseaux de larmes coulèrent des yeux de tous les habitants.

210. Quand l'hyperbole dépasse les limites du vraisemblable, elle produit l'extravagance et l'enflure dont nous avons parlé ailleurs. Les écrivains de l'Afrique et de l'Espagne n'ont pas été toujours exempts de ces défauts. Un contemporain de Charles-Quint avait composé pour ce prince l'épitaphe suivante :

Pro tumulo ponas orbem, pro tegmine cœlum,
Sidera pro facibus, pro lacrymis maria.

Son cercueil est le ciel ; son tombeau, l'univers ;
Les astres, ses flambeaux ; et nos larmes, les mers.

Rien de plus ridicule que ces hyperboles emphatiques et outrées dont La Fontaine s'est spirituellement moqué dans les vers suivants :

L'un d'eux était de ces conteurs
Qui n'ont jamais rien vu qu'avec un microscope ;
Tout est géant chez eux : écoutez-les, l'Europe
Comme l'Afrique aura des monstres à foison.
Celui-ci se croyait l'hyperbole permise :
J'ai vu, dit-il, un chou plus gros qu'une maison.
Et moi, dit l'autre, un pot aussi grand qu'une église.
Le premier se moquant, l'autre reprit : Tout doux,
On le fit pour cuire vos choux.

211. A côté de l'hyperbole qui exagère les objets, on peut placer la *litote* qui les affaiblit et les diminue. La litote est donc une figure qui dit moins pour faire entendre plus.

Le berger de Virgile veut faire entendre qu'il est beau et bien fait, il se contente de dire :

Nec sum adeo informis, nuper me in littore vidi.

On peut rapporter aussi à ces deux figures l'exagération et l'exténuation dont La Fontaine nous donne un double exemple dans la fable *les Animaux malades de la peste*. La poésie descriptive, la louange, la haine et la passion font un fréquent usage de l'hyperbole et de l'exagération. La litote et l'exténuation conviennent à ceux qui ont à faire des reproches ou des remontrances, et qui donnent des avis à des personnes qu'il faut ménager ou respecter.

212. La **permission** est une figure par laquelle on se livre à son adversaire pour toucher sa pitié, ou bien on l'invite à poursuivre pour mieux lui faire sentir l'odieux de sa conduite.

> ... Si omnes uno ordine habetis Achivos,
> Idque audire sat est, jamdudùm sumite pœnas.
>
> (VIRGILE.)

> Non, non, persécutez ;
> Et soyez l'instrument de nos félicités :
> Celle d'un vrai chrétien n'est que dans les souffrances,
> Les plus cruels tourments lui sont des récompenses.
>
> (CORNEILLE.)

213. L'**apostrophe** est une figure par laquelle on interrompt le discours qu'on adressait à un auditoire pour parler directement aux absents, aux morts, aux choses inanimées, ou même à quelques-unes des personnes présentes. Cette figure produit un grand effet, mais on ne doit l'employer que dans les violents mouvements de l'âme.

> Glaive du Seigneur, quel coup vous venez de frapper! Toute la terre en est étonnée.
>
> (*Oraison funèbre de Marie-Thérèse.*)

> Princesse dont la destinée est si grande et si glorieuse, faut-il que vous naissiez en la puissance des ennemis de votre maison! O Éternel, veillez sur elle! Anges saints, rangez alentour vos escadrons invisibles, et faites la garde autour d'une princesse si grande et si délaissée.
>
> (*Oraison funèbre de la duchesse d'Orléans.*)

214. L'**exclamation** est une figure par laquelle l'orateur, ne pouvant contenir les vifs sentiments de

son âme, la laisse éclater en cris soudains et en inter-
jections.

> Illa subit mediæque minans illabitur urbi.
> O patria! ô divum domus Ilium, et inclyta bello
> Mœnia Dardanidum!
>
> (VIRGILE.)

> O vanité! ô néant! ô mortels ignorants de leurs destinées!
>
> (BOSSUET.)

215. Quand l'exclamation renferme un violent désir
ou un souhait ardent d'obtenir un bien que l'on envie,
elle prend le nom particulier d'*optation*.

> Quis dabit mihi pennas sicut columbæ? et volabo et re-
> quiescam.
>
> (PS. LIV.)

> O rives du Jourdain! ô champs aimés des cieux!
>   Sacrés monts, fertiles vallées,
>   Par cent miracles signalées;
>   Du doux pays de nos aïeux
>   Serons-nous toujours exilées?
>
> (RACINE, *Esther.*)

216. **L'interrogation** est une figure par laquelle
on adresse une question, non pour obtenir une réponse, mais pour faire mieux ressortir la pensée et
mettre un adversaire au défi de soutenir le contraire.

> Hé! quel temps fut jamais plus fertile en miracles?
> Quand Dieu par plus d'effets montra-t-il son pouvoir?
> Auras-tu donc toujours des yeux pour ne point voir,
> Peuple ingrat? Quoi! toujours les plus grandes merveilles
> Sans ébranler ton cœur frapperont tes oreilles?

217. La **déprécation** ou **obsécration** est une prière pressante où l'on réunit les motifs les plus capables de fléchir et de toucher ceux auxquels on s'adresse.

La mère des Machabées disait à son plus jeune fils qu'Antiochus voulait séduire :

Fili mi, miserere mei, quæ te in utero novem mensibus portavi, et in ætatem istam perduxi.

Peto, nate, ut aspicias ad cœlum et terram, et ad omnia quæ in eis sunt.

Ita fiet ut non timeas carnificem istum ; sed dignus fratribus tuis effectus particeps, suscipe mortem ut in illā miseratione cum fratribus tuis te recipiam.

Faut-il que je me jette à vos sacrés genoux ?
Au nom du lieu si saint qui n'est ouvert qu'à vous,
Lieu terrible où de Dieu la majesté repose,
Quelque dure que soit la loi qu'on vous impose,
De ce coup imprévu songeons à nous parer.

(*Athalie.*)

218. L'**imprécation** est une figure par laquelle on invoque le ciel, les enfers, ou quelque puissance supérieure, contre un objet odieux. Tantôt cette figure est l'expression de la colère et de la fureur contre des ennemis ; tantôt elle sert à appeler sur soi-même la punition du ciel sous la forme d'un souhait ou d'un serment :

Si oblitus fuero tui, Jerusalem, oblivioni detur dextera mea!
Adhæreat lingua mea faucibus meis, si non meminero tui, si non proposuero Jerusalem in principio lætitiæ meæ!

(Ps. cxxxvi.)

Tombe sur moi le ciel, pourvu que je me venge !

(Corneille.)

On peut voir dans *Athalie* les imprécations de Joad, et dans *Horace* celles de Camille. (Voir le n° VII.)

219. La **prosopopée** (πρόσωπον ποιέω) est une figure par laquelle on fait agir ou parler les êtres présents ou absents, animés ou inanimés, et l'on invoque même les morts du fond de leur tombe. C'est de toutes les figures la plus hardie et la plus magnifique, mais c'est aussi celle dont l'emploi demande le plus de réserve et de précautions.

Bossuet s'adressant aux morts, s'écrie :

> Dormez votre sommeil, riches de la terre, et demeurez dans votre poussière. Ah! si quelques générations, que dis-je? si quelques années après votre mort, vous reveniez, hommes oubliés du monde, vous vous hâteriez de rentrer dans vos tombeaux, pour ne voir pas votre nom flétri, votre mémoire abolie, et votre prévoyance trompée dans vos amis, dans vos créatures, et plus encore dans vos héritiers et dans vos enfants.

220. Quand on ne se contente pas de prêter du sentiment aux choses inanimées, quand on les met en scène et que le dialogue s'engage entre elles, la prosopopée prend le nom de *dialogisme*.

Boileau peint ainsi la lutte du marchand contre l'avarice :

> Le sommeil sur ses yeux commence à s'épancher :
> Debout! dit l'Avarice, il est temps de marcher.
> — Ah! laisse-moi. — Debout! — Un moment! — Tu répliques?
> — A peine le soleil fait ouvrir les boutiques!
> — N'importe, lève-toi! — Pourquoi faire, après tout?
> — Pour courir l'Océan de l'un à l'autre bout.....

Lorsque le prophète Isaïe raconte la chute de Lucifer, les prosopopées et les dialogismes s'accumulent et s'enchaînent avec une hardiesse qui finit par s'élever jusqu'au plus haut degré du sublime. (Voyez le n° VIII.)

221. Plusieurs critiques modernes reprochent aux auteurs anciens d'avoir attaché trop d'importance à l'étude des figures. Il y a en effet quelque chose d'un peu frivole à donner un nom à toutes les formes de la pensée et à toutes les attitudes du discours. Cette classification, il est vrai, développe la sagacité de l'intelligence et contribue à former le goût; mais on peut être très-exercé sur toutes les notions que nous venons de donner, sans rencontrer sous sa plume les ornements dont on a besoin. Les figures de pensées, pour être belles, doivent sortir naturellement du sujet, et se présenter d'elles-mêmes, sans recherche et sans effort. Si elles ont l'air d'avoir été amenées par la réflexion et placées à dessein comme des ornements, elles font un effet misérable et sont indignes d'un écrivain sérieux.

222. Dans le cas même où les figures sont naturellement amenées, il faut prendre garde de les prodiguer. Elles sont, dit Cicéron, comme les yeux du discours, et les yeux ne doivent pas être répandus dans tout le corps. Quand les figures sont trop multipliées, elles nuisent à la clarté et masquent les pensées au lieu de les embellir. La satiété naît presque toujours de l'abondance, et les plus belles choses doivent se montrer rarement pour ne pas cesser d'être belles.

Que les figures soient donc toujours placées à propos, préparées avec soin, et vraiment propres à produire l'effet qu'on veut atteindre.

ARTICLE DEUXIÈME.

DE L'HARMONIE [1].

223. L'harmonie (ἁρμόζω) est *une combinaison de sons qui plaisent à l'oreille par leur accord entre eux ou par leur rapport avec les choses qu'ils expriment.*

De là deux sortes d'harmonie : l'harmonie *mécanique* et l'harmonie *imitative.*

224. Ces deux sortes d'harmonie ont une très-grande importance. Cicéron et Quintilien ont recommandé en beaucoup d'endroits le soin de flatter l'oreille par l'agrément et l'abondance des sons. Cicéron va même jusqu'à dire que c'est l'harmonie qui distingue le plus l'orateur habile du parleur ignorant et vulgaire. Comment, en effet, pénétrer jusqu'à l'âme avec des consonnances dures et choquantes? L'oreille, d'après Quintilien, est le vestibule du cœur.

> Il est un heureux choix de mots harmonieux.
> Fuyez des mauvais sons le concours odieux.
> Le vers le mieux rempli, la plus noble pensée
> Ne peut plaire à l'esprit quand l'oreille est blessée.
>
> (BOILEAU.)

§ I.

De l'harmonie mécanique.

225. L'harmonie mécanique, qu'on pourrait

----

[1] Auteurs à consulter : Longin, *Traité du sublime*, ch. XXXVII, XXXVIII, XXXIX; Cicéron, *Orator.* nᵒˢ 162-236; Rollin, *Traité des études*, liv. II, ch. XI, art. 2; Le Batteux, *Construction oratoire*; Marmontel, *Éléments de littérature*; Collombet, *Cours de littérature*, sect. 1ʳᵉ, ch. V.

aussi appeler *euphonie* ou *mélodie* du style, consiste dans l'heureux accord des sons que l'on emploie, et convient à toute espèce de composition. Quelque sujet que l'on traite, il faut, en effet, que par le choix des expressions et la variété du nombre on rende le style agréable et mélodieux. Les ouvrages de philosophie et d'histoire exigent sous ce rapport beaucoup moins d'attention que la poésie et l'éloquence. Mais on doit éviter partout les consonnances désagréables et blessantes pour l'oreille.

Cette harmonie générale du discours résulte du choix et de l'arrangement des mots, et de la combinaison des phrases ou des périodes.

I. — Du choix et de l'arrangement des mots.

226. Dans le **choix des mots** considérés comme sons, il faut admettre de préférence ceux qui présentent un heureux mélange de voyelles et de consonnes, de brèves et de longues, et qui deviennent ainsi sonores, coulants et faciles à prononcer.

Les voyelles, dit Marmontel, ne sont pas toutes également pleines et brillantes : la voix se plaît mieux dans le son de l'*a* et de l'*o* que dans les autres voyelles. C'est à une oreille exercée à distinguer toutes ces nuances, et à éviter les mots qui produisent un son désagréable et fâcheux.

227. On n'est pas toujours libre d'éviter des mots un peu barbares et choquants pour l'oreille. Dans un ouvrage scientifique ou un traité de philosophie, on est forcé de parler le langage de la science et d'em-

ployer des mots techniques : l'histoire est aussi obligée de répéter certains noms que les événements produisent et qui ne sont pas toujours harmonieux. Mais, en les plaçant avec art, on adoucit souvent les impressions les plus dures. C'est ainsi que Boileau se tire de cette difficulté avec autant d'esprit que de bonheur dans son *Épître au Roi* sur le passage du Rhin :

> Des villes que tu prends les noms durs et barbares
> N'offrent de toutes parts que syllabes bizarres ;
> Et, l'oreille effrayée, il faut depuis l'Issel,
> Pour trouver un bon mot courir jusqu'au Tessel.
> Oui, partout de son nom chaque place munie
> Tient bon contre le vers, en détruit l'harmonie.
> Et qui peut sans frémir aborder Waërden ?
> Quel vers ne tomberait au seul nom de Heusden ?

228. L'harmonie des mots dépend moins de leur choix que de leur arrangement. Nous venons de voir que Boileau fait entrer dans ses vers des mots qui semblaient désespérants pour un poëte. Les prosateurs habiles parviennent également à modifier la rudesse de certaines expressions très-choquantes pour l'oreille. Quoi de plus dur que le mot *cataracte* ? Buffon a su le rendre harmonieux en disant d'un fleuve :

> Il se livre à la pente précipitée de ses cataractes écumantes.

Changez quelques mots et dites : *à la pente de ses cataractes rapides*, l'harmonie est détruite et l'oreille est blessée.

229. Dans l'arrangement des mots, il faut éviter : 1° les hiatus ; 2° la répétition des mêmes syllabes ; 3° une série de mots de même dimension ; 4° l'usage trop fréquent des consonnes.

1° **L'hiatus** est la rencontre de deux voyelles qui se heurtent et s'entre-choquent.

Il alla à Alexandrie. — C'est un quiproquo ordinaire.

La prose admet ou du moins ne proscrit pas aussi sévèrement ces rencontres de voyelles ; mais la poésie exige plus de soin. Boileau fait sentir la leçon avec beaucoup de bonheur dans les deux vers suivants :

> Gardez qu'une voyelle à courir trop hâtée
> Ne soit d'une voyelle en son chemin heurtée.

2° La répétition des mêmes syllabes, surtout quand elles sont sourdes et nasales, nuit encore plus à l'harmonie que l'*hiatus* :

> Quam mul*ti ti*neas pascunt blat*ta*sque diserti?
> (MARTIAL.)

> Pourquoi *ce* roi du monde et *si* libre et *si sage*
> Subit-il *si souvent* un *si* dur *esclavage* ?
> (VOLTAIRE.)

> *Non*, il *n'*est rien que *Nanine n'honore*.
> (LE MÊME.)

3° Une série de mots de même dimension et l'accumulation des monosyllabes produisent rarement une phrase harmonieuse, et les mots qui ont une longueur démesurée font également un effet désagréable.

> Conturbabantur Constantinopolitani
> Innumerabilibus sollicitudinibus.

> L'on hait ce que l'on a ; ce qu'on n'a pas, on l'aime.
> (VOLTAIRE.)

Un critique a adressé le quatrain suivant à un poëte contemporain qui semble rechercher le style dur et rocailleux :

> Où, ô Hugo, juchera-t-on ton nom ?
> Rendu justice enfin que ne t'a-t-on?
> Quand donc au mont qu'Académique on nomme,
> De roc en roc, grimperas-tu, rare homme ?

Il y a cependant plus d'un vers dans Racine qui n'a rien de choquant pour l'oreille, quoiqu'il soit composé de monosyllabes. De ce nombre est celui-ci :

> Le jour n'est pas plus pur que le fond de mon cœur.

4° Il faut éviter aussi l'assemblage des mots où dominent les consonnes fortes : *sphinx, arx studiorum.* L'usage trop répété des consonnes qui précèdent ou suivent une même voyelle, donne à cette voyelle un son pénible et désagréable. Boileau a blâmé ce défaut dans des vers qui le rendent sensible :

> Maudit soit l'auteur dur dont l'âpre et dure verve,
> Son cerveau tenaillant, rima malgré Minerve ;
> Et, de son lourd marteau martelant le bon sens,
> A fait de méchants vers douze fois douze cents.

230. Il ne faut pas cependant éviter avec affectation les syllabes rudes et les consonnes fortes. Une langue où l'on ne trouverait que des syllabes douces et agréables manquerait de force et d'énergie, et elle deviendrait molle, lâche et sans consistance. Tous les grands écrivains ont su allier la force à la douceur, la puissance à la grâce, et c'est ce qui fait le charme des vers suivants :

> Ainsi qu'un nuage qui passe
> Mon printemps s'est évanoui ;
> Mes yeux ne verront plus la trace
> De tous les biens dont j'ai joui.
> Par le souffle de ta colère,
> Hélas ! arraché de la terre,
> Je vais d'où l'on ne revient pas ;
> Mes vallons, ma propre demeure,
> Et cet œil même qui me pleure
> Ne reverront jamais mes pas.
>
> (LAMARTINE.)

II. — Harmonie des phrases.

231. Le choix et l'arrangement des mots produisent tout naturellement l'harmonie des phrases, puisqu'une phrase n'est qu'une réunion de mots formant un sens complet. Cependant lorsque les phrases renferment plusieurs propositions liées entre elles, l'arrangement de ces divers membres exige un soin particulier.

L'harmonie des phrases, considérée à ce point de vue, dépend du *nombre* et de la *période.*

232. Le **nombre** consiste dans un certain accord des mots, des membres et des chutes de la phrase, calculé de manière à faciliter la *respiration* de celui qui parle, à satisfaire l'*esprit* et à flatter l'*oreille* de celui qui écoute.

233. La *respiration* attend des mots variés, des pauses assez fréquentes et d'une longueur raisonnable : le vers *hexamètre* ou *alexandrin* est la mesure ordinaire de la respiration.

L'*esprit* demande que les coupes de la phrase répondent au sens, qu'il puisse embrasser sans peine l'ensemble des idées qui lui sont présentées, et que l'intérêt ou l'importance des objets aille toujours croissant.

L'oreille veut un heureux mélange de syllabes longues et brèves, de mots et des membres de diverses longueurs, qui se terminent par une chute pleine et sonore.

234. C'est avec raison que, pour désigner cet heureux mélange d'intervalles et de repos dans le style, les rhéteurs ont employé le mot *nombre,* qui suppose toujours une pluralité. En effet, de même que l'unité de temps et de mouvement ne peut pas seule former des nombres, de même aussi il faut le concours de plusieurs membres de phrase et une série de cadences variées pour former ce qu'on appelle le *nombre* ou l'harmonie dans le style.

235. La **période** est une phrase dont le sens complet, partagé entre plusieurs membres, est suspendu jusqu'à un dernier et parfait repos.

La période se compose donc de plusieurs propositions distinctes, mais toujours dépendantes les unes des autres, et tellement liées entre elles que le sens demeure suspendu jusqu'à un repos qui leur est commun à toutes.

236. Toute phrase complexe et composée de plusieurs propositions ne constitue pas une période. Ce qui distingue la période de la phrase ordinaire, c'est la dépendance mutuelle des pensées et cette suspension de sens qui dure jusqu'à la fin. La période est déterminée par les particules qui annoncent d'avance le rapport et la dépendance des propositions qui vont suivre.

237. On appelle **membres** de la période les propositions dont la dépendance mutuelle est indiquée par des particules; les **incises** sont des propositions qui se suivent, se rattachent ensemble, sans qu'il existe de dépendance nécessaire.

238. Ainsi, une suspension qui indique au moins deux membres, et par conséquent deux idées, voilà la première condition de la période proprement dite. Le membre ne peut pas se retrancher sans que la phrase devienne inintelligible. Au contraire, supprimez une incise, la phrase aura encore un sens véritable.

Prenez pour exemple l'exorde de l'oraison funèbre de la reine d'Angleterre :

> Celui qui règne dans les cieux et de qui relèvent tous les empires, à qui seul appartient la gloire, la majesté et l'indépendance, — est aussi le seul qui se glorifie de faire la loi aux rois et de leur donner, quand il lui plaît, de grandes et de terribles leçons.

Cette phrase de Bossuet est une période à deux membres. Le premier membre comprend trois incises, le second en renferme deux. Si l'on disait : *Celui qui règne dans les cieux est aussi le seul qui se glorifie de faire la loi aux rois,* la période serait complète, et l'on pourrait s'arrêter là. Au contraire, l'esprit ne peut pas s'arrêter après la proposition : *Celui qui règne dans les cieux,* ni après les deux propositions suivantes. Les mots *celui qui* exigent une proposition correspondante et laissent le sens suspendu. Les deux propositions : *de qui relèvent tous les empires, à qui seul appartient,* etc., ne forment donc pas un membre de la période; elles ne sont que des incises.

239. Il résulte de ce que nous venons de dire qu'on rencontre souvent de longues phrases qui contiennent une énumération très-développée, et qui cependant ne forment pas une période. Prenons un autre passage du même exorde de Bossuet :

> Vous verrez dans une seule vie toutes les extrémités des choses humaines : la félicité sans bornes aussi bien que les misères; une longue et paisible jouissance d'une des plus nobles couronnes de l'univers; tout ce que peuvent donner de plus glorieux la naissance et la grandeur accumulées sur une seule tête, qui ensuite est exposée à tous les outrages de la fortune, etc.

Il y a là ce qu'on appelle vulgairement le style périodique; mais ces propositions réunies ne forment pas une période proprement dite, parce que l'esprit peut s'arrêter après chaque proposition. C'est donc une phrase à plusieurs incises, mais non à plusieurs membres enchaînés les uns aux autres.

Si l'on veut consulter un certain nombre de rhétoriques, on se convaincra que des phrases, souvent citées comme exemple de périodes, ne sont pas du tout périodiques.

240. On distingue des périodes à deux, à trois, à quatre membres, rarement au delà. C'est pourtant le bon goût et l'autorité des bons écrivains qu'il faut consulter plutôt que les règles des rhéteurs pour décider si l'on peut employer des périodes plus étendues.

Période à deux membres sans incises.

Quelle que soit l'indifférence de notre siècle pour les talents qui l'honorent, — il rend du moins justice à ceux qui ne sont plus. (THOMAS.)

Période à deux membres avec incises.

La sagesse divine répandit ses biens sur la terre, — afin que, pour les recueillir, l'homme en parcourût les différentes régions ; — qu'il développât sa raison par l'inspection de ses ouvrages ; — et qu'il s'enflammât de son amour par le sentiment de ses bienfaits. (BERNARDIN DE SAINT-PIERRE.)

Période à trois membres.

Pendant que les sanglots éclataient de toutes parts, — comme si un autre que lui en eût été le sujet, — il continuait à donner ses ordres.

S'il défendait les pleurs, — ce n'était pas comme un objet dont il fût troublé, — mais comme un empêchement qui le retardait. (BOSSUET.)

Périodes à quatre membres.

Qu'un père vous ait aimé, — c'est un sentiment que la nature inspire ; — mais qu'un père si éclairé vous ait témoigné cette confiance jusqu'au dernier soupir, — c'est le plus beau témoignage que votre vertu pouvait remporter. (BOSSUET.)

241. Ce qui contribue le plus à la beauté de la période, c'est une marche progressive sous le rapport des mots et sous le rapport des idées. La progression des idées satisfait l'esprit, et la proportion entre les membres de la phrase plaît à l'œil et à l'oreille. C'est ce qui produit ce nombre et ces cadences harmonieuses qui captivent les sens et subjuguent les âmes.

242. Le style est appelé *périodique* lorsque les mem-

bres et les incises d'une période sont très-multipliées, ou que plusieurs périodes se suivent et s'enchaînent.

Le style est *coupé* lorsque les phrases sont courtes, détachées, et que chacune d'elles offre un sens complet.

Dans les panégyriques, les oraisons funèbres, dans les endroits qui demandent de la pompe et de la dignité, le style *périodique* est plus convenable et plus fréquemment employé. Mais dans la gradation et l'accumulation, dans l'argumentation pressante et les mouvements passionnés, le style *coupé* conviendra beaucoup mieux. Au reste, ni l'un ni l'autre ne doivent être trop soutenus; et c'est de l'habile mélange de ces deux formes opposées que résultent l'harmonie et le charme du style.

§ II.

De l'harmonie imitative.

243. L'harmonie imitative consiste dans le parfait rapport des sons avec les choses que les mots expriment. On l'appelle *imitative* parce qu'elle établit une certaine ressemblance entre les mouvements de la langue et ceux de la nature.

244. Tout écrivain digne de ce nom désire peindre les objets dont il parle, et les imiter par la combinaison des sons. Mais les poëtes font usage de ce genre d'harmonie plus fréquemment que les prosateurs. Pour le poëte, les sons ne sont pas seulement des sons, mais encore des signes; et l'harmonie imitative, qui donne à la phrase la couleur du sujet que l'on traite, est un des caractères distinctifs du vrai génie poétique.

245. Les objets qui se prêtent à l'harmonie imitative sont de trois sortes et constituent trois genres d'imitation : 1° *les sons de la nature ;* 2° *les mouvements des êtres sensibles ;* 3° *les émotions de l'âme.*

I. — Sons de la nature.

246. La scie :

> Tum ferri rigor atque argutæ lamina serræ.
>
> (VIRGILE.)

Les chaînes :

> Hinc exaudiri gemitus, et sæva sonare
> Verbera : tum stridor ferri, tractæque catenæ.
>
> (*Id.*)

Les vents :

> Luctantes ventos tempestatesque sonoras.
>
> (*Id.*)

Le galop du cheval :

> Quadrupedante putrem sonitu quatit ungula campum.
>
> (*Id.*)

Sourd murmure :

> , ... Stetit illa tremens, uteroque recusso,
> Insonuere cavæ gemitumque dedere cavernæ.
>
> (*Id.*)

Bruit de l'orage :

> Continuo ventis surgentibus, aut freta ponti
> Suscipiunt agitata tumescere, et aridus altis

Montibus audiri fragor, aut resonantia longe
Littora misceri, et nemorum increbrescere murmur.

(VIRGILE.)

Nos poëtes français ne se sont pas montrés inférieurs à leurs devanciers. Ils imitent :

Les serpents :

Pour qui sont ces serpents qui sifflent sur vos têtes ?

(RACINE.)

Les vents :

Se gorge de vapeurs, s'enfle comme un ballon,
      Fait un vacarme de démon,
Siffle, souffle, tempête....   (LA FONTAINE.)

Les prosateurs ont souvent lutté sans désavantage contre les meilleurs poëtes dans l'art de peindre les objets par les sons.

Le Tartare :

Satan arrive au pied de sa royale demeure. Les trois gardes se lèvent et laissent le marteau d'airain retomber avec un bruit lugubre sur la porte d'airain... Le rauque son de la trompette appelle les habitants des ombres éternelles ; les noires cavernes en sont ébranlées, et le bruit, d'abîme en abîme, roule et retombe.

(CHATEAUBRIAND.)

II. — Mouvements des êtres sensibles.

247. Virgile nous fait entendre le bruit et voir le mouvement d'un taureau qui tombe ; ailleurs, nous suivons l'effort des Cyclopes et la chute de leurs marteaux.

Chute :

> Sternitur, exanimisque tremens procumbit humi bos.
>
> (*Æn.*, v.)

Effort :

> Illi inter sese magna vi brachia tollunt
> In numerum, versantque tenaci forcipe ferrum.
>
> (*Georg.*, iv.)

L'hydre :

> Quinquaginta atris immanis hiatibus Hydra.
>
> (*Æn.*, vi.)

Les poëtes français sont parfois admirables dans leurs tableaux. Ils peignent :

La fatigue :

> Dans un chemin montant, sablonneux, malaisé,
> Et de tous les côtés au soleil exposé,
>   Six forts chevaux tiraient un coche.
> Femmes, moines, vieillards, tout était descendu ;
> L'attelage suait, soufflait, était rendu.
>
> (LA FONTAINE.)

La mollesse :

> . . . . . La mollesse oppressée
> Dans sa bouche à ce mot seul sa langue glacée ;
> Et, lasse de parler, succombant sous l'effort,
> Soupire, étend les bras, ferme l'œil et s'endort.
>
> (BOILEAU.)

Un monstre :

> Indomptable taureau, dragon impétueux,
> Sa croupe se recourbe en replis tortueux.
>
> (RACINE.)

Divers mouvements :

> Peins-moi légèrement l'amant léger de Flore ;
> Qu'un doux ruisseau murmure en vers plus doux encore.
> Entend-on de la mer les ondes bouillonner ?
> Le vers comme un torrent en roulant doit tonner.
> Qu'Ajax soulève un roc et le lance avec peine,
> Chaque syllabe est lourde et chaque mot se traîne.
> Mais vois d'un pied léger Camille effleurer l'eau ;
> Le vers vole et la suit aussi prompt que l'oiseau.
>
> (DELILLE.)

III. — Émotions de l'âme.

248. De même que la musique a le pouvoir d'exciter les diverses passions, ainsi, par des cadences graves ou légères, sourdes ou éclatantes, l'harmonie fait naître ou représente les diverses passions de la tristesse, de la joie, de la colère, de l'admiration ou de l'amour.

Tristesse :

> . . . . Cunctæque profundum
> Pontum adspectabant flentes.
>
> (*Æn.*, v.)

La joie :

> . . . . . . Juvenum manus emicat ardens
> Littus in Hesperium.
>
> (*Æn.*, vi.)

> Inde, ubi clara dedit sonitum tuba, finibus omnes,
> Haud mora, prosiluere suis ; ferit æthera clamor.
>
> (*Æn.*, v.)

La fierté :

> Ast ego, quæ divum incedo regina, Jovisque

> Et soror et conjux, una cum gente tot annos
> Bella gero !
>
> (Æn., I.)

> Par là je me rendis terrible à mon rival,
> Je ceignis la tiare et marchai son égal.
>
> (RACINE.)

La majesté :

> Oui, je viens dans son temple adorer l'Éternel ;
> Je viens, selon l'usage antique et solennel,
> Célébrer avec vous la fameuse journée
> Où, sur le mont Sina, la loi nous fut donnée.
>
> (LE MÊME.)

L'horreur :

> C'était pendant l'horreur d'une profonde nuit ;
> Ma mère Jézabel devant moi s'est montrée
> Comme aux jours de sa mort pompeusement parée.
>
> (LE MÊME.)

Les grands orateurs, quoique avec moins de ressource que les poëtes, se sont élevés parfois jusqu'à l'harmonie la plus ravissante. Il faut étudier surtout sous ce rapport Cicéron, Bossuet, Massillon et Fléchier. Citons quelques phrases de ce dernier sur la mort de Turenne :

> Je me trouble, messieurs : Turenne meurt, tout se confond, la fortune chancelle, la victoire se lasse, la paix s'éloigne, les bonnes intentions des alliés se ralentissent, le courage des troupes est abattu par la douleur et ranimé par la vengeance, tout le camp demeure immobile.
>
> (Oraison funèbre de Turenne. — Voir le n° IX.)

CHAPITRE QUATRIÈME.

Moyens de former le style.

249. Trois moyens se présentent au jeune littérateur qui veut se former à l'art d'écrire : la connaissance des *règles*, l'étude des *modèles*, l'exercice de la *composition*. Les principes que nous avons exposés jusqu'ici sur les éléments du style, sur ses ornements et ses qualités, se rapportent au premier de ces trois moyens. Au témoignage de Cicéron lui-même, ce serait une erreur et une témérité de regarder ces règles comme inutiles ; mais ce serait une erreur peut-être plus grave de faire de l'étude des règles notre occupation principale et de croire qu'elles peuvent nous suffire.

250. Si les préceptes nous apprennent à rassembler et à disposer les matériaux, à les employer avec discernement et sagesse, l'étude des modèles et l'exercice du style nous enseigneront, mieux que tous les préceptes, la pratique de l'art d'écrire. C'est le sentiment de tous les grands maîtres :

Longum iter per præcepta, dit Sénèque, *breve et efficax per exempla.*

Les hommes, dit saint Augustin, qui ont un génie pénétrant et rapide, profitent plus dans l'éloquence, en lisant les discours des hommes éloquents, qu'en étudiant les préceptes mêmes de l'art.

Le maniement de la plume, dit Cicéron, voilà le grand et souverain maître dans l'art d'écrire. *Stylus, optimus et præstantissimus dicendi effector et magister.*

Nous allons donc parler de ces deux principaux moyens de former le style : l'étude des *modèles* et l'exercice de la *composition*.

ARTICLE PREMIER.

ÉTUDE DES MODÈLES [1].

251. Par **modèles littéraires,** on entend ce qui existe de plus beau et de plus parfait dans chaque genre.

Le véritable type du beau se trouve d'abord en Dieu lui-même, et ensuite dans les œuvres de ses mains où reluisent le mieux sa sagesse et ses perfections infinies.

252. Sans doute c'est dans la nature et dans l'homme que sont renfermées les merveilles que le jeune littérateur doit sans cesse étudier. Mais il n'est pas vrai, comme le prétend une école moderne, que tout ce qui est naturel est par là même beau et bon. Depuis que le péché a dégradé l'homme et le monde qu'il habite, tout ce qui est naturel n'est pas digne d'être proposé pour modèle. C'est dans les exemples et les écrits des grands hommes que Dieu a suscités, dans l'Ancien et le Nouveau Testament, qu'il faut chercher des modèles où brillent une incomparable splendeur et une pureté sans tache.

---

[1] Auteurs à consulter : Longin, *Traité du sublime,* chap. XIII et XIV ; Quintilien, *Instit. orat.,* liv. I et II ; Fénelon, *Lettre à l'Académie* ; Laurentie, *De l'étude et de l'enseignement des lettres,* chap. IV et V ; Marmontel, art. Imitation, Traduction ; Dom Jamin, *Traité de la lecture.*

253. Le premier modèle que nous proposons à l'étude de la jeunesse, dit le R. P. de Boylesve, sera donc la Bible, livre des livres, expression fidèle de la parole de Dieu, et c'est uniquement à ces pages inspirées que nous transporterons ce précepte d'Horace :

> Vos exemplaria *sacra*
> Nocturna versate manu, versate diurna.

Ce que saint Jérôme prescrivait à un aspirant au sacerdoce, nous osons le conseiller à tout chrétien qui veut devenir orateur ou poëte : *Divinas scripturas sæpius lege; imo nunquam de manibus tuis sacra lectio deponatur.*

254. Le chrétien doit aussi étudier le type du beau dans les auteurs païens. Malgré les ténèbres et la corruption qui régnaient au milieu de ces peuples, il s'est rencontré des hommes d'un génie assez élevé, d'un caractère assez fort et assez droit pour célébrer dignement certaines vérités et pour pratiquer certaines vertus dans l'ordre naturel. Dans les écrits des païens, le flambeau de la raison a jeté parfois un brillant éclat, et, chez quelques-uns, la grandeur de l'homme se révèle par des traits de sublime vertu.

255. On cherchera principalement dans les chefs-d'œuvre des païens les modèles d'une argumentation solide, l'harmonie poétique et le mouvement oratoire, la pureté et la propriété du langage, le naturel et la simplicité du style. Pour découvrir les secrets de l'art, il faut étudier de préférence Homère et Démosthènes, Virgile et Cicéron, Thucydide et Salluste, Xénophon et César, Tite-Live et Tacite. Pourvu que le jeune élève étudie en même temps nos écrivains sacrés et nos auteurs chrétiens, les dieux et les héros d'Homère et de Virgile lui paraîtront bien petits auprès du Dieu que chantent les prophètes et des grands hommes que célèbrent les Pères et les Docteurs de l'Église.

256. Pour qu'un ouvrage soit cité comme modèle et étudié comme classique, il ne suffit pas qu'il soit écrit avec élégance.

Un ouvrage où la morale et la religion sont attaquées par le sophisme, un ouvrage inspiré par le vice ou l'erreur ne peut être proposé pour type du beau littéraire. Un livre n'est *classique*, c'est-à-dire propre à être étudié dans les classes, que lorsqu'il apprend à bien penser et à bien agir autant qu'à bien parler et à bien écrire.

257. L'étude des modèles se réduit à quatre exercices : la *lecture*, l'*analyse*, la *traduction* et l'*imitation*.

§ 1.

De la lecture.

258. La **lecture**, telle que nous l'entendons ici, ne consiste pas à parcourir rapidement les pages d'un livre pour charmer ses loisirs ou pour satisfaire une curiosité frivole. Lire, comme l'indique le mot lui-même (*legere*), c'est choisir et recueillir; c'est choisir ce qui se rencontre de bon et de beau dans les pensées et les sentiments d'un écrivain, et se l'approprier ensuite par la mémoire et la réflexion.

259. Il est évident que la lecture des écrivains ainsi entendue est un puissant moyen de se former à l'art d'écrire. Virgile et Cicéron, dit M. Laurentie, doivent

beaucoup de leurs perfections à Homère et à Démosthènes. Racine, Corneille, Boileau lisaient et méditaient
jour et nuit les chefs-d'œuvre antiques. Bossuet, qui
fut original comme les génies primitifs, étudia pourtant le secret de leur éloquence. Mais il puisa surtout
aux sources nouvelles que le christianisme avait ouvertes devant lui. Son style est plein de l'étude des
Pères et surtout de celle de saint Augustin.

260. La lecture est indispensable aux jeunes gens
qui veulent cultiver les lettres avec quelque succès.
Dans le premier âge de la vie, l'esprit ne peut se suffire à lui-même ; il lui faut, aussi bien qu'à notre
corps, une nourriture de tous les jours, une substance
étrangère qui se change en sa propre substance. La
société des livres est pleine d'enseignements pour tous
les âges ; mais, pour le jeune littérateur surtout, elle
a une foule d'avantages et d'attraits.

261. Pour le choix des livres, il y a trois précautions
principales à prendre : s'interdire les livres dangereux
sous le rapport moral, ne pas lire ceux qui pourraient
altérer le goût, et savoir se borner à un petit nombre.

262. Le jeune élève doit d'abord s'interdire avec
soin les livres qui portent des atteintes funestes à la
religion et aux bonnes mœurs. Même au point de
vue littéraire, de pareils ouvrages sont toujours plus
nuisibles qu'on ne pense. On perd, en les lisant, ces
sentiments nobles et généreux sans lesquels il est
impossible d'exceller dans la poésie ou l'éloquence.
Les grandes idées d'honneur et de vertu, d'héroïsme
et de dévouement, seules capables d'exciter l'admiration ou l'enthousiasme, se flétrissent bientôt dans

l'esprit du jeune homme qui lit des auteurs dangereux ou suspects.

Puisque le style est l'homme, lisez avant tout, pour vous former le style, des livres qui contribuent à former l'homme, c'est-à-dire des livres qui vous apprennent à bien penser, à bien vouloir, à bien agir, et qui vous inspirent les goûts, les sentiments et les désirs qui constituent l'homme moral.

263. La seconde règle qu'il faut observer dans le choix des livres, c'est de ne point lire les auteurs médiocres et ceux dont le goût n'est pas assez pur. L'érudition peut gagner quelque chose à une lecture plus variée, mais le goût court grand risque de s'altérer et de se corrompre. Ce danger est d'autant plus grave que les jeunes gens sont naturellement portés à se laisser séduire par les phrases éclatantes et les expressions sonores. Trop souvent ils préfèrent ces faux brillants aux beautés solides, et ils cherchent à justifier leurs propres défauts par l'exemple des auteurs qu'ils ont choisis pour modèles.

Ils se trompent étrangement, dit un maître expérimenté, ceux qui, sous prétexte d'étendre le coup d'œil du jeune homme, lui communiquent de bonne heure les auteurs dont le génie, quel qu'il soit, n'a pu se défendre de graves défauts. Malheur aux jeunes talents qui s'abandonnent aux futilités littéraires de notre époque ! C'est aux chefs-d'œuvre des plus beaux siècles qu'il faut toujours s'attacher[1].

264. Enfin, dans le choix de ses livres, il faut sa-

---

[1] *Le Guide du jeune littérateur*, par le P. Broeckaert, p. 118.

voir se borner. Ce n'est pas en lisant beaucoup de livres que l'on s'instruit, mais en lisant beaucoup un même livre. *Multum legendum, non multa* (Pline le Jeune). Pour se former le style, comme pour acquérir la vraie science, on apprend plus dans les chefs-d'œuvre d'un homme de génie que dans les longs volumes des écrivains du second ordre. *Timeo hominem unius libri,* disait un grand docteur.

De deux hommes également favorisés de la nature, dit M. de Bonald, celui-là réussira mieux dans l'art d'écrire et possédera la manière la plus originale, qui aura lu le plus souvent et avec le plus de fruit un petit nombre d'excellents ouvrages et moins d'ouvrages médiocres.

265. Ce n'est pas tout de bien choisir les livres qu'on veut lire, il faut encore apporter de la méthode dans ce travail. Pour tirer du fruit de ses lectures, il faut lire avec *ordre,* avec *sobriété,* avec *lenteur,* avec *réflexion.*

266. Il y a des livres qu'on ouvre seulement pour y puiser un fait ou un témoignage ; mais il en est d'autres qu'on étudie pour se former à l'art d'écrire. Quand on a choisi ces derniers, il faut savoir s'y tenir et ne pas voltiger de livre en livre. Commencez toujours par les livres les plus utiles et qui se rapportent mieux à votre but, l'*ordre* le veut ainsi ; et si, pour vous distraire, vous en prenez d'autres, revenez toujours aux premiers. *Si quando ad alios divertere libuerit, ad priores redi* (Senec.). Lire beaucoup d'auteurs de divers genres est une marque d'inconstance et de légèreté. Être partout c'est n'être nulle part ; et, quand on passe sa vie à voyager, on se fait beaucoup d'hôtes, mais pas un ami.

L'ordre veut encore qu'on suive la marche de l'auteur et l'enchaînement de ses pensées, sans chercher à le devancer. Si on saute du commencement au milieu, du milieu à la fin, la lecture produira peu de fruits. Rien de propre à détendre les ressorts de l'intelligence et à engendrer la confusion comme ces lectures sautillantes et décousues. Le papillon voltige de fleur en fleur et n'en rapporte jamais le moindre trésor : l'abeille s'enfonce et s'arrête dans la corolle embaumée, et en sort toujours chargée de butin.

267. La *sobriété* veut d'abord qu'on ne lise pas tous les livres qui se présentent sous la main, et nous avons déjà donné ce conseil; mais elle exige encore qu'on lise peu à la fois. La passion de lire est souvent une sorte d'intempérance qui charge et accable l'esprit sans l'éclairer. Une nourriture trop abondante fatigue et surcharge l'estomac : de même une lecture trop longue et mal digérée rebute et embarrasse l'esprit. Mesurez donc à vos forces, dit Sénèque, le fardeau que vous voulez porter, et ne vous occupez que des choses auxquelles vous pouvez suffire. Consultez beaucoup moins l'impatience de vos désirs que la nature de votre esprit et le loisir de votre position.

268. Une autre condition nécessaire pour qu'une lecture soit utile, c'est qu'elle soit faite avec *lenteur*. La précipitation est un obstacle invincible au fruit qu'elle doit produire. Les pluies abondantes qui tombent avec trop d'impétuosité ne font que couler sur la terre sans la pénétrer; mais celles qui descendent doucement comme la rosée pénètrent dans son sein et lui donnent la fécondité. Si vous voulez que vos lectures

portent des fruits, revenez plusieurs fois sur un passage qui vous a frappé, sur une expression ou une image qui vous a plu. Ayez une plume ou un crayon sous votre main, et ne quittez jamais un livre sans avoir extrait quelque pensée ou noté quelque fragment.

269. Enfin, la lecture doit être faite avec *réflexion*. Appliquez-vous à saisir le plan, la conduite et l'ensemble d'un ouvrage, à découvrir la suite et la progression des sentiments et des pensées. Demandez-vous quel but l'auteur s'est proposé et quelle est la marche qu'il a suivie pour arriver à ce but ; examinez s'il n'a pas négligé des considérations essentielles et développé des idées secondaires. Ayez même recours quelquefois à une analyse complète et détaillée.

§ II.

De l'analyse.

270. **L'analyse** (ἀνά λύω) consiste à décomposer un ouvrage, à le réduire à sa plus simple expression et à ses idées élémentaires, en le dégageant de tous ses ornements, afin d'en mieux connaître le fond et la valeur. L'analyse est un moyen infaillible de découvrir le vide et le mensonge de certaines œuvres médiocres et longtemps prônées par l'aveuglement ou la passion.

271. L'analyse comprend trois opérations. Comme il y a trois opérations de l'esprit pour tout écrivain qui compose un ouvrage : invention, disposition, élocution, il y a aussi trois choses à considérer pour ce-

lui qui soumet cette œuvre à son examen : la *substance*, l'*ordre* et la *forme*. L'analyse réduit à leurs éléments primitifs les idées et les sentiments qui forment le fond de l'ouvrage ; elle étudie ensuite l'ordre et la liaison de ces idées et de ces sentiments : enfin, elle examine les expressions, les figures et les tours dont l'écrivain a revêtu sa pensée. La lecture réfléchie dont nous parlions tout à l'heure est une excellente préparation à ce travail.

272. L'analyse a des avantages immenses pour former le goût et le jugement d'un élève. C'est par ce moyen qu'il obtiendra un coup d'œil juste et sûr, et qu'il saura ramener le sujet le plus vaste et l'ouvrage le plus étendu à deux ou trois idées principales. Quand il aura pris l'habitude de pénétrer et de décomposer ainsi les œuvres d'autrui, il ne se laissera pas séduire par les beautés apparentes et les réputations usurpées, et, dans ses propres compositions, il saura éviter le vague et l'incohérence des idées, la répétition des mêmes expressions et des mêmes pensées.

273. Nous ne parlerons point ici de l'analyse *grammaticale*, qui détermine l'espèce et la valeur de chaque mot d'une phrase ; de l'analyse *historique*, qui supprime les détails et les faits secondaires pour ne s'occuper que des faits principaux ; de l'analyse *philosophique*, qui retranche les développements d'un ouvrage pour le réduire à quelques preuves dont elle montre l'enchaînement et la solidité. L'analyse *littéraire* se rapproche parfois de l'analyse historique ou philosophique ; mais elle a toujours pour but principal d'exa-

miner l'ensemble, les parties, les pensées et les expressions d'une composition.

274. Il n'y a pas un seul genre de littérature sur lequel l'analyse ne puisse utilement s'exercer. Dans les pensées et les conceptions d'un auteur, justesse ou convenance; dans les sentiments, délicatesse ou grandeur; dans son style, correction, clarté, naturel, noblesse, harmonie, toutes ces choses sont du ressort de l'analyse littéraire. Depuis l'œuvre la plus légère jusqu'à la composition la plus élevée, elle embrasse toutes les productions de l'esprit; et si ce travail présente d'abord moins d'attrait que celui de la composition, il développe mieux le jugement et le goût. Au reste, il y aura toujours du charme pour un esprit bien fait à pouvoir se rendre compte des beautés qui l'ont frappé, et on se plaît à savoir raisonner son admiration ou sa censure sur une œuvre qui est soumise à notre étude.

§ III.

De la traduction.

275. La **traduction** consiste à faire passer d'une langue dans une autre les pensées et le style d'un écrivain. Le double mérite d'une bonne traduction réside dans l'élégance et dans la fidélité; pour être un excellent traducteur, il faut respecter tout à la fois le caractère de l'auteur original et le génie de la langue nouvelle qu'on lui fait parler.

276. La traduction est un excellent moyen d'approfondir les modèles. Pour bien traduire, le jeune homme doit faire un double travail : celui de bien saisir les

pensées d'autrui, et celui de les reproduire dans toute leur force et leur précision. Or, pour atteindre ce but, il faut beaucoup de réflexions et d'efforts, et celui qui l'entreprend se trouve dans l'heureuse nécessité de pénétrer le caractère et la beauté du modèle qu'il étudie.

277. La lecture ne peut pas suppléer au travail de la traduction, parce qu'elle est rarement accompagnée des conditions que nous avons indiquées. Dans le premier âge surtout, le mérite du fond et les beautés de la forme échappent presque toujours à l'œil distrait de celui qui lit. On dévore des pages en courant, et il ne reste rien ni dans l'esprit ni dans le cœur. Le travail de translation commande la lenteur et la réflexion nécessaires pour qu'une œuvre littéraire laisse de profondes impressions.

La lecture, c'est trop souvent un regard furtif et rapide jeté sur un ouvrage; la traduction, c'est la contemplation laborieuse et prolongée des pensées et des secrets du génie.

278. L'exercice de la traduction est aussi un excellent moyen de former le style. Pour bien écrire, en effet, deux conditions sont essentielles : l'emploi du terme propre, et l'élégance des tours. Mais il n'est rien qui habitue l'esprit à ces deux qualités d'un bon style, comme l'exercice fréquent de la traduction. Le traducteur est obligé de passer en revue une foule de mots qui semblent synonymes, de saisir les nuances qui les séparent et de faire de chacun l'emploi qui lui convient. Dans le choix des constructions et des tours, il a aussi besoin de beaucoup de réflexion, de discer-

nement et de goût. et il découvre ainsi la finesse de l'art et les secrets d'un bon style.

279. Outre l'interprétation du sens, qui se rapporte aux études grammaticales, le jeune homme qui traduit doit considérer quatre choses : le choix des expressions, les tours de phrase, les inversions des mots et des propositions, et le ton particulier à chaque auteur. A ces quatre points de vue, il faut unir ensemble une fidélité scrupuleuse qui respecte les moindres nuances, et une sage liberté qui se conforme au génie de la langue dans laquelle on traduit [1].

§ IV.

De l'imitation.

280. **L'imitation**, dit Marmontel, ne consiste pas à copier servilement un orateur ou un poëte, mais à se pénétrer de la pensée et des sentiments d'un modèle et à les reproduire avec une certaine liberté. La traduction nous semble le premier degré que doit franchir le jeune littérateur ; par elle, il se prépare à l'imitation, pour arriver ensuite à la composition proprement dite.

281. Dans un sens plus étendu, l'imitation consiste à former son esprit, son langage, ses habitudes de concevoir, de peindre, d'imaginer, sur le modèle qu'on s'est proposé de suivre et avec lequel on se sent quel-

---

[1] Pour plus de développement, voir notre *Essai sur la Traduction, considérée comme le principal exercice des classes supérieures*, et notre *Manuel de la Traduction, ou Cours théorique et pratique de la version grecque et latine, suivi d'études critiques sur diverses traductions, à l'usage des classes supérieures et des aspirants au baccalauréat*.

que analogie. L'imitateur étudie les tours, les idées, les mouvements, l'harmonie de l'écrivain qu'il a choisi ; et, après s'être enrichi la mémoire, rempli l'âme de ses beautés, il les transporte d'une langue dans une autre, ou les emprunte à la sienne propre pour leur donner une expression nouvelle. C'est ainsi que Virgile a imité l'*Odyssée*, dans les six premiers livres de l'*Énéide*, et l'*Iliade* dans les six derniers. Boileau reconnaissait sans trop de peine qu'il n'était *qu'un gueux revêtu des dépouilles d'Horace.*

282. L'imitation est très-utile et suffit quelquefois pour développer le talent d'un écrivain. Il sort du génie des anciens, dit Longin, comme des vapeurs divines qui passent dans l'âme des imitateurs et qui font partager à un talent médiocrement sublime l'enthousiasme du plus sublime écrivain. L'esprit d'un autre produit quelquefois sur nous l'effet d'une véritable inspiration. Lors donc, ajoute ce grand maître, que nous traiterons un sujet qui demande un esprit élevé, pénétrons-nous de cette pensée : comment Homère aurait-il dit cela ? Comment Platon ou Démosthènes auraient-ils atteint ici la sublimité ? Que diraient, que penseraient Homère ou Démosthènes s'ils étaient là pour m'entendre ? Ces grandes ombres, évoquées par l'émulation, et s'offrant à nous dans leur éminente beauté, nous élèveront presque à la hauteur dont notre esprit aura conçu l'image.

283. Il y a plusieurs manières d'imiter un écrivain, et les jeunes élèves peuvent choisir celle qui leur convient le mieux, ou les essayer tour à tour les unes après les autres.

On peut prendre la pensée d'un écrivain et la reproduire en changeant le tour et l'expression. D'autres
fois, c'est le tour ou l'expression que nous emprun-
terons pour les appliquer à d'autres sujets.

Êtes-vous lassé de cet exercice, lisez et relisez avec
attention un morceau bien écrit ; puis, fermez le livre, prenez la plume, essayez de le reproduire à votre
façon, et comparez votre travail avec le modèle. Ce
genre d'imitation, quoique moins utile que les précé-
dents, a pourtant quelques avantages.

Enfin, analysez un discours, travaillez sur ce plan
emprunté, et puis comparez vos développements et
vos preuves avec la marche de votre maître, vous fi-
nirez par vous élever jusqu'à lui.

284. Il y a trois précautions à prendre dans l'imitation d'un écrivain : discernement dans le choix du
modèle, liberté dans l'imitation, intelligence dans les
traits que l'on reproduit. — *Discernement* : les meilleurs modèles ont leurs défauts, et les défauts sont
plus faciles à imiter que les beautés. Sénèque et Lucain en ont égaré plusieurs : notre siècle a bien aussi
ses idoles et ses engouements dangereux, et il est facile de se laisser surprendre. — *Liberté* : si vous vous
traînez sur les pas d'autrui, si vous dérobez à un
autre des tours qui lui sont tout à fait personnels,
vous copiez et vous êtes esclave : *servum pecus*. La
hardiesse de l'imitation doit rappeler la hardiesse du
modèle. — *Intelligence* : choisissez ce qui est à votre
portée, ce qui convient à la nature de votre talent. Ne
vous attachez pas exclusivement à un seul, mais ne
multipliez pas trop vos modèles. Mieux vaudrait en-

core s'attacher à un seul : Démosthènes se forma en copiant huit fois Thucydide tout entier.

ARTICLE DEUXIÈME.

DE LA COMPOSITION [1].

285. Une **composition littéraire** est *un en-semble de pensées ou de sentiments qui forment un seul tout et tendent à un seul et même but.*

D'autres la définissent d'une manière trop vague peut-être : *une œuvre de l'esprit conforme en tout aux préceptes de l'art.*

Nous parlerons d'abord de la *composition en général,* et nous donnerons ensuite quelques règles sur les *principaux genres* de compositions secondaires.

§ I.

De la composition en général.

286. Pour réussir dans une composition quelconque cinq choses sont nécessaires : 1° le choix du sujet ; 2° une méditation ou préparation sérieuse ; 3° le premier jet de l'esprit ; 4° la révision du travail ; 5° la critique d'un maître ou d'un ami.

287. Il importe avant tout de **choisir un sujet** qui ne dépasse pas la portée de notre talent et l'étendue de nos connaissances.

---

[1] Auteurs à consulter : Cicéron, *De oratore,* 1, 150-155 ; Quin-tilien, *Inst. oral.* liv. X, chap. III, IV, V ; Marmontel, art. rhéto-rique ; Laurentie, *De l'étude et de l'enseignement des lettres,* chap. V ; L'abbé Capol, *Études sur la composition.*

Sumite materiam vestris, qui scribitis, æquam
Viribus, et versate diu quid ferre recusent,
Quid valeant humeri.

Sans doute, cette règle s'applique plus directement
aux écrivains déjà formés qui travaillent pour le public ; mais elle concerne aussi celui qui écrit pour
s'exercer et qui ne cherche que son utilité dans cet
exercice. Que le jeune homme consulte donc ses forces, la nature de son esprit, ses connaissances ac-
quises, ses dispositions actuelles ; qu'il débute par
quelques exercices d'imitation, se renfermant d'abord
dans les limites d'un plan qui lui aura été tracé par
une main habile ; après avoir quelque temps supporté
ces entraves, il s'élèvera plus sûrement à des compositions vastes et libres sous la direction d'un maître
qui n'aura qu'à prévenir ses écarts.

288. Une **méditation sérieuse** et approfondie
est absolument nécessaire pour bien traiter un sujet.
Plus on l'a étudié, plus l'imagination s'échauffe, plus
elle fournit de pensées, de tours et d'expressions convenables. C'est pour n'avoir pas assez réfléchi, dit
Buffon, qu'un homme d'esprit se trouve embarrassé
et ne sait par où commencer à écrire : il aperçoit à la
fois un grand nombre d'idées, et comme il ne les a
ni comparées ni subordonnées, rien ne le détermine
à les préférer les unes aux autres. Mais lorsqu'il aura
rassemblé et mis en ordre toutes les pensées essentielles à son sujet, il s'apercevra aisément de l'instant
auquel il doit prendre la plume, il n'aura même que
du plaisir à écrire, les idées se succéderont aisément,
et le style sera facile et naturel.

289. Aussitôt qu'on a déterminé son sujet, il faut donc l'étudier sous toutes ses faces, et, par une méditation prolongée, s'en faire une idée juste, claire et distincte. Examinez soigneusement ce qui est partie principale et ce qui n'est qu'accessoire. Sachez vous attacher à un fait dont vous ferez dépendre les autres, à un personnage autour duquel viendront se grouper tous les détails d'une action. Fixez-vous bien sur l'idée dominante, sur le principe ou la vérité que vous voulez établir ; écartez tout ce qui ne convient pas au but que vous voulez atteindre : quand votre sujet sera ainsi préparé, même avant d'avoir écrit une seule ligne, le travail sera pour le moins à moitié fait.

290. Beaucoup de jeunes gens se plaignent qu'il leur est impossible d'approfondir, ou même de méditer un sujet, avant de prendre la plume. Mais ils prétendent voir de l'impossibilité là où il n'y a souvent que paresse d'esprit. Le travail de la réflexion est celui qui coûte le plus à la légèreté naturelle à cet âge, et souvent on ne peut l'obtenir de ceux mêmes qui s'appliquent avec ardeur à un autre genre de travail.

Faites donc des efforts sur vous-même ; affranchissez votre esprit de ces mille distractions futiles qui lui ôtent son énergie ; appliquez, concentrez toutes vos facultés sur un seul et même objet, et bientôt vous serez surpris de trouver en vous des ressources que vous n'aviez point soupçonnées ; au lieu d'effleurer seulement votre matière, vous traiterez à fond votre sujet, vous aurez une touche ferme, une marche libre, aisée et pleine d'assurance.

291. D'une longue et patiente méditation vous sen-

tirez naître une foule de traits, de réflexions, de sentiments et de pensées. C'est le moment de prendre la plume, c'est l'heure des grandes pensées et des bons mouvements. Recueillez le **premier jet** de votre imagination et de votre sensibilité. Il y a là un mouvement d'esprit et de cœur dont il faut savoir profiter, et que souvent on ne retrouve plus si on le laisse se ralentir ou s'éteindre.

Si le vent est bon, dit Quintilien, déployez toutes vos voiles ; laissez-vous entraîner par le souffle qui vous pousse vers le terme ; écrivez, laissez voler votre main, pourvu toutefois que vous ne perdiez pas le fil de vos pensées et que vous ayez l'œil toujours fixé sur le but qu'il faut atteindre.

292. Si la verve vous abandonne, si l'enthousiasme se refroidit, ne vous obstinez pas à écrire dans ces moments de stérilité. Vous feriez de vains efforts pour retrouver alors la veine que vous avez perdue. Différez votre travail pour un autre jour; ou, si vous voulez seulement le suspendre quelques instants, ayez recours à la lecture réfléchie d'un passage analogue à celui qui vous occupe. Un chef-d'œuvre d'éloquence ou de poésie, qui déjà a excité votre enthousiasme, parviendra infailliblement à le rallumer de nouveau. Au reste, il semble à certaines heures que toutes nos facultés sont sans force et sans vie, que notre esprit est complétement vide, et, pour les ranimer, il suffit de faire un effort et de se mettre sérieusement à l'œuvre.

Si l'on reprend un ouvrage interrompu, Quintilien veut qu'on relise avec soin ce qu'on avait déjà écrit, et qu'on s'en pénètre jusqu'à ce qu'on ait retrouvé la chaleur que l'interruption nous avait fait perdre.

293. Ce premier jet de l'esprit est quelquefois très-heureux, mais il est presque toujours rempli d'imperfections, et celui qui aspire à une solide gloire littéraire doit **reviser son travail**. Rien n'est plus funeste aux jeunes gens que de se pardonner les moindres fautes, d'écrire avec vitesse, pour se vanter ensuite d'avoir rempli des pages en peu de temps : c'est vouloir n'arriver jamais à l'élégance et à la correction. « Dans les commencements, dit Quintilien, je veux de la sollicitude et de la lenteur ; on ne parvient pas à écrire bien en écrivant vite, mais on parvient à écrire vite en écrivant bien : *Cito scribendo non fit ut bene scribatur, bene scribendo fit ut cito.* »

294. Il ne faut point se hâter de corriger son travail. Après avoir épuisé les pensées que vous a fournies votre première inspiration, laissez donc reposer votre œuvre. Le lendemain, ou même plus tard, quand l'enthousiasme sera refroidi, quand vous serez moins épris de vos propres pensées, relisez d'un œil calme et sévère ce que vous avez écrit ; oubliez que vous en êtes l'auteur, et devenez pour cette œuvre, que vous regardez comme étrangère, un censeur inexorable. Effacez toutes les expressions qui n'ajoutent rien à la pensée, toutes les pensées qui ne vont pas au but. Ajoutez les mots qui sont nécessaires pour compléter, adoucir ou fortifier une idée. Corrigez les constructions, les liaisons, les tours, les figures, les expressions même qui présenteraient quelque chose d'irrégulier et d'incorrect. Horace et Boileau nous ont laissé sur ce point des

conseils qui sont connus de tous ceux qui cultivent les lettres.

> Hâtez-vous lentement, et, sans perdre courage,
> Vingt fois sur le métier remettez votre ouvrage.
> Polissez-le sans cesse et le repolissez ;
> Ajoutez quelquefois et souvent effacez.

295. Enfin le quatrième devoir de celui qui compose est, dans les premiers temps, de soumettre son travail à la **correction d'un maître**, et plus tard à la censure d'un ami clairvoyant et sincère. Ce juge condamne-t-il absolument votre travail : souscrivez à sa sentence et sacrifiez-le ; vous conseille-t-il des changements : soyez docile et corrigez tout ce qu'il aura blâmé.

Cet Aristarque, dont parlent Horace et Boileau, est nécessaire à tout âge. Les esprits les plus vifs et les plus féconds sont plus que les autres sujets à des écarts : on n'est pas soi-même en état de juger la valeur et d'apprécier le mérite de son œuvre. Il faut donc s'estimer très-heureux lorsqu'on possède un ami judicieux qui sait discerner ce qui est bien de ce qui est mal. Sans doute, on doit distinguer la critique sincère de ces censeurs pointilleux qui ne songent qu'à mordre et à déchirer : ce sont là des Zoïles qu'il faut savoir mépriser. Mais respectez toujours les arrêts d'un véritable Aristarque ; sinon, vous serez condamnés par deux juges inexorables : le public et le temps.

296. Il faut pourtant se souvenir que la correction elle-même doit avoir un terme, et qu'on peut nuire à son œuvre à force de la retoucher. « Il est des gens, dit Quintilien, qui ne sont jamais contents de leurs écrits :

ils ne supposent jamais bonnes les pensées qui se sont présentées les premières; chaque fois qu'ils remettent la main à leur ouvrage, ils changent, ils effacent et cherchent toujours quelque chose de meilleur. Il arrive par là que ces écrits sont pour ainsi dire tout marqués de cicatrices et plus faibles qu'ils n'étaient d'abord. Souffrons donc, ajoute Quintilien, que ce que nous avons écrit parvienne enfin à nous plaire; que la lime polisse l'ouvrage, mais qu'elle ne l'use pas. »

297. Lorsqu'on donne une composition à un élève, il peut avoir à *raconter*, à *peindre*, à *converser* par écrit, ou à *discuter* une question morale ou littéraire. Les principales compositions secondaires auxquelles on exerce les jeunes gens se rapportent donc aux genres *historique*, *descriptif*, *épistolaire*, *didactique*, et nous devons parler ici de la *narration*, de la *description*, de la *lettre*, de la *dissertation* morale ou littéraire.

§ II.

De la narration [1].

298. La **narration** est l'*exposé d'un seul fait, réel ou supposé, depuis son origine jusqu'à son achèvement.* En disant *réel* ou *supposé*, nous indiquons les deux principaux genres de narration, la narration purement *historique*, et la narration *poétique*.

Nous ne parlons pas ici de la narration *badine*, qui

[1] Auteurs à consulter : Blair, *Leçons de rhétorique*, leç. 35, 36, 37; Marmontel, art. Narration; Collombet, *Cours de littérature*, sect. Ire, ch. VI; De Calonne, *Traité de la narration*; Fresse-Montval, *Traité de la narration et de l'analyse littéraire*.

rentre dans le conte, ni de la narration *oratoire*, qui appartient à la rhétorique.

Nous donnerons d'abord quelques règles sur la narration en général, et nous exposerons ensuite celles qui sont particulières à chaque genre.

Règles générales de la narration.

299. Toute narration comprend l'*exposition*, le *nœud* de l'action, et le *dénoûment*. Il nous suffira de dire un mot de ces trois parties pour indiquer les règles essentielles à toute narration.

300. **L'exposition** a pour but de préparer les esprits, de faire connaître le lieu de la scène, l'époque de l'événement, les personnes qui agissent, et de donner l'intelligence de ce qui va suivre. Elle doit être *claire* et *simple*.

301. L'exposition sera *claire* si l'on ne dit que ce qu'il faut, et si, sous prétexte d'expliquer le sujet, on ne le surcharge pas de préambules oiseux et de détails inutiles. On voit beaucoup de jeunes gens qui remontent trop haut, se perdent en longs préliminaires, et ne donnent pas ensuite aux faits essentiels les développements convenables. Au lieu d'entrer en matière et d'aborder promptement leur sujet, ils hésitent et se tournent en tous sens. Exposez donc le fait nettement et sans détour, et retranchez tout ce qui lui est étranger.

M. de Ségur commence ainsi le récit qu'il nous a laissé de l'incendie de Moscou :

Deux officiers s'étaient établis dans un des bâtiments du Kremlin. De là, leur vue pouvait embrasser le nord et l'ouest de la ville. Vers minuit, une clarté extraordinaire les réveille. Ils regardent et voient les flammes remplir des palais dont elles illuminent et font bientôt écrouler l'élégante et noble architecture. Déjà des flammèches et des débris ardents volaient jusque sur les toits du Kremlin.

302. En général, l'exposition doit être *simple* et promettre moins qu'elle ne tiendra. C'est le moyen de pouvoir s'élever au lieu de descendre, suivant le précepte de Boileau :

> Que le début soit simple et n'ait rien d'affecté.

Celui qui, dès le début, embouche la trompette, donne le droit d'attendre beaucoup pour la suite du récit, et, si cette attente est trompée, il est sûr de déplaire. Il ressemble alors à ces conteurs maladroits qui promettent une anecdote plaisante à ceux qui les entourent, laissant longtemps attendre le trait piquant, et finissant par un quolibet qui ne fait rire personne.

> Il ne faut jamais dire aux gens :
> Écoutez un bon mot, oyez une merveille !
> Savez-vous si les écoutants
> En feront une estime à la vôtre pareille ?
>
> (LA FONTAINE.)

303. Quelquefois on jette tout à coup le lecteur au milieu du sujet, comme s'il lui était connu, et l'on amène ensuite avec art les premiers événements. Cette exposition porte le nom de *début dramatique.* Elle pique la curiosité du lecteur et réveille d'autant plus vivement son attention qu'il lui reste plus de choses à con-

naître ; mais ce début demande beaucoup d'habileté, parce que l'obscurité est à craindre ; beaucoup de réserve, parce qu'il vise à l'effet : si la suite ne répond pas à l'attente qu'on a excitée, un tel début paraît prétentieux et ridicule. Casimir Delavigne veut raconter la mort de Jeanne d'Arc ; voici comment il s'y prend :

> A qui réserve-t-on ces apprêts meurtriers?
>   Pour qui ces torches qu'on excite?
>   L'airain sacré tremble et s'agite....
> D'où vient ce bruit lugubre? Où courent ces guerriers
> Dont la foule à longs flots roule et se précipite?
>   La joie éclate sur leurs traits ;
>   Sans doute l'honneur les enflamme ;
> Ils vont pour un assaut former leurs rangs épais.
>   Non, ces guerriers sont des Anglais
>   Qui vont voir mourir une femme.

L'attention est d'abord excitée par une description saisissante. L'auteur se garde bien de la satisfaire sur-le-champ ; il fait attendre quelque temps le mot de l'énigme, et puis, par un contraste entre ce qu'il semble promettre et ce qu'il donne, il étonne et enlève tous les esprits.

304. Le **nœud** de l'action est cette partie du récit où les intérêts se compliquent et les obstacles se multiplient, où les personnages se heurtent et s'embarrassent de telle sorte que le lecteur ne peut prévoir si l'issue sera heureuse ou funeste. L'intérêt de la narration dépend presque toujours de la manière dont le nœud se présente à l'esprit du lecteur.

305. C'est dans le nœud de l'action que se montrent surtout le talent et l'habileté du narrateur. Il doit tenir

le lecteur continuellement suspendu entre l'espérance et la crainte, l'attacher à la suite du récit, lui réserver pour le dénoûment ou une agréable surprise, ou une catastrophe imprévue qui gravera dans sa mémoire le fait ou la leçon qu'il faut retenir. Toutefois, il faut se garder de couvrir tellement sa marche que l'esprit du lecteur ne puisse plus suivre le progrès et l'ensemble de l'action : il y aurait alors confusion et obscurité, et l'effet serait manqué.

On peut citer comme un modèle en ce genre la lettre où Mme de Sévigné raconte la mort de Turenne. Elle rapelle les paroles du grand capitaine ; elle a même soin de faire remarquer ses précautions inaccoutumées, comme pour nous donner le change sur le sort qui l'attend. Par là, l'attention est vivement émue, et le coup n'en devient que plus terrible :

« Il monta à cheval le samedi à deux heures, après avoir mangé ; et comme il avait bien des gens avec lui, il les laissa tous à trente pas de la hauteur où il voulait aller, il dit au petit d'Elbœuf : *Mon neveu, demeurez là ; vous ne faites que tourner autour de moi, vous me feriez reconnaître.* M. d'Hamilton, qui se trouvait près de l'endroit où il allait, lui dit : *Monsieur, venez par ici ; on tirera du côté où vous allez.* — *Monsieur, lui dit-il, vous avez raison ; je ne veux point du tout être tué aujourd'hui ; cela sera le mieux du monde.* Il eut à peine tourné son cheval qu'il aperçut Saint-Hilaire, le chapeau à la main, qui lui dit : *Monsieur, jetez les yeux sur cette batterie que je viens de faire placer là.* M. de Turenne revint, et dans l'instant, sans être arrêté, il eut le bras et le corps fracassés du même coup qui emporta le bras et la main qui tenaient le chapeau de Saint-Hilaire. »

306. Le **dénoûment** est le point où aboutit et se

résout le nœud de l'action. C'est l'endroit du récit où l'on déclare le sort des personnages et le résultat des événements qui précèdent. Le dénoûment ne doit pas être annoncé : si le lecteur le devine d'avance ou peut même le prévoir, la curiosité est satisfaite et tout l'intérêt disparaît. Mais il doit être amené et préparé par tout ce qui précède, et répondre ainsi aux promesses de l'exposition.

Chateaubriand a très-bien préparé le dénoûment dans le récit du sacrifice d'Eudore. Ce jeune chrétien a souffert la torture et va souffrir la mort, lorsqu'il apprend que son épouse est condamnée aux lieux infâmes et qu'il ne peut la sauver qu'en sacrifiant aux faux dieux.

« Une tentation horrible s'empare du cœur d'Eudore : Cymodocée aux lieux infâmes ! La poitrine du martyr se soulève, l'appareil de ses plaies se brise et son sang coule en abondance. Le peuple, saisi de pitié, tombe lui-même à genoux et répète avec les soldats : *Sacrifiez, sacrifiez.* Alors Eudore, d'une voix sourde : *Où sont les aigles ?* Les soldats frappent leurs boucliers en signe de triomphe et se hâtent d'apporter les enseignes. Eudore se lève, les centurions le soutiennent, il s'avance au pied des aigles, le silence règne parmi la foule. Eudore prend la coupe, les évêques se voilent la tête de leurs robes, les confesseurs poussent un cri, la coupe tombe des mains d'Eudore ; il renverse les aigles, et, se tournant vers les martyrs, il dit : *Je suis chrétien !*

La résolution d'Eudore est ignorée jusqu'à la fin. On frémit lorsqu'il demande les aigles ; mais quand le cri des confesseurs a rappelé le héros à ses devoirs et qu'il est suivi de ces mots : *Je suis chrétien !* le cœur oppressé bat à l'aise et le lecteur triomphe avec le martyr.

307. S'il arrive que les personnages aient assez intéressé le lecteur pour qu'il désire connaître quel a été leur sort dans la suite, on peut lui en rendre compte, mais en très-peu de mots : c'est ce qu'on appelle *achèvement*.

Dans tous les autres cas, il faut s'arrêter aussitôt que le dénoûment est connu. Point de longueurs en ce moment décisif, point de retours fatigants sur les détails de l'action. Le lecteur est instruit de tout et il dédaigne ce qu'on pourrait ajouter.

> Tout ce qu'on dit de trop est fade et rebutant ;
> L'esprit rassasié le rejette à l'instant.

On remarque que La Fontaine a quelquefois péché contre cette règle : dans la *Laitière et le Pot au lait*, le récit est fini et le lecteur n'attend plus rien après le beau vers qui précipite le dénoûment :

> Le lait tombe ; adieu veau, vache, cochon, couvée.

Le poëte a donc tort d'ajouter encore cinq ou six vers qui n'ont plus aucun intérêt.

308. Les qualités générales de la narration sont l'*unité*, la *clarté*, la *brièveté*, l'*intérêt* et l'*agrément*.

309. L'*unité* de la narration consiste en ce que tous les détails et tous les faits nécessaires se rapportent à un point principal et tendent à un seul but. L'unité n'est pas moins nécessaire aux récits les plus simples qu'aux compositions les plus étendues. Sans l'unité, l'attention flotte incertaine entre plusieurs person-

nages, entre plusieurs objets; et, en se partageant, l'intérêt s'évanouit. Ce principe s'applique à toutes les œuvres littéraires, mais il est d'une nécessité d'autant plus rigoureuse que le cadre de l'ouvrage est plus petit. Ce n'est pas qu'il faille proscrire les accessoires, les ornements et les épisodes; le grand mérite du narrateur consiste à unir ensemble l'unité et la variété.

Denique sit quodvis simplex duntaxat et unum.
(Horace.)

310. La *clarté* consiste à mettre dans tout son jour le fait principal, de manière que le lecteur puisse le saisir dans son ensemble et dans ses détails. Pour atteindre cette qualité, il faut bien saisir le caractère dominant de l'action, embrasser d'un coup d'œil tout son sujet, mettre de l'ordre dans les faits, et ne pas charger le récit de ces détails inutiles qui fatiguent le lecteur.

311. La *brièveté* consiste à mettre dans la narration ce qu'il faut et rien que ce qu'il faut. On sera court si l'on ne prend pas les choses de trop loin dans le début, si l'on ne dit rien d'inutile dans l'exposition, si l'on s'arrête où il convient dans le dénoûment. Ce caractère général de rapidité qui convient à la narration se modifie suivant la diversité des sujets à traiter; mais le principe de Boileau est toujours vrai :

Soyez vif et pressé dans vos narrations.

312. L'*intérêt* consiste à attacher le lecteur aux événements que l'on raconte, et à lui inspirer le désir

d'en connaître le dénoûment. Il faut que l'intérêt aille toujours croissant, et que le lecteur, à mesure qu'il avance dans un récit, sente un attrait plus puissant pour les choses qu'on lui raconte. Cet intérêt peut venir ou de l'action elle-même, ou de la nature des obstacles à surmonter pour achever l'entreprise.

313. *L'agrément* consiste dans le judicieux emploi des ornements que peut comporter le sujet qu'on traite. Parmi ces ornements, on compte le *style*, les *épisodes* et les *réflexions*.

Le *style* doit toujours être proportionné à la nature des événements qu'on raconte, et rendre l'action tellement présente qu'on croit la voir de ses yeux.

Les *épisodes*, qui sont certains incidents liés à l'action principale, ne doivent pas nuire à l'unité générale du récit, et doivent être amenés avec art et placés avec goût,

Les *réflexions* produisent un bon effet lorsqu'elles sont courtes, naturelles, et qu'elles sont pour ainsi dire fondues dans le récit.

Différentes espèces de narration.

314. Comme on peut raconter ou des faits réels et véritables ou des événements feints et supposés, on distingue deux espèces de narration : la narration *historique* et la narration *fabuleuse* ou *poétique*.

De la narration historique.

315. La narration **historique** est l'exposé exact et fidèle d'un événement réel. Dans ce genre de nar-

ration, il faut exposer les faits tels qu'ils sont, sans rien ajouter ni rien retrancher, et s'attacher avant tout à l'exactitude et à la fidélité.

Le récit de plusieurs événements qui embrassent toute une époque ou la vie d'une nation porte le nom d'histoire. **L'histoire** est donc le récit fidèle et authentique des événements passés.

316. Le but de l'histoire est d'instruire l'homme en lui faisant connaître ses semblables, les causes et les effets des divers événements, les exemples de vertu qui ont honoré les peuples ou les particuliers, les funestes influences que le crime a toujours exercées sur les hommes et sur les nations. En voyant ces exemples, on se sent tout naturellement embrasé d'admiration et d'amour pour les grands hommes, et on apprend à fuir le vice et à détester le crime.

317. Outre les qualités qui sont nécessaires à toute narration, la narration historique doit encore réunir la *vérité*, l'*impartialité*, l'*ordre*, la *moralité*.

318. La *vérité* consiste à n'affirmer que les faits certains et à donner pour douteux ceux qui le sont réellement. Comme le vrai peut n'être pas vraisemblable, l'écrivain ne doit pas avancer des faits qui se contredisent ou qui ne s'accordent pas avec le caractère de personnes déjà connues; et s'il en est qui paraissent inexplicables, il doit en montrer la vérité en rapportant les circonstances qui les expliquent.

Pour raconter les choses avec une exacte vérité, il est surtout nécessaire de s'identifier profondément avec l'époque qu'on veut peindre, de saisir le caractère des personnages qu'on met en scène, et de faire passer dans son âme les émotions qu'ils éprouvaient pendant l'action. Il faut reproduire le passé avec son costume et ses mœurs et s'attacher à rendre la *couleur locale*.

319. L'*impartialité* consiste à raconter les faits tels qu'ils sont, sans égard pour les hommes ou les partis, à flétrir les crimes et les bassesses des personnages historiques, quelque rang qu'ils occupent, de quelque caractère qu'ils soient revêtus. La justice et l'impartialité veulent encore que l'historien raconte les grandes actions avec éloge, en quelque lieu qu'il en trouve les auteurs. Mais l'impartialité ne doit jamais être cette froide indifférence prônée par certains philosophes de nos jours. Un historien ne peut pas demeurer indifférent entre le crime et la vertu, entre l'erreur et la vérité, entre les bourreaux et les victimes. Une telle impartialité annoncerait un cœur flétri ou une profonde ignorance des devoirs de l'écrivain.

320. L'*ordre* consiste à placer chaque fait dans l'endroit qui lui convient. Le plus souvent on doit suivre l'ordre chronologique, mais on peut s'en écarter quand cela est nécessaire pour expliquer de suite un fait important et le mettre dans tout son jour.

321. La *moralité* de l'histoire consiste à bien juger les hommes et les événements, à montrer au lecteur les leçons qu'il peut tirer de la connaissance du passé. Si vous ne voulez pas vous faire complice du crime, flétrissez le scélérat, couronnez le héros; vous n'avez pas le droit de rester neutre entre Néron ou Robespierre et leurs victimes. Dites la vérité sur tous,

mais gardez-vous d'étouffer le sentiment qui vous attache à la patrie, à la morale, à la religion ; ce serait dépouiller votre œuvre de tout intérêt, de toute élévation ; ce serait méconnaître le but moral sans lequel l'histoire n'est qu'une série de dates et de faits, une vaine et froide compilation. (Voir le n° x.)

Quelques historiens de nos jours, qui appartiennent à l'école *fataliste* ou à l'école *descriptive*, ont malheureusement oublié cette règle, et par là ils ont contribué beaucoup à ruiner la morale et la religion parmi nous.

De la narration poétique.

322. La narration **poétique** ou **fabuleuse** est l'exposé d'événements feints, mais vraisemblables.

Elle diffère de la narration historique par le fond et par la forme. Celle-ci prend la vérité pour guide ; celle-là, au contraire, ne vit que de fictions et ne connaît d'autres bornes que celles de la vraisemblance et de la possibilité. Dans la forme et le style, la première est plus simple et plus modeste, et n'emploie les ornements qu'avec sobriété ; la narration poétique cherche à plaire au lecteur en excitant son admiration, et s'embellit de tous les ornements du langage que le goût peut lui permettre.

323. Les qualités particulières à la narration poétique sont la *vraisemblance* et l'*intérêt progressif*.

La *vraisemblance* consiste à présenter des faits imaginés de telle manière qu'ils paraissent vrais et qu'on les croie sans peine. Pour cela, il faut en développer les circonstances, en montrer les rapports avec les actions, les temps, les lieux, les mœurs et les usages déjà connus.

L'*intérêt progressif* convient spécialement à la narration poétique. L'historien est dominé par les faits, et il ne peut pas toujours les arranger selon son bon plaisir; le poëte, au contraire, commande aux faits, les assujettit à son imagination, et les dispose comme il lui plaît. On est donc en droit de lui demander plus qu'au premier. (Voir le n° xi.)

324. On trouve dans Homère, Virgile, Racine, Fénelon et Chateaubriand d'excellents modèles de récits poétiques. Quant aux narrations historiques, Hérodote, Thucydide, Tite-Live, Salluste, Bossuet, nous offrent une foule d'exemples écrits avec un remarquable talent. Mais les livres de Moïse, et surtout la *Genèse*, dans leur noble et touchante naïveté, nous présentent des tableaux que les écrivains profanes ne pourront jamais égaler. Pour apprendre à conter avec beaucoup de naturel et de grâce, les élèves ne sauraient mieux faire que de lire et méditer souvent la vie des patriarches et l'inimitable histoire de Joseph.

§ III.

De la description [1].

325. La **description** est *une peinture vive et animée des objets*. Elle ne se borne pas à caractériser l'objet dont on parle, elle en présente le tableau avec des couleurs si vraies, des traits si naturels, qu'on ne lit

---

[1] Auteurs à consulter : Marmontel, *Éléments de littérature*, art. Description; Collombet, *Cours de littérature*, ch. VI, art. II.

plus, mais qu'on voit de ses propres yeux. Le talent de décrire suppose une imagination puissante, et c'est ordinairement ce qui distingue un auteur médiocre d'un excellent écrivain : l'un ne fait que dire les choses, l'autre sait les peindre et les rendre sensibles.

Nous allons donner quelques règles générales sur la description, et nous indiquerons ensuite les différentes sortes de descriptions.

Règles générales de la description.

326. Pour bien faire une description, six conditions sont nécessaires : bien choisir, 1° l'*objet* que l'on veut peindre ; 2° le *point de vue* le plus favorable à l'effet qu'on se propose ; 3° le *moment* le plus avantageux, si l'objet est changeant et mobile ; 4° l'*étendue* convenable à la place qu'il doit occuper ; 5° les *circonstances* qui doivent y entrer ; 6° les *contrastes* qui peuvent le rendre plus saillant.

327. Le choix de l'*objet* doit se régler sur l'intention de l'écrivain ; il peut le prendre sombre ou gracieux, riant ou pathétique, selon la place qu'il lui destine et l'effet qu'il en attend. On doit ensuite choisir un objet intéressant et qui soit propre à enflammer l'imagination : certains sujets sont tellement stériles et ingrats qu'il est difficile de les rendre sensibles et vraiment saillants.

328. Le *point de vue* sous lequel on présente l'objet est plus ou moins favorable à la description, selon qu'il répond plus ou moins à l'effet qu'elle doit produire. Veut-on faire l'éloge d'un grand capitaine, on oublie que son héros est un homme et que ce sont des hommes qu'il fait égorger. Sa valeur, son activité, le don de maîtriser les âmes vulgaires, voilà ce qui frappera. Veut-on flétrir la passion des conquêtes, on ne verra que les maux de la guerre, et l'on tracera un tableau tout différent.

329. Si l'objet est changeant et mobile, il faut choisir le *moment* le plus avantageux, les traits les mieux proportionnés à son but. Dans la carrière d'un homme, il y a des époques plus ou moins glorieuses ; dans une même action, des aspects plus ou moins séduisants. Ainsi, dans l'*Andromaque* de Racine, Hermione admire dans Pyrrhus un héros :

> Intrépide et partout suivi de la victoire,
> Charmant, fidèle enfin...
>
> (Act. III, Sc. iii.)

Bientôt après elle n'y voit plus qu'un meurtrier impitoyable et même lâche dans sa fureur :

> Dans des ruisseaux de sang Troie ardente plongée,
> De votre propre main Polyxène égorgée
> Aux yeux de tous les Grecs, indignés contre vous,
> Que peut-on refuser à ces généreux coups?
>
> (Act. IV, Sc. v.)

330. La description sera plus ou moins *étendue*, selon le but qu'on se propose et la place qu'elle doit occuper. L'historien se borne à quelques traits vifs et saillants qui puissent frapper l'esprit du lecteur sans retarder la marche du récit. L'orateur se permet plus de détails, mais il doit finir sa description aussitôt que son but est atteint. Le poëte peut élargir ses ta-

bleaux, parce qu'il s'adresse surtout à l'imagination et cherche principalement à plaire.

331. Il faut savoir choisir les *circonstances* qui doivent former la description, et ne pas admettre des détails trop minutieux. Décrire, ce n'est pas entasser tous les objets, c'est choisir les plus saillants et leur donner l'étendue convenable. On doit donc bien se garder de tout dire et de chercher à épuiser ainsi le sujet que l'on décrit. Un écrivain habile sait discerner entre les idées et les images qui se présentent à lui : il rejette celles qui sont vulgaires et ne s'attache qu'à celles qui sont frappantes. Boileau nous a transmis cette règle :

> Un auteur, quelquefois trop plein de son objet,
> Jamais sans l'épuiser n'abandonne un sujet.
> Fuyez de ces auteurs l'abondance stérile
> Et ne vous chargez point d'un détail inutile.

332. Les *contrastes* sont une des plus grandes ressources pour celui qui fait une description. Comme dans un tableau le talent du peintre consiste à opposer les ombres à la lumière, de même l'écrivain doit opposer les unes aux autres les images et les idées. Cette opposition, ménagée avec art, a pour effet de détacher les objets, de les faire briller avec plus d'éclat et de les présenter à l'esprit sans la moindre confusion. Toutefois, dans cette opposition et ce mélange, il ne doit y avoir rien de brusque et de heurté, mais partout gradation et harmonie.

Des différentes sortes de descriptions.

333. Il y a autant de sortes de descriptions qu'il

existe d'objets différents qu'on peut avoir à décrire. Or, on peut avoir à décrire le *temps*, le *lieu*, l'*événement* lui-même, les *traits extérieurs*, le *caractère*. Il y a donc cinq espèces principales de descriptions : la *chronographie*, la *topographie*, la *démonstration*, l'*éthopée*, la *prosopographie*.

334. La **chronographie** (χρόνος) est une sorte de description qui caractérise le temps, le moment où une chose se dit ou se fait. La Fontaine peint ainsi l'heure de l'affût :

> A l'heure de l'affût, soit lorsque la lumière
> Précipite ses flots dans l'humide séjour ;
> Soit lorsque le soleil rentre dans sa carrière,
> Et que, n'étant plus nuit, il n'est pas encor jour.

Cette description est comme une élégante périphrase pour dire : *soit le matin soit le soir*.

335. La **topographie** (τόπος), ou description de lieu, consiste à décrire un temple, un palais, une ville, une scène de la nature, ou même un misérable réduit, en un mot tous les lieux qui ont servi de théâtre à un événement. On cite comme modèle la description de la grotte de Calypso et celle de Jérusalem par Chateaubriand :

> Au centre d'une chaîne de montagnes se trouve un bassin aride, fermé de toutes parts par des sommets jaunes et rocailleux ; ces sommets ne s'entr'ouvrent qu'au levant pour laisser voir le gouffre de la mer Morte et les montagnes lointaines de l'Arabie. Au milieu de ce paysage de pierres, sur un terrain inégal et penchant, dans l'enceinte d'un mur jadis ébranlé par les coups de bélier, et fortifié par des tours qui tombent, on aperçoit de vastes débris ; des cyprès épars, des buissons d'aloès et de nopals, quelques masures arabes, pareilles à des sépulcres

blanchis, recouvrent cet amas de ruines : c'est la triste Jérusalem. (Voir le n° XII.)

336. La **démonstration** est l'exposition d'un fait particulier, le récit d'un événement, tel qu'un combat, une tempête, présentés avec tant de vérité que la chose paraît se passer sous nos yeux. Elle tient à la fois de la narration et de la description, et c'est pour cela qu'on l'appelle quelquefois *narration descriptive.* Dans ces descriptions, il faut éviter ce qui est vague, confus et usé. Virgile et Racine nous en offrent plusieurs exemples :

> Joas, laissé pour mort, frappa soudain ma vue :
> Je me figure encor sa nourrice éperdue,
> Qui devant les bourreaux s'était jetée en vain,
> Et, faible, le tenait renversé sur son sein.
> Je le pris tout sanglant. En baignant son visage
> Mes pleurs du sentiment lui rendirent l'usage,
> Et, soit frayeur encor, ou pour me caresser,
> De ses bras innocents je me sentis presser.
>
> (*Athalie*, Act. I, Sc. II.)

337. La **prosopographie** (πρόσωπὸν) décrit la figure, l'air, le maintien, la pose, les manières d'un homme ou d'un animal. Bossuet, Delille, Buffon nous ont donné de célèbres prosopographies du cheval ; mais la plus belle de toutes est celle qu'on lit dans le livre de Job. (Voir le n° XIII.)

Voici comment Barthélemy fait le portrait d'Alexandre le Grand.

Je vis alors cet Alexandre qui depuis a rempli la terre d'admiration et de deuil. Il a les traits réguliers, le teint beau et vermeil, le nez aquilin, les yeux grands, pleins de feu, les cheveux blonds et bouclés, la tête haute, mais un peu penchée vers l'épaule gauche, la taille moyenne, fine et dégagée, le corps bien proportionné et fortifié par un exercice continuel. On dit qu'il est très-léger à la course et très-recherché dans sa parure.

338. **L'éthopée** (ἔθος, mœurs, ποιέω, décrire) consiste à représenter les vertus ou les vices, les qualités ou les défauts d'une personne. L'historien, l'orateur et le poëte sont souvent obligés de peindre des personnages, mais ils ne le font pas de la même manière.

Lorsque l'éthopée retrace les mœurs d'un personnage déterminé, elle prend le nom de *portrait;* quand elle expose une qualité considérée en général, c'est un *caractère*. Saint-Simon et le cardinal de Retz ont tracé des portraits ; La Bruyère et Molière nous ont laissé des caractères.

On cite comme modèles les portraits de Catilina par Salluste et Cicéron, celui de Cromwell par Bossuet, ceux de Démosthènes et de Bossuet par le cardinal Maury :

Démosthènes est l'athlète de la raison, il la défend de toutes les forces de son génie, et la tribune où il parle devient une arène : il subjugue à la fois ses auditeurs, ses adversaires, ses juges ; il ne paraît point chercher à vous attendrir : écoutez-le cependant, et il vous fera pleurer par réflexion ; il accable ses concitoyens de reproches, mais alors il n'est que l'interprète de leurs propres remords. Réfute-t-il un argument? Il ne discute point ; il propose une simple question pour toute réponse, et l'objection ne reparaîtra jamais. Veut-il soulever les Athéniens contre Philippe? Ce n'est plus un orateur qui parle, c'est un général, c'est un roi, c'est un prophète, c'est l'ange tutélaire de la patrie ; et quand il menace ses concitoyens de l'esclavage, on croit entendre dans le lointain, de distance en distance, le bruit des chaînes que leur apporte le tyran. (MAURY.)

339. Quand on fait le portrait de deux personnages qui se ressemblent, et qu'on les compare ensemble pour en montrer les rapports et les différences, ce rapprochement prend le nom de *parallèle*. Ces contrastes servent beaucoup à faire ressortir les traits principaux des personnages que l'on veut faire connaître.

La Bruyère fait ainsi le parallèle de Corneille et de Racine :

> Corneille nous assujettit à ses caractères et à ses idées ; Racine se conforme aux nôtres ; celui-là peint les hommes comme ils devraient être ; celui-ci les peint tels qu'ils sont... L'un élève, étonne, maîtrise, instruit ; l'autre plaît, remue, touche, pénètre. Ce qu'il y a de plus beau, de plus noble et de plus impérieux dans la raison, est manié par le premier ; et, par l'autre, ce qu'il y a de plus flatteur et de plus délicat dans la passion. L'on est plus occupé aux pièces de Corneille ; l'on est plus ébranlé et plus attendri à celles de Racine : Corneille est plus moral, Racine plus naturel ; il semble que l'un imite Sophocle et que l'autre doit plus à Euripide.

On trouve dans Bossuet un très-beau parallèle entre Turenne et Condé.

§ IV.

De la lettre [1].

340. La **lettre** est *une conversation par écrit entre deux personnes séparées par la distance.*

341. Le genre épistolaire tient le milieu entre les genres sérieux et ceux de simple amusement, et au

---

[1] Voir notre *Traité de l'art épistolaire.*

premier coup d'œil, dit Blair, il paraît embrasser un vaste champ ; car il n'est pas de sujet qu'on ne puisse développer sous forme de lettre ; mais les divers traités religieux, philosophiques et littéraires, où l'on a adopté cette forme, n'appartiennent pas aux compositions épistolaires. Les lettres dont il s'agit n'ont été adressées à aucune personne déterminée, et c'est au public que l'on veut parler.

On ne doit faire entrer dans le genre épistolaire que ces lettres familières et libres qui sont un véritable entretien entre deux personnes éloignées l'une de l'autre.

342. Rien de plus indispensable que le talent d'écrire une lettre. Tout homme peut avoir besoin de communiquer ses pensées à une personne éloignée ; la plupart des hommes instruits entretiennent des correspondances suivies ; tous ont le plus grand intérêt à écrire convenablement. Il n'est d'ailleurs aucun genre de composition qui soit d'un plus fréquent usage dans la vie ; bien souvent un homme est jugé par la manière dont il a écrit une lettre, et ce n'est pas sans raison. Car s'il est vrai de dire que le style est l'homme, il est aussi incontestable que nulle part l'homme ne se peint aussi fidèlement que dans cette conversation écrite.

343. Puisque la lettre a une si grande importance, il serait juste de consacrer de longs développements à ce genre de composition. Mais, dans la plupart des maisons d'éducation, on met entre les mains des élèves un traité spécial pour l'*Art épistolaire*. Nous laisserons donc de côté ce qui regarde le cérémonial et

les autres détails, et nous nous bornerons à quelques règles sur les qualités du style épistolaire et sur les principales espèces de lettres.

Qualités du style épistolaire.

344. La lettre, n'étant qu'une conversation par écrit, exige les mêmes qualités que doit avoir une conversation soignée. Or, une conversation doit être simple, naturelle, facile, familière et convenable. Les caractères de la lettre seront donc la *simplicité*, le *naturel*, la *facilité*, l'*abandon* et la *convenance*.

345. La *simplicité* repousse un ton trop élevé et des ornements trop apparents. Pour être simple, il faut se borner à écrire comme on parle, et n'avoir d'autre but que d'exprimer clairement sa pensée, sans aucune recherche d'élégance. « Écrivez simplement, disait Fénelon, et avec une certaine exactitude sérieuse et modeste qui fait plus d'honneur que les lettres les plus élégantes et les plus gracieuses. »

346. Le *naturel* demande que dans une lettre tout coule de source et paraisse trouvé plutôt que cherché. Plus que dans un autre genre, la recherche et l'affectation seraient ici déplacées. Fuyez donc la roideur et l'extrême délicatesse dans le choix des mots, les périodes arrondies, les cadences harmonieuses, les rapprochements à effet. Servez-vous des expressions les plus ordinaires, employez ce *style juste et court*, dit Mme de Sévigné, *qui chemine et qui plaît au souverain degré*.

« Vous me dites plaisamment, écrit-elle à sa fille, que vous croiriez m'ôter quelque chose en polissant vos lettres. Gardez-vous bien d'y toucher; vous en feriez des pièces d'éloquence. Cette pure nature, dont vous parlez, est précisément ce qui est beau et ce qui plaît uniquement. »

Le jeune homme se souviendra pourtant qu'on n'arrive à être agréablement naturel que par une composition lente et soignée dans les commencements.

347. La *facilité* exige qu'on évite tout ce qui sent la contrainte et la gêne, tout ce qui décèle l'étude et le travail. « Soyez *vous* et non *autrui*, dit encore Mme de Sévigné, votre lettre doit m'ouvrir votre âme et non votre bibliothèque. Pour moi, j'écrirais jusqu'à demain, dit-elle à sa fille ; mes pensées, ma plume, mon encre, tout vole. » Cependant il ne faut pas confondre la facilité avec cette négligence qui ne s'inquiète ni des idées, ni de la manière de les exprimer. En écrivant même au plus intime de ses amis, il faut donner quelque attention à ce qu'on lui écrit.

348. Le plus grand *abandon* doit régner dans les lettres qu'on adresse à ses amis. Puisque la lettre est une conversation par écrit, il faut écrire à peu près comme on parle. Il est bien entendu cependant que c'est à condition que l'on parle bien. Peut-être même est-on obligé d'écrire un peu mieux, puisqu'on a le temps de choisir et d'arranger ses idées. Le style épistolaire emprunte à la conversation la facilité de passer brusquement d'une idée à une autre, et s'épargne ainsi l'extrême difficulté des transitions. C'est un des priviléges du genre.

On peut avoir de l'esprit dans une lettre ; mais cet esprit doit être si naturel qu'il semble ne rien coûter.

On contait hier à table qu'Arlequin l'autre jour, à Paris, portait une grosse pierre sous son manteau. On lui demanda ce qu'il voulait faire de cette pierre; il dit que c'était l'échantillon d'une maison qu'il voulait vendre. Cela me fit rire. Si vous croyez, ma fille, que cette invention soit bonne pour vendre votre terre, vous pouvez vous en servir. (Mme DE SÉVIGNÉ.)

349. La *convenance* dans les lettres exige que l'on n'oublie jamais ce que l'on est et ce que l'on doit à la personne à laquelle on écrit. Ces devoirs de bienséance ont une grande importance dans toute la conduite de la vie, mais dans les relations épistolaires peut-être plus qu'ailleurs. Les jeunes gens ne sauraient être trop circonspects et trop délicats sur ce point. Ces convenances consistent surtout dans le tact et le discernement qui nous apprennent ce qu'on doit à l'âge, au rang, aux mille différences de relations personnelles qui peuvent nous lier à autrui. A un supérieur on doit du respect, mais sans bassesse ni flatterie; à un égal, de l'honnêteté et de la modestie; à un inférieur, de la bonté et une noble condescendance. On n'écrit pas à un inconnu comme à un ami intime; on ne parle pas à un père sur le ton que celui-ci prend à l'égard de son fils.

La convenance exige encore que l'on donne une grande attention à la partie matérielle d'une lettre et aux formules introduites par la politesse et l'usage. C'est ce qu'on appelle le *cérémonial des lettres*, et les livres spéciaux contiennent des règles à ce sujet.

Des différentes espèces de lettres.

350. Il est impossible de compter exactement toutes

les différentes espèces de lettres qu'on peut avoir à écrire, puisque la lettre peut varier à l'infini, selon les diverses circonstances de temps, de lieux, de personnes. Nous ne suivrons pas ici la classification souvent employée : lettres de *bonne année*, de *félicitation*, de *condoléance*, de *demande*, de *remercîment*, d'*excuse*, de *conseils*, de *reproches*, etc. Cela nous mènerait trop loin.

Comme il y a trois sortes de relations personnelles qui résument toutes les autres, nous distinguerons seulement les *lettres d'amitié*, les *lettres de convenance*, et les *lettres d'affaires*.

351. Plus que toutes les autres, les **lettres d'amitié** demandent ce langage simple, naturel et facile, dont nous avons déjà parlé. Elles doivent être écrites sous la dictée du cœur, pourvu toutefois que le cœur ne nourrisse que des sentiments louables. Dans une lettre, quelque intime qu'on la suppose, on doit toujours surveiller ses paroles, observer toutes les règles de la plus scrupuleuse honnêteté. Par là on s'honore réciproquement, et les communications, pour être plus pures, n'en sont que plus intimes. En écrivant à ses amis, on peut et l'on doit être affectueux; mais qu'on se garde bien d'un faux genre *sentimental*, qui est plutôt une sotte et ridicule sensiblerie.

Voulez-vous réussir en ce genre ? Avant tout, dit le P. Broeckaert, soyez pieux. Un sentiment vrai et pur, surtout s'il est puisé dans une piété solide, communique aux épanchements de l'amitié un charme inexprimable. Les lettres de saint Basile et de saint Grégoire, de saint Jérôme et de saint Bernard, vous serviront de modèles.

352. Les ornements particuliers que les littérateurs assignent au genre épistolaire conviennent surtout aux lettres d'amitié. C'est là qu'on doit répandre ces grâces simples et naïves, ces traits d'esprit, ces mots heureux, ces allusions fines, ces ingénieuses citations qui donnent tant d'agréments et d'attraits à certaines lettres familières.

En vérité, j'ai eu bien de la peine, dit Mme de Sévigné, je suis justement comme le médecin de Molière qui s'essuyait le front pour avoir rendu la parole à une fille qui n'était pas muette.

353. Les **lettres de convenance** sont celles que la civilité ou les devoirs de position nous obligent à écrire. Le caractère général de ces lettres est une politesse aisée, une élégance naturelle. Il faut savoir tenir le milieu entre une négligence choquante et une recherchequi paraîtrait ridicule.

Est-ce le nouvel an, la fête d'un parent ou d'un bienfaiteur qui vous fait prendre la plume? Soyez court, tâchez de rajeunir un sujet aussi usé en puisant dans votre cœur des sentiments vrais et sincères, et mêlez à tout cela quelque souvenir tiré de vos relations avec la personne dont il s'agit.

Faut-il féliciter quelqu'un d'un succès obtenu? Témoignez une joie sincère, appuyez délicatement sur le mérite auquel on n'a fait que rendre justice. Faut-il consoler un ami sur un malheur? Associez-vous à sa peine, cherchez quelques motifs de consolation, et détournez-le peu à peu de ce qui cause son chagrin. Évitez surtout de mêler d'autres affaires à ce qui fait le sujet de votre lettre.

354. Les **lettres d'affaires** sont toujours sim-

ples, courtes, précises et très-sérieuses. Les lettres de commerce doivent contenir l'exposé clair et net de l'affaire dont il s'agit, et rien de plus. Seulement, il faut respecter la langue et le bon goût, et s'abstenir de certaines formules vicieuses souvent employées par les commis de bureau. Les lettres de *demande* doivent faire valoir les motifs qui peuvent déterminer les autres à se rendre à nos désirs. Les lettres de *remercîment* seront toujours faciles pour celui qui possède un bon cœur. Les lettres de *recommandation* doivent être sagement mesurées, parce qu'elles engagent la responsabilité de celui qui les donne.

355. Les principaux écrivains épistolaires sont, chez les Latins, Cicéron et Pline le Jeune. Les lettres du premier sont des modèles de gaieté, de finesse et de bon goût; mais celles de Pline manquent quelquefois de naturel et d'abandon. Parmi les Pères de l'Église, saint Basile et saint Grégoire de Nazianze, saint Jérôme et saint Bernard nous ont laissé des chefs-d'œuvre sur presque tous les sujets. Nous ne citerons pas ici les lettres de Balzac et de Voiture, qui ne doivent guère être imitées par les jeunes gens; mais saint François de Sales, Racine, Fénelon, Mme de Sévigné, Mme de Maintenon, peuvent fournir amplement des modèles pour tous les genres. Enfin les lettres de Joseph de Maistre, qui ont été publiées de nos jours, renferment de charmants badinages avec divers membres de sa famille et d'intéressantes discussions sur tous les grands événements de l'époque où il a vécu. Nous ne connaissons guère de lecture plus instructive pour un jeune homme sérieux. (Voir le n° xiv.)

§ V.

De la dissertation philosophique et littéraire [1].

356. Sous le nom de **dissertation** ou **genre didactique**, nous comprenons ici toutes les compositions où l'on discute une vérité religieuse ou littéraire, où l'on a pour but d'instruire, d'établir un principe ou d'en montrer l'application. Lorsqu'on donne une composition aux élèves, et qu'ils n'ont ni à raconter un fait ni à tracer un tableau, ni à converser par écrit, ni à faire un discours oratoire, ils ont à faire un travail qui appartient à ce genre. En traçant quelques règles sur cette matière, nous aurons donc complété les notions qui nous semblent nécessaires pour exercer utilement de jeunes humanistes.

357. Toutes les dissertations où l'on parle principalement à la raison demandent beaucoup d'exactitude et de justesse d'esprit. En effet, si la justesse et la solidité doivent se trouver au fond de toute œuvre littéraire, même de celle où domine le sentiment ou l'imagination, à plus forte raison, elles sont indispensables dans une œuvre de science et de raisonnement. Que le jeune homme se rappelle donc ici plus que jamais ces maximes fondamentales :

> Rien n'est beau que le vrai, le vrai seul est aimable.
>
> (BOILEAU.)

> Aimez donc la raison, que toujours vos écrits
> Empruntent d'elle seule et leur lustre et leur prix.
>
> (LE MÊME.)

[1] Auteurs à consulter : Aubertin, *Compositions latines et françaises; Essai sur la composition*, par M. Capot.

358. Les principales compositions qui se rapportent au genre didactique sont les *ouvrages élémentaires*, les *ouvrages de polémique*, les *critiques* ou *analyses littéraires*, les *considérations religieuses* ou *morales*, les *dissertations philosophiques* et *littéraires*, les *dialogues* et les *parallèles*.

359. Il est bon de remarquer que de vastes et solides connaissances sont nécessaires à tout homme qui compose un **ouvrage élémentaire** et veut enseigner les principes des sciences et des arts à ceux qui sont censés les ignorer. Rien de plus commun aujourd'hui que les doctrines vagues, fausses, inexactes ; et pourtant l'exactitude, qui exige des connaissances complètes et positives, est la première qualité de celui qui se propose d'instruire. A l'exactitude il doit joindre l'ordre, la clarté, et surtout la concision qui donne au précepte un caractère vif et saisissant. Mettre une science ou un art à la portée de ceux qui l'ignorent suppose donc beaucoup d'étude et de talent. Il existe assez de belles pages sur la littérature, mais les livres qui en résument bien les préceptes seront toujours assez rares.

360. Les œuvres de **polémique** ont pour but de défendre la vérité et de combattre l'erreur. De pareils écrits se rapportent au genre philosophique et supposent la connaissance de la dialectique et l'exactitude du raisonnement. Après avoir exposé la doctrine de son adversaire, il faut relever ses méprises, montrer la fausseté de ses principes ou des faits qu'il avance, ou bien des conséquences qu'il en tire. S'il s'agit d'un écrit licencieux ou impie, la chaleur du style devra

communiquer au lecteur l'indignation dont on est pénétré.

La plaisanterie, maniée finement et à propos, produit quelquefois sur le commun des lecteurs un plus grand effet que les raisons les plus solides. L'abbé Guénée, dans ses *Lettres de quelques Juifs*, et de célèbres écrivains catholiques de notre temps peuvent servir de modèle en ce genre.

361. Les **critiques** littéraires ont pour but de faire connaître les beautés ou les défauts d'un ouvrage d'esprit. Nous les comprenons dans le genre didactique, parce que les jugements que l'on prononce supposent la connaissance et l'application des préceptes de l'art.

362. La critique d'un ouvrage doit être avant tout éclairée, consciencieuse et équitable. Elle suppose un examen approfondi de l'ouvrage, un goût pur et délicat pour en apprécier les beautés et en discerner les moindres taches, ce sentiment exquis des convenances qui interdit les décisions tranchantes et les personnalités blessantes pour un écrivain.

363. Les jeunes gens qui étudient les principes de littérature ne sont pas encore capables de bien saisir l'ensemble d'un ouvrage et d'en apprécier le mérite et la valeur. Mais ils peuvent du moins soumettre à leur critique des œuvres de peu d'étendue et des compositions ou des fragments détachés. Rien de plus utile que ces critiques raisonnées sur une production littéraire dont on a fait une lecture attentive et réfléchie. Il serait même bon quelquefois d'exiger que les élèves rédigeassent un examen détaillé d'un morceau dé-

fectueux et mal écrit : l'étude sérieuse de ces défauts de style serait très-propre à former leur jugement et leur goût.

364. Une **analyse littéraire** peut s'entendre d'un simple abrégé fait avec discernement. Pour réussir dans ce travail, il ne suffit pas de rapetisser un auteur et de réduire un livre à un petit nombre de phrases ; il faut marquer, par des traits nets et précis, le but de l'écrivain et le plan de l'ouvrage. Rejetez donc les détails sans importance, et tout ce qui ne laisse pas dans l'esprit une forte impression. Distinguez soigneusement et mettez en lumière les points principaux, les idées essentielles, les endroits où le génie éclate, où l'art se révèle, où le progrès de l'exposition se fait sentir. Une analyse bien faite sera tout ensemble brève et complète, instructive et attrayante.

365. Par **considérations religieuses et morales**, nous entendons ici une composition d'une médiocre étendue, où l'on expose une vérité chrétienne, un devoir, une vertu. Les qualités principales de ce genre sont l'élévation et la gravité des pensées, un style noble et sérieux, une douce et pénétrante chaleur. Il faut sans doute viser à la justesse et à la solidité du fond ; mais on ne doit pas oublier que c'est peu de démontrer la vérité et le devoir : le point essentiel est de faire aimer et pratiquer le bien que l'on propose.

366. La **dissertation philosophique** doit reposer sur des principes vrais et sur des conséquences bien déduites. Mais un ouvrage de ce genre ne peut être un enchaînement sec et monotone d'arguments

et de déductions. C'est une charpente solide qu'il faut revêtir de quelques ornements. Les formes nues et les idées abstraites nous rebutent et nous lassent bientôt. Soyez donc solide et exact avant tout, mais choisissez ensuite quelques ornements, qui, loin de nuire à vos preuves, leur donneront une force nouvelle [1].

367. Les **dissertations littéraires** roulent ordinairement sur un auteur classique ou sur un précepte de rhétorique et d'humanités. Un élève n'est pas toujours capable d'approfondir et d'expliquer exactement les principes de l'art et d'en faire l'application aux grands écrivains qu'il étudie. Mais il est certaines questions littéraires qui sont d'un abord plus facile et auxquelles le maître saura d'ailleurs préparer un jeune homme par des lectures ou des explications données à propos. Il est donc fort utile d'employer ce genre de composition pour s'assurer que les élèves ont bien saisi le sens et l'esprit des préceptes.

Ceux qui observent avec attention les sujets qu'on choisit pour les épreuves du baccalauréat ont pu remarquer que les Facultés exigent des dissertations littéraires plus souvent que des amplifications ou des discours.

368. Le **dialogue** est un entretien entre deux ou trois personnes dont les sentiments ou les caractères sont en opposition. Il est rare que les interlocuteurs soient plus de trois : s'il y a trop d'opinions opposées, ce conflit trouble la conversation et ne l'anime pas.

[1] Voir notre *Choix de compositions littéraires* comme terme de comparaison pour le travail des élèves.

La forme du dialogue, dit Marmontel, doit être réservée pour les sujets naturellement épineux et confus qui exigent des développements, et dans lesquels l'intelligence peut passer du doute à la persuasion, de l'obscurité à l'évidence. Chaque interlocuteur doit avoir et garder constamment un caractère, une tournure d'esprit, un style qui lui soient propres.

369. Nous avons déjà parlé du **parallèle** à propos de la description; mais il s'agit ici uniquement de la comparaison de deux écrivains qui ont entre eux quelque rapport de ressemblance. Ainsi Chateaubriand a comparé Virgile et Racine, le songe d'Énée et le songe d'Athalie. Avez-vous à comparer deux auteurs? Examinez les traits les plus frappants de ressemblance et les différences essentielles; rapprochez leurs ouvrages ou du moins les endroits importants, et voyez s'ils possèdent l'un et l'autre les caractères de l'art et du génie.

370. Il faut s'attacher surtout dans les dissertations littéraires au bon sens, à la clarté, à la solidité, à la correction. Une suite d'idées raisonnables, exprimées dans un style pur et naturel, voilà ce qu'on exige avant tout. Qu'on y ajoute une continuelle élégance, une certaine fermeté, des traits qui révèlent quelque vigueur dans l'esprit, ce sera la perfection du genre, et l'on pourra prédire à un jeune homme de véritables succès pour un âge plus avancé.

DEUXIÈME PARTIE

DE LA POÉTIQUE

---

371. La **poétique** ou **art poétique** est *l'ensemble des règles qui dirigent les poëtes dans leurs diverses compositions, ou qui aident à apprécier leurs ouvrages.*

Comme dans tous les arts la pratique a précédé la théorie, la poésie a précédé la poétique. Celle-ci n'est qu'un recueil d'observations qui ont été faites sur les poëtes les plus habiles.

Avant d'exposer ces règles et les divers genres auxquels elles se rapportent, nous allons présenter quelques notions générales sur la poésie.

De la poésie en général [1].

372. Le mot **poésie** ($\pi o i \eta \sigma \iota \varsigma$) signifie création, œuvre par excellence. Il vient du mot grec $\pi o \iota \epsilon \iota \nu$, faire, feindre, créer, imiter : ces diverses significations se

---

[1] Auteurs à consulter : Le Batteux, *Les beaux-arts réduits à un même principe*, 3me partie ; Blair, Lecture xxxviiie ; Rollin, *Traité des études*, liv. II ; Marmontel, art. Poésie, Poëte, Poétique ; Laurentie, *De l'étude et de l'enseignement des lettres*, ch. vi ; Cormenin, *Le livre des orateurs*, art. Lamartine.

rapportent plus ou moins directement au véritable objet de la poésie.

373. Dans le sens le plus large et le plus étendu, la poésie est la *création* dans les arts. Ce mot s'applique donc à toutes les productions du génie dans les arts d'imagination. Ainsi il peut y avoir de la poésie dans la peinture et dans la sculpture; il y en a dans la musique qui crée une expression du sentiment souvent plus vive et plus entraînante que la parole. Il y a aussi de la poésie dans l'éloquence lorsqu'elle crée de nouveaux moyens de persuasion et qu'elle éclate en inspirations sublimes et jusqu'alors inconnues.

374. Les rhéteurs s'accordent peu sur la nature de la poésie : les uns la font consister dans la *versification*, d'autres dans l'*enthousiasme*; ceux-ci dans la *fiction*, ceux-là dans l'*expression de la belle nature*. Pour nous, sans discuter ce qu'il y a d'incomplet dans ces diverses opinions, nous croyons que l'essence du génie poétique consiste dans l'*imagination* et l'*inspiration*.

375. L'**imagination** est cette faculté de l'âme qui rend tous les objets présents à la pensée et les peint aux autres sous de vives couleurs. Elle donne à toutes les choses, même à celles qui sont immatérielles et insensibles, une forme et un visage, et les montre toujours sous des images frappantes. Nous avons parlé ailleurs de cette faculté.

376. L'**inspiration** est comme une étincelle de feu céleste qui domine le poète, l'élève au-dessus des autres hommes, et semble donner à son langage un ton surnaturel et divin. L'inspiration tient beaucoup du génie; et tandis que l'imagination est donnée aux

autres hommes, au moins à un certain degré, l'inspiration est le partage exclusif du poëte vraiment digne de ce nom.

377. Cette puissance intérieure, qu'on appelle l'inspiration, n'est que l'exaltation d'une haute intelligence et le résultat d'une excessive sensibilité. Les écrivains sacrés ont été seuls sous l'influence de la Divinité et animés de l'inspiration dans toute sa grandeur et sa plénitude. Malgré les gracieuses fictions du paganisme antique, on comprend assez que cette flamme céleste n'a été accordée aux poëtes profanes que d'une manière bien différente et dans un sens purement allégorique.

378. Dans un sens plus ordinaire et plus restreint, la poésie est l'*expression du beau idéal ou de la belle nature par le langage mesuré.*

Par beau idéal ou belle nature, nous entendons ici ce que l'esprit et le cœur de l'homme peuvent concevoir de meilleur et de plus parfait dans le monde physique, intellectuel et moral. La nature que nous retrace le poëte est donc une nature choisie et perfectionnée autant qu'elle peut l'être pour porter les hommes à la vertu.

379. Comme le poëte nous peint la nature par le langage mesuré, la poésie proprement dite est assujettie à un mécanisme particulier qu'on appelle **rhythme**. Chez les Grecs et les Latins, c'est la mesure et la quantité des syllabes qui font le rhythme ; chez les Français et la plupart des modernes, c'est le nombre des syllabes et la rime ou consonnance finale. Cet assemblage de mots, qu'on appelle *vers*, est

donc une forme particulière à la poésie, un vêtement qui ajoute à sa beauté, mais ce n'est pas ce qui constitue la langue poétique.

380. La poésie ne diffère donc pas seulement par le rhythme du langage ordinaire. Elle en diffère surtout par le choix des expressions, par l'abondance des images, par certaines manières de parler plus nobles, plus hardies, plus figurées que celles de la prose.

Ainsi Racine veut dire que celui qui est vertueux n'a rien à craindre des méchants, et il exprime cette pensée par les vers suivants :

> Celui qui met un frein à la fureur des flots
> Sait aussi des méchants arrêter les complots.
> Soumis avec respect à sa volonté sainte,
> Je crains Dieu, cher Abner, et n'ai point d'autre crainte.
>
> (Athalie, Act. I.)

Supprimez la rime et rompez la mesure dans ces quatre vers, les mots ne seront pas moins justes, les expressions moins hardies, les images moins vives, et il y aura encore de la poésie.

381. La poésie est donc indépendante du langage mesuré. De l'aveu de tout le monde, il y a de la poésie dans les ouvrages de Platon et de Bossuet, bien qu'ils ne soient pas écrits en vers. Il y en a plus encore dans les livres des prophètes et des autres écrivains sacrés que nous ne connaissons pourtant que par une pâle et imparfaite traduction. Cependant il est incontestable que la poésie a beaucoup plus de puissance lorsqu'elle se trouve jointe à l'harmonie du rhythme.

382. Comme la poésie ne vit que d'images et d'harmonie, elle a beaucoup de traits de ressemblance avec la *peinture* et avec la *musique*.

1° La poésie est sœur de la peinture, puisqu'elle donne à tous les objets une figure, une forme, une couleur : *ut pictura poesis*. Elle ne raconte pas seulement, elle peint, elle représente ; elle a même un avantage sur la peinture : celle-ci ne représente qu'un seul moment dans une action ou un fait, tandis que la poésie peut en retracer la marche et les développements.

2° La poésie est aussi la sœur de la musique ; car si elle ne peut se passer d'images, elle ne saurait pas davantage vivre sans harmonie. Une étroite alliance subsista d'abord entre la poésie et la musique : le poëte ne parlait pas, il n'écrivait pas, il chantait et composait ses vers au son de la lyre. Dans la suite, la poésie se sépara de la musique, mais non de l'harmonie : elle garda et garde encore le charme des vers.

383. Pour trouver l'origine de la poésie, il faut remonter au berceau du monde. Entre les deux langages accordés à l'homme, la prose et les vers, le second est beaucoup plus ancien et plus vénérable que le premier.

« L'homme a d'abord chanté, dit Chateaubriand, et il parla ensuite. »

384. Le premier chant poétique fut sans doute un hymne d'adoration en l'honneur de la Divinité. Quand l'homme fut sorti des mains de Dieu, les merveilles de la nature durent lui arracher un cri d'admiration et de reconnaissance pour son bienfaiteur et son père. Chez les païens eux-mêmes, la poésie a célébré

souvent les exploits des héros, les prodiges de la valeur et les charmes de la vertu. Mais puisque Dieu lui-même a daigné s'en servir dans les saintes Écritures pour graver dans l'esprit des hommes l'image de sa grandeur et le souvenir de ses bienfaits, on peut dire que cet art divin a reçu par là une sorte de consécration.

385. Puisque l'origine de la poésie est si vénérable et que sa première destination est sainte et sacrée, l'objet de la poésie doit être toujours honnête, toujours moral, et c'est un crime que de la détourner de sa première destination. Sans doute, dans ses tableaux et dans ses chants, le poëte peut bien représenter l'idéal des crimes et des vices pour en inspirer l'horreur et pour faire mieux briller l'éclat de la vertu. Mais il ne doit pas se complaire dans la peinture du mal, et c'est pour lui un devoir de repousser tout ce qui dégrade l'imagination et souille le cœur.

Corrompre avec le bien, c'est le plus grand des crimes.

386. La fin immédiate de la poésie est sans doute de plaire et de charmer les esprits et les cœurs ; mais sa fin dernière et principale, comme celle de tous les beaux-arts, est d'instruire l'homme et de le rendre meilleur. Le plaisir et l'agrément sont comme une voie plus sûre et plus aimable dont le poëte se sert pour conduire à la vérité et à la vertu. Au reste, c'est quand le poëte chante Dieu et la vertu, qu'il atteint à la sublime perfection de son art.

Quand il trouve le beau, c'est qu'il chante le bien.

387. Tous les genres de poésie ont chacun une noble et utile destination. L'*ode* est appelée à nous faire imiter les héros célèbres par leurs vertus ; l'*épopée* à nous rappeler les grands principes de la morale et du gouvernement des hommes ; la *tragédie* à nous inspirer de l'horreur pour le crime ; la *comédie* à nous corriger de nos travers ; l'*élégie* nous fait pleurer sur la perte des hommes vertueux ; l'*églogue* nous rappelle la simplicité des mœurs primitives ; l'*épître* jette des fleurs sur les préceptes pour en cacher l'aridité, et la *satire* doit épurer le goût et corriger les mœurs. Tous les genres ont donc une fin honnête ; et s'il est des poëtes dangereux et corrupteurs,

> Qui de l'honneur, en vers, infâmes déserteurs,
> Trahissent la vertu sur un papier coupable,
> Aux yeux de leurs lecteurs rendent le vice aimable,

c'est le crime du poëte, ce n'est pas celui de la poésie.

388. On peut diviser tous les poëmes en trois genres 1° les grands genres qui sont le *lyrique*, l'*épique* et le *dramatique ;* 2° les genres secondaires qui sont le *didactique*, le *pastoral* et l'*élégiaque ;* 3° les petits poëmes compris sous le nom de *poésies fugitives.*

Les règles de la versification française appartiennent à la prosodie et sont comme le complément des études grammaticales. Néanmoins, pour être plus complet, nous exposerons ces règles en peu de mots dans une première section.

PREMIÈRE SECTION

VERSIFICATION FRANÇAISE[1]

389. La **versification** est l'art de faire des vers, et elle a pour objet de tracer les règles du langage mesuré.

Le **vers** est un assemblage de mots cadencés selon certaines règles déterminées. Trois points distinguent le vers français de la prose : 1° il a toujours un nombre fixe et régulier de syllabes ; 2° il se termine par la rime ; 3° il n'admet pas l'hiatus.

390. Les règles de la versification française se rapportent à six objets : la *mesure*, l'*élision*, le *repos*, la *rime*, la *disposition* et la *licence*.

§ I.

De la mesure.

391. La **mesure** est le nombre de syllabes dont se compose le vers. Dans la langue grecque et dans la langue latine, le vers est basé sur une combinaison de syllabes longues et brèves, et on l'appelle vers *métrique*. Dans la langue française, il prend le nom de vers *syllabique*, parce que, au lieu de mesurer ses syllabes, on les compte.

---

[1] Auteurs à consulter : Fénelon, *Lettre à l'Académie*, — *Projet de poétique*; Blair, *Leçons de rhétorique*, leç. XXXVII ; Marmontel, art. Vers ; Quicherat, *Traité de la versification française*.

392. D'après le nombre des syllabes, on distingue dix espèces de vers, savoir: des vers de une, deux, trois, quatre, cinq, six, sept, huit, dix et douze syllabes.

Le vers de douze syllabes, communément appelé *grand vers, vers alexandrin, vers héroïque,* convient, par son caractère grave et majestueux, à l'épître et à la haute poésie.

> Oui, c'est un Dieu caché que le Dieu qu'il faut croire ;
> Mais tout caché qu'il est, pour révéler sa gloire
> Quels témoins éclatants devant moi rassemblés !
> Répondez, cieux et mers, et vous, terre, parlez !
>
> (RACINE fils.)

Le vers de dix syllabes a moins de majesté que l'alexandrin ; mais il a plus de douceur, de grâce et d'abandon. Il est propre aux sujets simples ou badins.

> Dors, mon enfant, et que sur ta paupière
> Un doux sommeil verse ses pavots d'or.
> Repose en paix : elle veille, ta mère,
> Près du berceau qui garde son trésor.

Le vers de huit syllabes joint à la grâce et à la douceur la noblesse et l'énergie. On en fait usage dans l'ode aussi bien que dans la poésie légère.

> Le Dieu poursuivant sa carrière,
> Versait des torrents de lumière
> Sur ses obscurs blasphémateurs.
>
> (LE FRANC DE POMPIGNAN.)

Le vers de sept syllabes, quoique moins harmonieux que celui de huit, s'emploie de la même manière ;

mais c'est surtout dans la poésie lyrique qu'il se rencontre le plus fréquemment.

> La mort, déployant ses ailes,
> Couvrait d'ombres éternelles
> La clarté dont je jouis,
> Et, dans cette nuit funeste,
> Je cherchais en vain le reste
> De mes jours évanouis.
>
> (J.-B. ROUSSEAU.)

Le vers de six syllabes, rarement seul, est presque toujours entremêlé avec d'autres de différentes mesures.

> Ta justice paraît, de fer étincelante,
> Et la terre tremblante
> S'arrête à ton aspect.
>
> (J.-B. ROUSSEAU.)

Les vers qui ont moins de six syllabes ne sont guère propres qu'aux sujets simples et badins.

Dans la composition des ouvrages en vers libres, on fait entrer indistinctement les *petits* et les *grands* vers.

§ II.

De l'élision et de l'hiatus.

393. L'élision est le retranchement d'une ou de plusieurs syllabes d'un vers, et elle n'a lieu que pour l'*e* muet.

1° Quand cet *e* muet se trouve dans le corps d'un mot, comme dans *dévouement*, on le supprime, et, dans l'orthographe moderne, on le remplace par un accent circonflexe : *dévoûment*. Il en est de même au futur de certains verbes, comme je *prierai*, nous *sa-luerons*, qu'on écrit et qu'on prononce : je *prirai*, nous *salûrons*. Dans *folies*, *devient*, *agréent*, etc., l'usage ne permet pas de retrancher l'*e* muet, et par conséquent ces mots ne doivent être placés qu'à la fin du vers ;

2° Quand il est seul, il s'élide devant une voyelle ou *h* non aspiré ;

> Elle flotte, elle hésite ; en un mot, elle est femme.

3° Suivi de *s* ou *nt*, l'*e* muet ne s'élide qu'à la fin du vers ; ailleurs il compte pour une syllabe.

> C'est peu qu'en un ouvrage où les fau*tes* fourmil*lent*,
> Des traits d'esprit semés de temps en temps peti*llent*.

Il y a exception pour *soient*, *aient*, et pour les troisièmes personnes du pluriel, de l'imparfait et du conditionnel, *rendaient*, *parleraient*, où la finale *ent* se confond avec la pénultième *ai*.

394. Toute autre voyelle que l'*e* muet, placée à la fin d'un mot, produit ce qu'on appelle un *hiatus*, lorsque le mot qui suit commence par une voyelle ou par *h* non aspiré. L'hiatus est donc la rencontre de deux voyelles qui ne s'élident pas, *bonté infinie*, *vrai honneur*.

On fait exception pour le mot *oui*, répété ou placé après une interjection, *hé oui*, et pour le mot *onzième*, parce qu'ils équivalent à une aspiration. Devant une voyelle ou *h* non aspiré, la conjonction *et* produit un hiatus, parce que le *t* ne se prononce point. La Fontaine n'aurait donc pas dû dire :

> Le juge prétendait qu'à tort *et* à travers
> On ne saurait manquer condamnant un pervers.

La rencontre d'une diphthongue nasale et d'une voyelle, comme dans *nom adorable*, produit quelquefois une mauvaise consonnance que l'on doit éviter.

§ III.

Du repos.

395. On entend par **repos** certaines suspensions qu'il faut observer dans le sens et dans la voix. On distingue deux sortes de repos : la *césure* et le *repos final*. La *césure* a pour objet de couper le vers d'une manière arbitraire, afin de varier la mesure et d'éviter la monotonie. L'*hémistiche* diffère de la césure en ce qu'il coupe toujours le vers en deux parties ; il ne se rencontre que dans les vers de dix ou de douze syllabes : dans ceux de dix, après la quatrième, et, dans ceux de douze, après la sixième.

> Il faut des châtiments dont l'univers frémisse,
> Qu'on tremble en comparant — l'offense et le supplice.
>
> (RACINE.)

> Un vieux docteur, — homme de grand renom.
>
> (LEBRUN.)

396. Ayez soin de faire tomber l'hémistiche sur une syllabe sonore ; car l'*e* muet est trop faible pour servir d'appui à la voix, et par conséquent, il ne doit point marquer l'hémistiche. Ainsi on ne peut pas dire :

> C'est dans l'infortune — qu'on connaît ses amis ;

Mais on dira bien :

> C'est dans l'adversité — qu'on connaît ses amis.
> Est-on dans l'infortune ? — on connaît ses amis.

Il n'est pas nécessaire que le sens finisse à chaque hémistiche ; ce serait pour les poëtes une difficulté presque insurmontable.

397. Le *repos final* est la suspension du sens et de la voix à la fin du vers, et il augmente ou diminue selon que les vers sont plus ou moins grands. Quelquefois, cependant, il arrive que le sens ne finit que dans le commencement du vers qui suit, et alors a lieu l'*enjambement* qui détruit le repos final :

> Cette nymphe royale est digne qu'on lui dresse
> *Des autels...*

Dans les sujets simples et familiers, l'enjambement donne quelquefois au style plus de grâce et de vivacité. Exemple :

> Le trou de l'escargot se recontre en chemin.
>   Je laisse à penser si le gîte
> *Était sûr.* Mais où mieux ? Jean Lapin s'y blottit.
>
>   (LA FONTAINE.)

398. On le tolère aussi dans la haute poésie et dans les vers sérieux, mais seulement dans deux cas :

1° Quand la suspension du sens produit une image frappante ou une certaine harmonie imitative, comme dans ces vers :

> Là, du sommet lointain des roches buissonneuses,
> Je vois la chèvre pendre...
>
>   (DELILLE.)

> Soudain le mont liquide élevé dans les airs,
> *Retombe* ; un noir limon bouillonne au fond des mers.
>
>   (LE MÊME.)

2° Quand le sens finit par un mot placé entre une virgule et un point-virgule ou deux points :

> Sitôt que du nectar la troupe est abreuvée,
> On dessert ; et soudain, la nappe était levée...

§ IV.

De la rime.

399. La **rime** est une consonnance uniforme dans la finale de deux ou de plusieurs vers. Elle est appelée *féminine*, quand elle se termine par *e* muet seul ou suivi de *s*, *nt*, comme dans ces vers :

> Père barbare, achève, achève ton ouvrage.
>
> (CORNEILLE, *Polyeucte.*)

> Naître avec le printemps, mourir avec les roses.
>
> (LAMARTINE.)

Elle se nomme *masculine* quand elle finit par des sons pleins et sonores, c'est-à-dire par toute autre lettre que l'*e* muet suivi ou non de *s*, *nt* :

> Avant donc que d'écrire, apprenez à penser.

Cependant les troisièmes personnes du pluriel des imparfaits et des conditionnels, quoique terminées par *aient*, forment des rimes masculines, parce que ces syllabes ont le son de l'*e* ouvert.

400. La rime est *riche* ou simplement *régulière*. Elle est *régulière* ou *suffisante* lorsqu'elle n'a rien de plus que les sons essentiels : *mouvoir, déchoir;* elle est riche quand elle présente une parfaite consonnance : *souvenir, revenir.*

On ne doit jamais faire rimer ensemble : 1° un singulier avec un pluriel, à moins que l'orthographe soit la même : *honneurs, bonheur ;* 2° un mot terminé par un *r* avec un autre terminé par un *s : amour, recours ;* 3° deux mots qui n'ont la même consonnance que par une seule lettre : *santé, voilé ;* 4° deux mots dont les sons ne sont pas semblables : *croître, apparaître ;* 5° le mot simple avec son composé : *heureux, malheureux ;* 6° les deux hémistiches du même vers, ainsi que les premiers hémistiches de deux vers qui se suivent. Tel est le défaut qu'on remarque dans ces trois vers :

Il ne tiendra qu'à *toi* de partir avec *moi.*

J'eus un frère, *seigneur,* illustre et généreux,
Digne par sa *valeur* du sort le plus heureux.

<h3 style="text-align:center">§ V.</h3>

De la disposition.

Comme la **disposition** embrasse les rimes et les vers nous en parlerons séparément.

I. — De la disposition des rimes.

401. Une règle générale et sans exception, c'est que les rimes masculines et les rimes féminines doivent être disposées de manière que deux vers masculins ou féminins qui ne rimeraient pas ensemble, ne se trouvent jamais l'un à la suite de l'autre.

402. Dans la succession des rimes, on distingue quatre sortes de combinaisons : les rimes *plates* ou *suivies,* les rimes *croisées,* les rimes *mêlées* et les rimes *redoublées.*

403. Les rimes *plates* ou *suivies* présentent alternativement deux vers masculins ou deux vers féminins. On en fait usage dans les grands poëmes. Cette marche, un peu monotone, exige qu'on évite avec soin l'identité de consonnances entre les rimes masculines et les rimes féminines qui se suivent. Ex. :

> On voit en un instant des abîmes ouv*erts*,
> De noirs torrents de soufre épandus dans les *airs*,
> Des bataillons entiers, par ce nouveau tonn*erre*,
> Emportés, déchirés, engloutis sous la t*erre*.

Elle veut encore que les mêmes rimes ne se rencontrent pas trop souvent.

404. Les rimes sont *croisées :* 1° lorsqu'une rime féminine est suivie d'une rime masculine, et réciproquement ; 2° lorsque deux vers féminins sont séparés par deux vers masculins qui viennent immédiatement l'un après l'autre, et *vice versa*.

> Et, secouant ses blanches ailes,
> L'ange à ces mots a pris l'essor
> Vers les demeures éternelles...
> Pauvre mère, ton fils est mort.
>
> (J. Reboul.)

> O Père qu'adore mon père,
> Toi qu'on ne nomme qu'à genoux,
> Toi dont le nom terrible et doux
> Fait courber le front de ma mère.
>
> (Lamartine.)

405. Les rimes *mêlées* sont celles qui ne sont pas disposées dans un ordre uniforme. Elles sont usitées dans la fable et dans la poésie légère.

> Quel astre à nos yeux vient de luire?
> Quel sera, quelque jour, cet enfant merveilleux ?
> Il brave le faste orgueilleux.
> Et ne se laisse pas séduire
> A tous ses attraits périlleux.
>
> (RACINE.)

406. Les rimes *redoublées* présentent le retour ou la continuation des mêmes rimes. On s'en sert pour donner au récit plus de rapidité, aux grands sentiments plus de force.

> Sous des arbres dont la nature
> A formé de riants berceaux,
> Entre des tapis de verdure
> Que nourrit la fraîcheur des eaux,
> Serpente avec un doux murmure
> Le plus transparent des ruisseaux.

> Cieux, écoutez ma voix; terre, prête l'oreille.
> Ne dis plus, ô Jacob, que ton Seigneur sommeille !
> Pécheurs, disparaissez, le Seigneur se réveille.

II. — De la disposition des vers.

407. La disposition des vers est *régulière, irrégulière* ou *mixte*. Elle est *régulière* lorsqu'on suit un ordre déterminé; *irrégulière* lorsque des vers se suivent sans aucune symétrie; *mixte* lorsque dans la même pièce elle est tantôt régulière, tantôt irrégulière, comme dans une suite de stances.

408. On donne le nom de *stance* à un nombre indéterminé de vers dont le sens, bien que complet en lui-même, dépend quelquefois de ce qui précède ou de ce qui suit. Dans l'ode, la stance s'appelle *strophe;* dans la chanson, *couplet.*

409. La stance est soumise à quatre règles principales : la première se rapporte à la clarté et les autres à l'harmonie.

1° Une stance ne doit point enjamber sur une autre, et si le sens ne finit pas avec le dernier vers, il doit du moins être assez complet pour motiver un repos ;

2° On ne doit jamais employer les mêmes rimes dans deux stances qui viennent immédiatement l'une après l'autre :

3° Si la stance finit par une rime masculine, celle qui suit doit commencer par une rime féminine, et réciproquement. L'harmonie exige que la finale du premier vers d'une stance ne produise pas un son semblable à celui du dernier vers de la stance précédente ;

4° L'entrelacement des rimes est indispensable dans la stance si l'on veut éviter la monotonie ; par conséquent il ne faut jamais y présenter alternativement deux vers masculins et deux vers féminins.

§ VI.

De la licence.

410. La **licence**, dit Marmontel, est une incorrection, une irrégularité permise en faveur du nombre, de l'harmonie, de la rime ou de l'élégance des vers. Elle consiste dans l'usage privilégié de certaines hardiesses, d'une orthographe propre et des transpositions ou inversions.

411. On emploie les *ellipses* ou suppressions de mots pour donner à l'expression plus de force et de rapidité. Exemple :

> Peuple, roi que je sers,
> Commandez à César ; César à l'univers.

En poésie, l's peut aussi quelquefois se retrancher dans les noms propres et à la première personne du singulier du présent et du parfait :

> Ce discours te surprend, docteur, je l'*aperçoi*.
> L'homme de la nature est le chef et le roi.
>
> (BOILEAU.)

On peut de même supprimer à volonté l'*e* muet final dans *encore* et dans *zéphyre*.

412. Pour donner au style plus de rapidité, de grâce et d'harmonie, on fait usage de la *transposition* ou *inversion*, qui consiste à intervertir l'ordre grammatical des mots. Quelques exemples suffiront pour faire sentir ce qu'il y a de beau dans les inversions naturelles :

> Que les temps sont changés ! sitôt que *de ce jour*
> La trompette sacrée annonçait le retour,
> *Du temple*, orné partout de festons magnifiques,
> Le peuple saint en foule inondait les portiques ;
> Et tous, *devant l'autel* avec ordre introduits,
> *De leurs champs dans leurs mains* portaient les premiers fruits.
>
> (RACINE.)

Voici maintenant des inversions vicieuses qu'on ne doit point employer, parce qu'elles heurtent trop ouvertement la grammaire, l'usage et l'harmonie :

> Écoutons *du rossignol* le chant.
>
> (MAROT.)

> Mais j'aurais peur *de ta mère offenser*.
>
> (LE MÊME.)

> Si de cette maison *approcher* l'on vous voit.

413. L'exercice de la versification française a une véritable utilité, même pour ceux qui n'ont pas reçu de la nature le génie poétique. Ce n'est pas une torture vaine et sans fruit que de soumettre ses pensées aux règles de la mesure ; par là, vous fécondez votre intelligence et votre imagination ; vous vous habituez à considérer chaque objet sous toutes ses faces, à passer en revue tous les mots synonymes, les épithètes et les périphrases qui peuvent faire ressortir une idée ; vous comparez ensemble une foule de mots et de tours, et vous les pesez l'un après l'autre ; vous accoutumez votre oreille à l'élégance et à l'harmonie ; et cet exercice rendra pour vous la composition en prose et plus heureuse et plus facile, pourvu que vous vous y livriez avec discrétion.

D'ailleurs, si l'on n'a pas manié soi-même le mécanisme des vers, on ne peut être sensible qu'aux beautés générales du style poétique ; et, toujours incapable de pénétrer dans les mille secrets de l'art du poëte, on est privé des plus douces et des plus pures jouissances de l'esprit.

DEUXIÈME SECTION

GENRES PRINCIPAUX.

414. Nous avons déjà dit que le fond de toute poésie est le beau idéal ou la belle nature. Mais ce beau idéal peut se présenter sous divers points de vue, et c'est d'après ces divers points de vue que les œuvres vraiment poétiques se classent en trois genres principaux.

Si la vue d'un objet éveille en votre âme une émotion, et si vous ne faites que traduire au dehors l'enthousiasme ou le sentiment qui vous agite, vous chantez, et voilà l'ode (ὠδή) ou le *genre lyrique.*

Si vous voulez offrir en spectacle le tableau d'une grande entreprise, ou une série de personnages et d'actions qui ont eu une grande influence sur une nation ou sur le monde entier, votre œuvre est un récit merveilleux, c'est la parole par excellence (ἔπος); voilà le *genre épique.*

Si, au lieu de raconter les actions d'un héros, vous voulez nous faire voir et entendre ce personnage, nous rendre témoin des événements, vous faites parler et agir votre héros devant nous; votre œuvre est une action, un drame (δράω); voilà le *genre dramatique.*

Nous diviserons donc cette section en trois chapitres : *genre lyrique, genre épique, genre dramatique.*

CHAPITRE PREMIER.

Genre lyrique [1].

415. La poésie **lyrique,** en général, est l'expression animée du sentiment présentée sous la forme d'un chant. On l'appelle lyrique, parce qu'autrefois elle était non-seulement chantée, mais composée aux accords de la lyre. C'était même originairement le privilége de toute poésie. Mais lorsque plus tard la poésie se sépara de la musique, on réserva le nom de lyriques aux poëmes qui étaient destinés à être chantés.

416. C'est surtout dans les poëmes lyriques que se trouve le vrai caractère de la poésie; c'est la poésie primitive; c'est celle qu'on employa d'abord pour célébrer les bienfaits de la Divinité et les prodiges de la vertu. Le poëme lyrique d'ailleurs est celui où l'enthousiasme et l'inspiration éclatent davantage, et, pour toutes ces raisons, il est juste de lui assigner le premier rang.

417. Dans la poésie lyrique des Grecs, il y a beaucoup plus d'enthousiasme et d'inspiration que dans celle des Latins et des peuples modernes. Cette différence vient surtout du progrès des sciences et des arts. La raison exacte et positive des peuples modernes donne peut-être à la poésie quelque chose de plus égal, de plus fin et de plus délicat; mais elle lui

1 Auteurs à consulter : Le Batteux, *Principes de littérature,* 6e traité ; Marmontel, *Éléments de littérature,* art. Lyrique, Ode ; Lowth, *Poésie sacrée des Hébreux;* Laurentie, *De l'étude des lettres,* ch. IX; Mgr Plantier, *Études littéraires sur les poëtes bibliques.*

ôte ce caractère d'inspiration soudaine et spontanée, ces mouvements sublimes et un peu désordonnés, que des apostrophes ou autres formules de convention ne pourront jamais suppléer.

418. On peut classer en deux genres tous les poëmes lyriques : tantôt la poésie lyrique vient d'une émotion forte et vive, d'une admiration excitée par de grands spectacles; tantôt elle naît d'objets moins importants, comme la vue d'une fête, l'aspect des fleurs. De là deux genres de poëmes lyriques : l'un grave et solennel, l'autre simple et gracieux. Boileau a caractérisé l'un et l'autre dans le second chant de l'*Art poétique*.

Ces deux genres de poésie lyrique sont compris sous le nom d'*ode*, qui vient du mot grec ὠδή, chant. Nous allons parler d'abord de l'ode en général, et ensuite de ses divers genres.

ARTICLE PREMIER.

DE L'ODE EN GÉNÉRAL.

419. L'**ode**, en général, *est un petit poëme qui exprime le sentiment et qui est partagé en un certain nombre de stances.*

420. Chez les Grecs, l'ode était divisée en stances qui portaient le nom de *strophes*, *d'antistrophes*, *d'é-podes*. Ces trois sortes de stances avaient une forme différente et étaient toujours accompagnées du chant et de la danse. Chez les modernes, la mesure et le nombre des vers qui entrent dans une stance sont à peu près au choix du poëte; mais la première strophe sert de règle pour toutes les autres.

421. Les caractères de l'ode sont l'*enthousiasme*, les *débuts hardis*, les *écarts* et les *digressions*.

422. L'*enthousiasme* est un mouvement passionné, une émotion vive de l'âme à la vue d'un objet que la raison lui présente. Cette définition convient également à l'enthousiasme qui produit et à l'enthousiasme qui admire. L'enthousiasme n'est donc autre chose qu'un sentiment, quel qu'il soit, amour, colère, joie, admiration, tristesse, etc., produit par une idée. Il est ainsi nommé parce que l'âme est remplie de son objet comme un dieu qui la domine et qui l'inspire :

> . . . . Sua cuique deus fit dira cupido.

> (VIRGILE.)

C'est l'enthousiasme qui produit la hardiesse dans les débuts, les écarts et les digressions.

423. Le début de l'ode doit être *hardi*, parce que, quand le poëte saisit la lyre, on le suppose fortement frappé des objets qu'il se représente. Ainsi le début de l'ode dépend de l'inspiration plus ou moins vraie du poëte : si l'enthousiasme est réel, aucune hardiesse ne lui est interdite; mais il est ridicule de se dire inspiré quand on ne l'est pas. Nous avons déjà remarqué qu'on trouve moins d'inspiration dans Horace et les modernes que dans Pindare et les autres lyriques grecs.

424. On entend par *écarts*, dans une ode, les vides qui se trouvent entre les idées du poëte. Ne pouvant exprimer toutes celles qui l'assiégent, il choisit les plus frappantes, et les rend comme elles se présentent, laissant au lecteur le soin de saisir la liaison qui les unit.

Moïse fait dire au Seigneur :

Dixi : Ubinam sunt ?

Si l'on voulait mettre la liaison intermédiaire, il faudrait dire : « J'ai parlé à mes ennemis dans ma colère : une seule parole les a fait disparaître; vous qui êtes témoins de ma victoire, répondez : où sont-ils? » Le poëte a donc laissé un de ces vides qui se nomment écarts.

425. On appelle *digressions* des sorties que le poëte fait à côté du sujet qu'il traite, soit pour l'embellir, soit pour le féconder. Ainsi Horace, à propos du voyage que Virgile doit entreprendre sur la mer, se déchaîne contre la témérité de celui qui osa le premier lancer un frêle esquif sur les flots. De là, le poëte remonte à la cause de cette audace, et, par une seconde digression, il s'indigne contre la témérité de tout le genre humain.

426. L'enthousiasme, la hardiesse des débuts, les écarts et les digressions produisent une espèce de *désordre;* mais, sous ce désordre apparent, doit régner un ordre caché qui est le véritable fruit de l'art : sans cela, l'inspiration n'est qu'un délire, et les écarts du poëte ne sont qu'une folie. Boileau nous donne cette règle :

Son style impétueux souvent marche au hasard ;
Chez elle un beau désordre est un effet de l'art.

427. Si le poëte a bien disposé son plan, tout convergera vers la plus rigoureuse unité. Malgré les sen-

timents qui se pressent dans son cœur, malgré la précipitation de sa marche, tout se rapportera à la passion qui l'inspire. Dans ses transports les plus vifs, dans ses écarts même les plus hardis, il marchera droit à son but, et il l'atteindra au moment où il paraît s'en éloigner davantage. C'est ce qu'on remarque dans les odes d'Horace : *Justum et tenacem..... Cœlo tonantem,* et plusieurs autres.

ARTICLE DEUXIÈME.

DIVERSES ESPÈCES D'ODES.

428. On distingue cinq espèces d'odes, l'ode *sacrée,* l'ode *héroïque,* l'ode *morale* ou *philosophique,* l'ode *badine* et la *cantate.*

Ode sacrée.

429. L'ode *sacrée,* qu'on appelle quelquefois *hymne* ou *cantique,* a pour objet de célébrer les perfections et les œuvres de Dieu, la gloire et la vertu des saints.

Pour avoir une juste idée de la poésie religieuse et sacrée, il faut passer chez les Hébreux et chercher nos modèles dans les livres saints. C'est en effet chez eux que nous trouvons une véritable inspiration divine.

L'enthousiasme habite aux rives du Jourdain,

a dit un poëte de nos jours. Le poëte hébreu est sous la main de Dieu qui domine toutes ses puissances, qui dirige lui-même ses pensées et ses chants. Or, c'est précisément dans l'inspiration et dans cette action de la divinité que consiste la poésie sacrée.

430. Les cantiques de Moïse et des prophètes, les

psaumes de David, les plaintes sublimes de Job sont presque toujours des odes sacrées, et la perfection de ces odes démontre leur céleste origine. Les auteurs de ces chants, considérés uniquement comme écrivains, l'emportent infiniment sur les poëtes profanes. David a célébré sur tous les tons les grandeurs de Dieu, les merveilles de la création et les principaux événements de l'histoire des Hébreux. On trouve dans ses chants une expression variée de tous les sentiments qui peuvent agiter le cœur de l'homme, et des consolations pour toutes les situations de la vie. C'est à cette source qu'ont puisé nos meilleurs poëtes, Racine, Jean-Baptiste Rousseau, Lefranc de Pompignan et Lamartine.

431. Les hymnes de l'Église offrent aussi des beautés supérieures. Les plus anciennes brillent par leur naïve simplicité; dans les modernes, il y a souvent une expression vive de reconnaissance et d'amour, mais on y trouve moins cet enthousiasme et cette soudaine inspiration qui caractérisent la poésie lyrique. On cite parmi les plus belles hymnes de la liturgie catholique le *Dies iræ*, le *Stabat Mater*, le *Vexilla regis*, le *Veni Creator*.

432. Les païens avaient peut-être des poëmes sacrés destinés à célébrer les fêtes de leurs dieux; mais ces chants nous sont à peu près inconnus. Parmi les odes d'Horace, on peut considérer comme une ode sacrée le poëme séculaire, *Carmen seculare*, puisque c'est une prière adressée aux dieux pour la conservation de l'empire. On la chantait dans les jeux qui se célébraient tous les cent ans. Quant aux odes de Pin-

dare sur les jeux olympiques, bien qu'on y reconnaisse une certaine inspiration religieuse, on ne peut les regarder comme des odes consacrées à célébrer la Divinité.

433. Le *dithyrambe* était autrefois chez les Grecs un hymne en l'honneur de Bacchus, dans lequel les poëtes imitaient le délire et l'ivresse. Cette extravagance, que les Latins avaient dédaignée, fut renouvelée quelquefois chez les Italiens et par nos anciens poëtes. Mais aujourd'hui le dithyrambe n'est plus qu'une ode en vers libres et en strophes inégales, qui est consacrée à de vifs sentiments d'admiration, de joie ou d'indignation. Tel est le dithyrambe de Delille sur l'Immortalité de l'âme (Voir le n° xv).

Ode héroïque.

434. L'ode *héroïque* est celle qui célèbre les exploits, le génie, les talents des grands hommes dans tous les genres : c'est à ce genre qu'appartiennent les odes de Pindare. Dans Horace, les plus belles du troisième livre ont aussi le même caractère.

435. Puisque le sujet est grand dans l'ode héroïque, le style doit être noble, élevé, souvent même sublime. L'ode héroïque sera en même temps religieuse, parce qu'il est naturel de consacrer par la religion les noms illustrés que le poëte veut immortaliser. D'ailleurs, il s'agit très-souvent d'un événement heureux pour la patrie, et c'est alors un devoir pour le poëte de mêler à ses transports de joie un sentiment de reconnaissance envers la Divinité.

436. Pindare a toujours mêlé aux exploits des hé-

ros le récit des choses divines, parce qu'il professait une véritable piété envers les dieux. C'est ce qui donne à ses chants quelque chose d'imposant et de sacré. Horace ne puise d'inspiration que dans les impiétés et les malheurs de sa patrie : nous sommes moins émus de ses chants, parce que son âme est froide, sceptique et toujours vide du sentiment religieux : *Parcus deorum cultor et infrequens.*

Ode morale ou philosophique.

437. L'ode *morale* ou *philosophique* est celle qui a pour but de présenter des leçons de vertu. Dans ce genre, l'écrivain se montre à la fois philosophe et poëte : en même temps qu'il éclaire notre esprit par l'éclat de la vérité, il nous échauffe et nous transporte comme poëte par de nobles et rapides élans.

438. Dans l'ode philosophique, tous les sentiments doivent être purs, tous les principes irréprochables. Quelquefois ce qui a porté le poëte à prendre sa lyre, c'est un événement tout à fait imprévu. Il a été touché du succès, de la gloire d'un de ses amis, et il s'est mis à chanter son bonheur. Pour ces sortes de poëmes, nul ne trouvera d'inspiration réelle que dans ce qui est bon, c'est-à-dire dans la vertu, dans la convenance et la vérité.

Horace, dont la philosophie n'est souvent que l'apologie du vice, a cependant mêlé quelquefois à ses chants de sages et aimables leçons. Lamartine et Victor Hugo nous offrent aussi quelques modèles de ce genre dans les poésies de leur jeunesse.

Ode badine.

439. L'ode *badine* est celle qui roule sur des sujets gracieux et qui peint des scènes aimables et touchantes. Elle veut un ton modéré qui n'exclut pas l'enthousiasme et l'inspiration. Les tableaux, sans être jamais trop riches, doivent être toujours frais et riants.

440. Quand l'ode badine ne chante que la joie et les plaisirs, on l'appelle *anacréontique*, du nom d'Anacréon, qui s'est distingué dans ce genre de poésie. Malheureusement les odes de ce poëte et la plupart de celles d'Horace ne célèbrent que de honteuses et coupables voluptés, et sont presque toujours funestes à l'innocence. Le christianisme a singulièrement épuré ces sentiments, comme on peut le voir dans une ode de Klopstock, *l'Ange du pur amour*. Toutefois le chrétien devra chercher dans les psaumes de David de vrais modèles du genre tendre et gracieux. Les psaumes 62 et 83 nous montrent les images les plus douces unies aux sentiments les plus délicats.

441. Quand l'ode badine est destinée à exprimer par le chant une pensée touchante, légère ou satirique, elle porte le nom de *chanson*. Comme la chanson embrasse tous les sujets, elle prend aussi tous les tons.

442. Dans la chanson, les stances prennent le nom de couplets : chaque couplet doit être terminé par un trait ou une pensée saillante. Quelquefois cette pensée principale de la chanson se reproduit à chaque couplet en forme de *refrain*. Ce refrain doit être toujours heureusement amené.

Le style de la chanson doit être léger et facile, les expressions seront exactes et bien choisies, la marche libre, les vers simples et coulants ; il faut que tout y soit fini, et que néanmoins le travail ne s'y fasse pas sentir.

Nous croyons inutile de parler ici plus longuement de ce genre frivole qui porte quelquefois le nom de *romance*.

Cantate.

443. La *cantate* est une espèce d'ode faite pour être mise en musique. On distingue dans la cantate le *récit* et l'*air*. Le récit précède et expose le sujet, l'air exprime le sentiment où la réflexion que ce sujet a fait naître.

444. Certains auteurs demandent que la cantate soit toujours une allégorie exacte dont les récits puissent amener naturellement les réflexions morales. Ce poëme admet la noblesse et la pompe de l'ode, mais il en rejette le désordre et les écarts.

J.-B. Rousseau est le créateur de ce genre, mais aujourd'hui on a modifié un peu la forme qu'il lui avait donnée. Casimir Delavigne a remplacé les airs par des chœurs, et Lamartine a fait une cantate sans aucune allégorie pour les enfants d'une maison de charité.

445. Les poëtes lyriques les plus célèbres sont, chez les Hébreux, Moïse, Job et David ; chez les Grecs, Alcée, Tyrtée, Simonide et Pindare ; Horace, chez les Latins ; chez les Français, Malherbe, Racine, J.-B. Rousseau, Lefranc de Pompignan, Gilbert, Lamartine, Casimir Delavigne et Victor Hugo.

CHAPITRE DEUXIÈME.

Genre épique [1].

446. Le genre **épique** (ἐπὸς, parole, récit), dans sa plus grande extension, embrasse tout récit poétique qui constitue un seul tout. Dans le genre épique, il y a donc une infinité de degrés, comme il y a une infinité de sujets susceptibles de cette forme, depuis la grande épopée jusqu'au plus simple récit.

Nous allons nous occuper d'abord de l'épopée proprement dite, c'est-à-dire du récit poétique dont le genre est grand et sublime, et nous ajouterons quelques mots sur l'épopée badine et les épopées secondaires.

ARTICLE PREMIER.

DE LA GRANDE ÉPOPÉE.

447. L'**épopée** ou poëme épique est *le récit poétique d'une action vraisemblable, héroïque et merveilleuse.*

L'épopée est un *récit*, et en cela elle diffère du poëme dramatique, qui ne raconte pas, mais qui met une action sous les yeux. C'est un récit *poétique*, et en cela elle diffère de l'histoire et du roman qui ne sont pas écrits en vers. Enfin ces mots d'*une action vraisemblable, héroïque* et *merveilleuse* distinguent l'épopée de tous les autres récits poétiques.

---

[1] Auteurs à consulter : Le Batteux, *Principes de littérature;* 4ᵉ traité ; Rollin, *Traité des études,* liv. II, de la lecture d'Homère; Blair, leç. XLII, XLIII ; Marmontel, *Éléments de littérature,* art. Épopée ; Chateaubriand, *Génie du christianisme,* 3ᵉ partie, liv. III et IV; Pérennès, *Principes de littérature,* 2ᵉ part., ch. V.

448. Par *action*, on peut entendre ici une entreprise tout entière ou une série d'actions, pourvu qu'elles concourent toutes au même but. Cette entreprise doit être faite avec choix et dessein. Elle doit être *une*, c'est-à-dire que toutes les parties et les actions secondaires doivent tendre au même but. Ainsi on ne peut prendre pour sujet d'un poëme épique la totalité des actions d'un héros, soit parce que tout n'est pas également héroïque dans ses actions, soit parce que l'intérêt du lecteur s'affaiblit quand il est partagé.

449. L'action du poëme épique doit être *vraisemblable*. Le poëte n'est donc pas obligé de se conformer à la vérité de l'histoire, mais il ne peut dépasser les bornes de la vraisemblance morale. L'esprit du lecteur ne s'intéresse point à un récit qui choque les idées reçues et l'enseignement de l'histoire ou de la tradition.

450. L'action doit être *héroïque*. Toute autre action, en effet, n'est pas propre à devenir le sujet d'un poëme épique, et elle se rapproche plus ou moins du roman, qui a quelque chose de commun et de familier. Si le poëte veut intéresser le lecteur, il choisira les exploits des grands capitaines, la naissance ou la chute des empires, quelques-uns de ces grands événements qui ont changé la face du monde. De plus, s'il veut être moral, il prendra une action qui réveille les sentiments généreux, et ne proposera à l'admiration des hommes que ce qui mérite d'être imité.

451. Enfin l'action doit être *merveilleuse*, et c'est ce qui caractérise essentiellement l'épopée. On entend par merveilleux l'intervention de la Divinité et celle des êtres surnaturels. Le merveilleux est indispensable dans l'épopée : car le but de ce poëme est d'exciter l'admiration, d'élever l'âme, et de la remplir d'un étonnement mêlé de respect à la vue des grandes choses et des puissances qui les exécutent, et c'est précisément l'effet que produit le merveilleux, c'est-à-dire l'intervention d'un agent surnaturel.

452. Dans tous les anciens cultes, les dieux qu'on adorait étaient regardés comme les arbitres des événements et des destinées des hommes. Il est donc naturel que les poëtes païens nous représentent les héros qu'ils célèbrent aidés ou traversés par des êtres supérieurs. C'est de là qu'Homère et Virgile ont tiré le merveilleux de leurs poëmes. Mais les poëtes chrétiens doivent puiser dans les croyances et les merveilles de notre religion des scènes plus sublimes et plus touchantes.

453. C'est à tort que Boileau a prétendu que le christianisme offrait peu de ressources à l'imagination du poëte. La révélation nous offre des spectacles plus grands et plus purs que toutes les fictions mythologiques. Rien de plus sublime que l'idée d'un Dieu créateur et maître du monde, gouvernant tout par sa providence, se servant du ministère de ses anges pour conduire toutes choses à leur fin. L'histoire de la religion, les conquêtes de ses apôtres, l'héroïsme de ses martyrs, la pureté de ses vierges, offrent d'ailleurs les tableaux les plus émouvants.

454. Il y a plusieurs précautions à prendre dans l'emploi du merveilleux chrétien. Il faut d'abord se

garder de dénaturer les croyances du christianisme : ne prêtez donc pas à des anges des actions ou des discours qui ne conviennent qu'à notre humanité dégradée, et souvenez-vous que ce serait un sacrilége de porter dans le ciel des affections grossières et terrestres. En second lieu, ne mêlez pas les faux dieux avec les êtres surnaturels de notre religion. Le Tasse, Milton et surtout Camoëns, nous montrent quelquefois dans leurs poëmes ce mélange ridicule et monstrueux.

455. Les règles de l'épopée se rapportent à trois objets : les *qualités* de l'action épique, les *personnages*, la *forme* ou *disposition* du poëme.

Qualités de l'action épique.

456. L'action épique doit avoir quatre qualités : l'*unité*, l'*intégrité*, la *grandeur* et l'*intérêt*.

457. L'*unité*, qui est la condition essentielle de toute composition, doit être la base du poëme épique. Le poëte doit présenter une série d'événements qui naissent les uns des autres et concourent tous au même dénoûment. Pour atteindre ce but, il ne suffit pas que le poëte se renferme dans les actions d'un seul homme ou dans les événements d'une seule époque, il faut que l'unité soit dans le sujet et résulte de la liaison intime de toutes les parties.

Dans tous les grands poëmes épiques, l'unité d'action est visible. Le sujet de l'*Iliade*, c'est la colère d'Achille et toutes ses conséquences ; celui de l'*Odyssée*, le retour et le rétablissement d'Ulysse dans ses États ;

celui de l'*Énéide*, l'établissement d'Énée en Italie ; celui du *Tasse*, la conquête de Jérusalem sur les infidèles.

458. L'unité d'action dans l'épopée n'exclut pas les *épisodes*. On appelle épisodes certaines actions secondaires, certains incidents qui sont liés à l'action principale, mais qui n'ont pas assez d'importance pour que leur suppression anéantisse le sujet général du poëme. Tels sont, dans l'*Iliade*, l'entretien d'Hector et d'Andromaque ; dans l'*Énéide*, l'histoire de Cacus, celle de Nisus et d'Euryale ; dans *la Jérusalem délivrée*, les aventures de Tancrède et de Clorinde.

459. Les épisodes sont quelquefois employés pour le besoin de l'action, et quelquefois de pur ornement ; mais, dans tous les cas, ils doivent être : 1° *naturels*, c'est-à-dire amenés par le sujet, et avoir avec lui assez de liaison pour lui être subordonnés et n'être pas un hors-d'œuvre inutile, comme celui d'Olinde et de Sophronie, dans *la Jérusalem délivrée* ; 2° *variés*, c'est-à dire présenter des objets différents de ceux qui précèdent ou qui suivent, comme une scène touchante ou gracieuse après une description de combats ; 3° *agréables*, c'est-à-dire composés avec beaucoup d'art, de soin et d'élégance, puisqu'ils sont mis à titre d'ornements et doivent contribuer à la beauté du poëme.

460. L'*intégrité* de l'action exige qu'elle ait une juste étendue, c'est-à-dire un *commencement*, un *milieu*, une *fin*. Le commencement, qu'on appelle aussi *exposition du sujet*, consiste dans les causes qui déterminent l'action ; le milieu, qui porte aussi le nom de *nœud*, dans les difficultés et les obstacles qu'il faut vaincre pour arriver à l'accomplissement de l'action ;

la fin, qu'on appelle aussi *dénoûment,* est la cessation de ces difficultés et de ces obstacles. Ce dénoûment doit satisfaire la curiosité du lecteur sur tous les personnages principaux du récit.

461. La *grandeur* exige que l'action ait assez d'importance et d'éclat pour justifier le titre d'épopée et captiver l'attention du lecteur. La grandeur d'une entreprise se mesure d'après l'élévation du principe et du motif qui la déterminent, d'après l'étendue de l'objet et de la fin qu'elle embrasse. La gravité des obstacles vaincus démontre la force du héros, leur nombre met sa constance à l'épreuve. Or, l'importance et la multiplicité des contradictions à vaincre sont toujours en proportion de la hauteur et de l'étendue de l'entreprise.

On a remarqué que, pour donner à une action épique beaucoup de majesté et de grandeur, il ne fallait point prendre pour sujet des événements trop récents. Lucain et Voltaire ont péché contre cette règle.

462. L'*intérêt* exige que l'action attache tout ensemble l'âme, l'esprit et l'imagination. Des exploits militaires, quelque héroïques qu'on les suppose, ne suffisent pas toujours pour prévenir le refroidissement et l'ennui. Le succès dépend beaucoup du choix d'un sujet qui se lie aux intérêts généraux de la religion ou de l'humanité, et aux traditions particulières d'une nation. Le mélange et la variété des incidents contribuent aussi beauconp à captiver le lecteur.

Un autre moyen d'intéresser, c'est de ne pas refroidir le lecteur en prolongeant trop la durée de l'action. On ne peut assigner de bornes fixes à la durée de l'épopée : l'*Iliade* dure quarante-sept jours ; l'*Odyssée*, cinquante-huit, et l'*Enéide* environ une année (Voir le n° XVI).

Personnages de l'épopée.

463. Comme l'épopée est le tableau d'une grande entreprise, trois sortes de personnages sont requis pour qu'une telle entreprise puisse marcher : le héros, les personnages principaux, les personnages accessoires. Tous les acteurs se partagent ordinairement en deux camps opposés, parce que toute entreprise tentée pour opérer un grand bien rencontre toujours une grande opposition de la part du mal. Le poëte prendra dans l'histoire le héros et les personnages principaux; les personnages accessoires sont laissés à la liberté de son choix.

464. Il faut toujours qu'il y ait un personnage dominant, qu'on appelle le héros de l'action. Cette figure principale rend plus sensible l'unité du sujet et donne plus d'intérêt à l'entreprise. C'est le héros qui est l'âme, le principe, le mobile de tout ce qu'on entreprend. Sa présence met tout en mouvement; s'il disparaît, tout s'arrête et chancelle. Ce héros doit être unique et tous les autres acteurs doivent lui être subordonnés, moins par le rang que par le génie et le caractère, et surtout par l'influence sur l'ensemble de l'action.

465. Les personnages principaux seront des hommes tellement puissants, que le héros aura souvent besoin de leur conseil ou de leur bras, de leur crédit ou de leur fortune. Son talent consistera précisément à réu-

nir et à combiner leurs talents et leurs passions pour concourir à l'accomplissement de son œuvre. Les personnages accessoires seront des agents plus ou moins illustres, qui se signaleront parfois et contribueront à certaines actions particulières.

Le nombre de ces personnages est déterminé par le besoin de l'action et par la vraisemblance. On ne doit en employer ni plus ni moins qu'il ne faut pour soutenir le héros et le mener à son but, ou pour pousser la résistance de son adversaire à un degré qui fasse mieux ressortir la grandeur de l'action principale.

466. On entend par *caractères* ou *mœurs* poétiques les qualités des différents personnages qui entrent dans l'action épique.

Il faut que les *mœurs* de ces personnages soient *locales, bonnes, convenables, ressemblantes, égales* et *variées.*

Elles doivent être *locales,* c'est-à-dire conformes aux mœurs du siècle et du pays où l'on place les acteurs de l'épopée; *bonnes,* mais d'une bonté générale qui souffre quelque faiblesse et quelques défauts, si l'on veut plaire et intéresser; *convenables,* c'est-à-dire que tous les acteurs doivent parler selon leur âge, leur sexe, leur situation; *ressemblantes,* c'est-à-dire en harmonie avec les données de l'histoire, de la fable ou de la tradition; *égales,* c'est-à-dire toujours constantes et telles dans la suite du récit qu'on les a montrées d'abord; *variées,* c'est-à-dire se donnant mutuellement du relief et de l'éclat par les contrastes entre les divers personnages.

467. C'est moins par des descriptions et des portraits que par des actions et des discours qu'on doit faire connaître les mœurs et les caractères de ces personnages. Homère excelle dans cet art; et, sous le rapport des caractères, il est bien supérieur à Virgile et aux autres grands poëtes qui ont suivi la même carrière. Ajax, Diomède, Achille, Hector ont tous de la valeur, mais elle n'est pas la même dans tous : Ajax est plus dur, Diomède plus brave, Achille plus violent, Hector plus humain. Nestor et Priam sont sages et prudents; mais Priam est timide et tremblant, Nestor plus ferme et plus hardi.

Forme de l'épopée.

468. La *forme* ou *disposition* de l'épopée est l'ordre d'après lequel le poëte doit enchaîner les actions particulières qui concourent à la fin de l'entreprise. La beauté du poëme dépend, pour le moins, autant de cette ordonnance que de la conception même du sujet.

Dans l'ordonnance de l'épopée, il faut considérer le début, le nœud et le dénoûment.

469. Avant d'entrer en matière et de commencer son récit, le poëte place ordinairement l'exposition du sujet qu'on appelle *début*. Ce début renferme presque toujours la *proposition*, l'*invocation* et la *préparation*.

470. Dans la *proposition*, le poëte annonce le sujet qu'il va traiter et laisse entrevoir l'intérêt et le merveilleux qu'offrira l'entreprise. C'est là qu'il indique le but que le héros se propose et les obstacles qui s'opposent à son œuvre. Cette proposition doit être simple, courte, sans pompe et sans affectation, selon

le précepte d'Horace et de Boileau. Ce n'est autre chose que le titre du poëme développé. La proposition de Virgile peut nous servir de modèle :

> Arma virumque cano, Trojæ qui primus ab oris
> Italiam, fato profugus, Lavinia venit
> Littora.

471. L'*invocation* est une prière que le poëte adresse à la Divinité ou à quelque puissance céleste pour en obtenir qu'elle l'inspire et le soutienne dans son récit. Il a besoin de cet appui pour révéler les causes surnaturelles des événements et pour célébrer dignement une grande entreprise. Ainsi, dans l'épopée, ce n'est plus l'homme qui parle et qui raconte ce qu'il a vu ; c'est un esprit supérieur qui l'inspire et lui révèle les secrets qu'il va dévoiler.

Quelquefois l'invocation se fait en même temps que la proposition, comme dans l'*Iliade* d'Homère ; d'autres fois, l'invocation suit la proposition, comme dans l'*Enéide* de Virgile :

> Musa, mihi causas memora, quo numine læso,
> Quidve dolens regina deûm, tot volvere casus
> Insignem pietate virum, tot adire labores
> Impulerit.

472. Après l'invocation, le poëte fait peu à peu connaître les personnages principaux et les circonstances nécessaires pour l'intelligence du récit ; c'est ce qu'on appelle *préparation*. Il montre la cause des obstacles qu'on va rencontrer, la source de l'opposition que trouvera le héros ; il fixe autant que possible la position des deux parties ; et, insensiblement, le nœud se trouve formé.

12.

Ainsi, dans l'*Enéide*, on peut regarder comme préparation tous les vers qui suivent les mots *Urbs antiqua fuit*, jusqu'au vers : *Vix e conspectu Siculæ…*

473. Après cette préparation, le poëte entre franchement dans le cœur du récit, et c'est là que commence le *nœud* ou la complication qui naît des divers obstacles. Le développement du nœud se fait par le récit des événements qui concourent à le resserrer, et le récit se compose de *chants*.

Ce récit peut se faire de deux manières. La première consiste à raconter les faits selon l'ordre chronologique, comme Homère dans l'*Iliade*, le Tasse dans la *Jérusalem délivrée* ; la seconde, à se jeter brusquement au milieu des faits pour dire ensuite ou faire dire à son héros ce qui a précédé, comme Homère dans l'*Odyssée* et Virgile dans l'*Enéide*. Dans le premier cas, le récit est *simple* et *direct* ; dans le second, il est *composé* ou *dramatique*.

474. Le *dénoûment* est la cessation du nœud, et il se fait par le triomphe ou par la chute du héros de l'entreprise, car ce dénoûment peut être heureux ou malheureux. Quel qu'il soit, il doit être à la fois préparé ou imprévu. Pour que l'intérêt se soutienne jusqu'à la fin, il faut que l'âme du lecteur reste comme suspendue entre la crainte et l'espérance.

475. A la forme de l'épopée se rattache la question du *style* que l'on doit employer. Puisque le poëte est inspiré par une divinité, il doit raconter avec dignité et chaleur. Les pensées nobles, les sentiments élevés, les images vives, les expressions pompeuses, les figures brillantes et hardies doivent faire de cette

poésie comme une véritable peinture. Sublimité, variété, harmonie, tout doit concourir à captiver l'homme tout entier et à l'élever jusqu'au beau idéal de la grandeur. En un mot, les poëtes épiques ont pour domaine le ciel, la terre, les enfers, et ils sont vraiment les peintres de l'univers.

476. Il est permis au poëte épique d'enrichir son ouvrage de discours, de descriptions et de portaits. Lorsqu'il fait parler ses personnages, il doit mettre dans leur bouche des discours conformes à leur caractère et qui unissent à la justesse du raisonnement les charmes de la poésie. Lorsqu'il fait des descriptions, il a besoin plus que jamais de choix et de vivacité dans les couleurs, d'harmonie et de rapidité dans le style. L'épopée admet aussi des portraits historiques, pourvu qu'ils soient bien amenés et qu'ils fassent partie du tableau général de l'action.

477. Puisque l'épopée est un des genres les plus élevés, c'est un devoir sacré pour le poëte de faire de ses fictions un noble et digne usage, de rappeler les hommes à la vertu, et de leur inspirer l'horreur du vice et du crime. La morale plaît toujours davantage quand elle est présentée avec art et revêtue d'ornements qui l'embellissent. Quelques réflexions courtes et vives lui suffiront souvent pour donner une leçon de vertu ; mais il vaut encore mieux que le poëte place ses leçons dans la bouche du héros ou de quelque personnage : le lecteur les reçoit alors avec plus de confiance et de plaisir.

478. D'après tout ce que nous venons de dire, un bon poëme épique doit être regardé comme l'œuvre

la plus difficile, le monument le plus sublime du génie humain. Quelle force de génie, quelle réunion de facultés solides et brillantes ne faut-il pas pour y réussir ! Aussi bien peu de poëtes ont pu atteindre à cette hauteur. C'est Homère, Virgile, dans l'antiquité ; et puis, après un long intervalle, c'est Dante, le Tasse, Milton, Camoëns, Klopstock. L'épopée, c'est l'ouvrage d'une vie entière, le centre de toute l'existence d'un poëte.

ARTICLE DEUXIÈME.

ÉPOPÉES SECONDAIRES.

479. Parmi les épopées secondaires, on peut distinguer les poëmes *héroïque, héroï-comique, badin*, et le *roman*. Tous ces poëmes ont pour base le récit d'une action et rentrent dans le genre épique. Ce que nous avons dit de l'action, des personnages et de la forme de l'épopée, s'applique donc, avec quelques restrictions, à tout poëme qui a pour objet le récit d'une action. Mais il nous paraît utile de dire un mot de chacun de ces poëmes.

480. Le poëme *héroïque* est une espèce d'épopée imparfaite, sans fictions ni merveilleux, et dont l'action a moins d'importance et de durée que l'épopée proprement dite. Telle est la *Pharsale* de Lucain. Ce poëme n'est, au fond, que de l'histoire mise en vers. Il en diffère seulement par le style, qui, comme dans l'épopée, est toujours chaleureux et passionné, quelquefois même inspiré. Mais, avec ces ressources, on ne peut produire un intérêt universel. Presque tous ces poëmes, qui n'aspirent qu'au titre d'héroïque, tombent bientôt dans l'oubli.

481. Le poëme *héroï-comique* donne à une action simple, commune, souvent même risible, la forme et le merveilleux de l'épopée. En prenant le ton épique, le poëte ne cherche qu'à rendre l'action plus plaisante. Son but est ordinairement satirique, et c'est une véritable parodie de l'épopée. Le *Lutrin* de Boileau, *Don Quichotte*, *Roland furieux*, appartiennent à ce genre. Remarquons, en passant que la morale ne peut approuver ces ouvrages ni dans leurs détails, ni dans leur ensemble et leur but principal.

482. Le poëme *badin* est le tableau d'une action plaisante. C'est une sorte de jeu d'esprit qui diffère du genre précédent en ce qu'on n'y prend jamais le ton de l'épopée. Le *Vert-vert* de Gresset est un modèle du genre.

Au-dessous de ce genre badin est encore le poëme *burlesque*, qui consiste à prêter à des héros ou à des dieux un langage bas et grossier, comme dans le *Virgile travesti* de Scarron.

483. Le *roman* est une sorte d'épopée bourgeoise qui représente les scènes de la vie sociale et commune, et nous offre une action entièrement feinte ou du moins mêlée à la fiction. Ce genre, qui était à peine connu de l'antiquité, a pris de nos jours un développement effrayant. Aujourd'hui le roman absorbe tout et se mêle à tout. L'expérience et la raison démontrent que ces ouvrages ne font qu'exalter l'imagination et transporter le lecteur dans un monde faux, chimérique, invraisemblable, et il est vrai de dire que les meilleurs ne valent presque rien. Ce sont, comme dit Bossuet, des livres corrupteurs de la vie humaine, où la vertu et la piété sont toujours ridicules, et la pudeur toujours offensée ou en crainte d'être violée par les derniers attentats.

CHAPITRE TROISIÈME.

Du genre dramatique [1].

484. Le **drame**, dans son acception la plus générale, est *la représentation d'un fait par la parole et par l'action*. Il diffère de l'épopée, en ce que celle-ci procède par voie de description et de récit, tandis que dans le drame le poëte disparaît et les personnages viennent eux-mêmes agir et parler sous les yeux du spectateur.

485. La fin du drame, comme de toute poésie sérieuse, est d'inspirer l'amour du bien et la haine du mal, par le spectacle du bonheur et de la gloire qui suivent la vertu, du malheur et de l'opprobre qui s'attachent au crime. Dans toutes les œuvres de ce genre, le poëte doit se proposer de former et de corriger les mœurs.

486. Pour embrasser toutes les questions qui se rapportent à la poésie dramatique, nous considérerons d'abord le drame en général, et nous indiquerons ensuite les conditions qu'exige chaque espèce de drame.

---

[1] Auteurs à consulter : Le Batteux, *Principes de littérature,* 5e traité ; Blair, leç. XLV, XLVI; Marmontel, articles Drame, Tragédie, Comédie, Comique, Opéra, Chœur, etc. ; Laurentie, *De l'étude des lettres,* chap. VIII ; Victor Hugo, Préface de *Cromwell;* F. Schlégel, *Cours de littérature dramatique;* Saint-Marc Girardin, *Littérature dramatique.*

ARTICLE PREMIER.

DU DRAME EN GÉNÉRAL.

487. Le *drame* n'a pris naissance que longtemps après l'ode et l'épopée. Les Hébreux, chez qui la poésie eut toujours un caractère sacré, ne connurent jamais ni drame ni théâtre. Chez les Grecs, le drame ne fut d'abord qu'un poëme lyrique en l'honneur de Bacchus. Ce poëme était chanté par plusieurs chœurs qui se répondaient alternativement, et, pour y répandre de la variété, Thespis, le premier, y introduisit un personnage qui récitait quelques vers. Plus tard, Eschyle fit entrer dans ses compositions une histoire racontée en dialogue par divers personnages, et bientôt après, sous Sophocle et Euripide, les récits dominèrent et les chœurs ne furent que l'accessoire de l'action qui était représentée.

488. Les règles qui concernent le drame en général se rapportent : 1° aux qualités de l'action dramatique ; 2° à la conduite de cette même action ; 3° aux personnages qui y concourent.

Qualités de l'action dramatique.

489. Les qualités essentielles à toute action dramatique sont la *vraisemblance, l'intégrité l'unité.*

490. La *vraisemblance* de l'action consiste à ne mettre sur la scène que ce que l'homme voit au dehors ou ce qu'il éprouve au dedans de lui-même. L'action, dans un poëme dramatique, peut être entièrement vraie, comme dans la tragédie d'*Esther*, ou vraie seulement dans le fond et feinte dans les circonstances, comme

dans les *Horaces*, ou entièrement feinte et seulement possible, comme dans *Zaïre;* mais elle doit toujours être vraisemblable.

491. L'*intégrité* de l'action consiste à lui donner une juste étendue. Il faut donc qu'elle ait un *commencement* ou exposition du sujet, un *milieu* ou nœud, une *fin* ou dénoûment. Ce que nous avons dit à ce sujet, relativement à l'épopée, s'applique également à l'action dramatique.

492. L'*unité* de l'action dramatique exige qu'elle soit renfermée dans certaines limites, sous le triple rapport du sujet, de l'espace et de la durée. Il faut donc que tout drame ait à la fois l'unité de *sujet*, de *temps* et de *lieu*. Boileau a tracé cette loi dans les deux vers suivants :

> Qu'en *un lieu*, qu'en *un jour*, un *seul fait* accompli,
> Tienne jusqu'à la fin le théâtre rempli.

493. L'action est une par le *fait* lorsque toutes les parties aboutissent au même point, et que le principal personnage, se trouvant toujours dans le même péril, réunit tout l'intérêt du spectateur. Cette unité n'exclut ni les épisodes, ni la multiplicité des incidents et des intrigues. Une bataille est une, dit Marmontel, quoique cent mille hommes d'un côté et cent mille hommes de l'autre en balancent l'événement et se disputent la victoire. Voilà l'image de l'action. Seulement l'unité de fait est violée quand le péril du principal personnage cesse dans le cours de la pièce. Tel est le défaut de la tragédie des *Horaces*.

494. L'unité de *lieu* exige que l'action se termine

dans l'endroit où elle a commencé. Il vaut mieux s'en tenir à cette unité rigoureuse. Cependant on peut, sans trop choquer la vraisemblance, transporter la scène d'une salle à une autre et même d'un palais à un autre palais de la même ville. Dans le *Cid*, Séville est le lieu général de l'action, mais le lieu particulier change presque à tous les instants.

495. L'unité de *temps* exige que l'action s'accomplisse dans l'espace de vingt-quatre heures au plus. La vraisemblance demanderait que la représentation ne durât pas plus de temps qu'il n'en a fallu pour que le fait s'accomplît en réalité ; mais on a cru devoir étendre la limite jusqu'à une journée entière. Plus de sévérité rendrait quelquefois de beaux sujets impraticables, et plus d'indulgence ouvrirait la carrière à de trop grands abus ; car comment le spectateur s'imaginerait-il que huit jours, un an, dix ans se sont écoulés pendant une demi-heure d'entr'acte ? Plus le poëte étendra les limites du temps, plus il affaiblira la vraisemblance et par là même l'illusion.

496. Les Anglais, les Allemands, et avec eux certains auteurs dramatiques de nos jours, ont prétendu qu'il fallait s'affranchir de la loi des trois unités, sous prétexte qu'un espace si resserré ne permet pas de développer un caractère et de peindre une passion. Mais on leur répond que ces règles sont fondées sur la nature elle-même. Il faut, si l'on veut plaire et intéresser, que l'action soit présentée avec art et vraisemblance, et personne ne trouve supportable un spectacle où le héros,

> Enfant au premier acte, est barbon au dernier.

Conduite de l'action dramatique.

497. L'action, comme nous l'avons déjà dit, renferme l'*exposition*, le *nœud* et le *dénoûment*.

L'*exposition du sujet* doit faire connaître les principaux personnages, laisser entrevoir le germe de tous les événements et exciter vivement la curiosité du spectateur. Cependant elle ne doit pas être telle qu'elle l'instruise de tout ce qui arrivera dans la suite : ce serait le priver du plaisir de la surprise et détruire tout l'intérêt.

498. Le *nœud* ou *intrigue*, qui consiste dans les obstacles à l'accomplissement de l'action, se tire nécessairement de l'exposition du sujet. C'est une combinaison de circonstances et d'incidents, d'intérêts et de caractères, d'où résultent, dans l'âme du spectateur, l'incertitude, la curiosité et l'inquiétude. A mesure qu'on avance, les obstacles doivent se multiplier et augmenter l'anxiété du spectateur jusqu'au dénoûment.

499. Le *dénoûment* a lieu lorsqu'un événement particulier met fin à l'action et fait connaître le sort des principaux personnages. Comme dans l'épopée, ce dénoûment doit être tout à la fois imprévu et préparé, et il se fait par *reconnaissance* ou par *péripétie*.

Quand ce dénoûment est heureux comme dans *Cinna*, il garde le nom de péripétie; quand il est malheureux, comme dans *Britannicus*, il prend le nom de *catastrophe*. On pourrait dire que la fortune des personnages intéressés dans l'action est comme un vaisseau battu par la tempête : ou le vaisseau fait naufrage, ou il arrive au port, voilà la *double espèce* de dénoûment.

500. Toute action dramatique se compose de plusieurs grandes parties qu'on appelle **actes**. L'acte est une partie du drame qui contient une action subordonnée et essentiellement liée à l'action principale. Les actes sont séparés les uns des autres par un intermède ou entr'acte. Chez les anciens, cet intervalle était rempli par des chœurs qui chantaient une invocation aux dieux ou exprimaient les sentiments que la situation avait fait naître.

501. L'entr'acte est un espace de temps durant lequel les personnages, obligés de quitter la scène, agissent loin des yeux des spectateurs. Pendant ce temps, le poëte suppose que s'accomplissent des événements qu'on ne peut convenablement montrer sur la scène. C'est ainsi que, dans les *Horaces*, on vient raconter sur la scéné le combat qui s'est livré entre les Romains et les Albains.

502. Les actes se divisent en parties secondaires qui portent le nom de **scènes**. Les scènes sont caractérisées par l'entrée ou la sortie des différents personnages qui prennent part à l'action. Il faut que cette action soit conduite de manière que le théâtre ne soit jamais vide, et qu'un acteur ne sorte jamais sans que le spectateur en sache la raison.

Le nombre des actes est de trois quelquefois, plus souvent de cinq ; mais le nombre des scènes n'est pas déterminé, et on doit consulter seulement les besoins de l'action.

Personnages dramatiques.

503. On peut considérer dans les personnages dramatiques ou leur *caractère* ou leurs *paroles*.

Quant au *caractère* ou *mœurs* de ces personnages, les mêmes qualités ne sont requises que dans les personnages épiques. Les mœurs seront donc *locales, bonnes, convenables, ressemblantes, égales* et *variées*, **et** il y aura un personnage qui dominera tous les autres. Nous ne reviendrons pas sur ce que nous avons dit à ce sujet.

504. On appelle **dialogue** l'entretien de deux ou plusieurs personnages. Ordinairement, un interlocuteur ne doit parler que pour répondre à ce qu'un autre a déjà dit, et il faut que toutes ses paroles aillent au but : un personnage qui, dans une situation passionnée, s'arrête à dire de belles choses, ressemble, dit Marmontel, à une mère qui, cherchant son fils dans la campagne, s'amuserait à cueillir des fleurs. Quelquefois, au lieu de répondre à son interlocuteur, un personnage répond plutôt au sentiment ou à la réflexion qui le domine. Hors de ce cas, il faut que le dialogue soit vif, animé, coupé à propos, et que la réplique ne se fasse pas attendre. (Voir le n° XVII.)

505. Le **monologue** est le discours d'un acteur resté seul sur la scène et qui s'entretient avec lui-même. Le monologue suppose toujours que le personnage est en proie à une grande anxiété, et que, ne sachant quel parti prendre, il délibère et pèse mûrement les raisons contraires. En général, le monologue doit être court et rarement employé.

ARTICLE DEUXIÈME.

DES PRINCIPAUX GENRES DE DRAME.

506. L'action dramatique peut être illustre, héroïque, sérieuse, ou bien commune, bourgeoise et enjouée. De là, trois espèces principales dans le drame :
le genre *tragique*, le genre *comique* et le genre *mixte*.

Du genre tragique.

507. Le genre tragique comprend deux sortes de
poëmes dramatiques : la *tragédie* proprement dite, la
tragédie populaire ou *drame*.

De la tragédie proprement dite.

508. La tragédie proprement dite est *la représentation d'une action héroïque et le plus souvent malheureuse.*

Elle sera héroïque si le sujet est grand et noble par
lui-même, et si les personnages montrent un courage
et une force d'âme au-dessus du vulgaire.

Elle sera malheureuse si elle se termine par une
catastrophe ; mais il n'est pas nécessaire qu'elle soit
sanglante. Il suffit que les passions y soient fortement
remuées, que le poëte nous montre tous les tourments
qu'elles excitent et tous les désordres qu'elles produisent dans le cœur qui en est la proie.

509. Pour arriver à cette tristesse profonde qui fait
le plaisir de la tragédie, le poëte doit effrayer et attendrir, exciter la *terreur* et la *pitié.*

Il excite la terreur en plaçant le personnage auquel

on s'intéresse dans une situation qui fait craindre pour sa vie ou pour son rang ; et il excite la pitié en représentant vivement le malheur ou le danger de ce personnage.

510. On prétend que l'ambition, la vengeance et l'amour sont les trois passions les plus tragiques, parce qu'elles paraissent fondées sur un principe de grandeur et de générosité. Mais la tragédie ne doit en montrer la faiblesse et les excès que pour mieux en faire sentir le malheur et les faire détester davantage. Nous croyons même qu'il y a d'autres passions plus nobles et plus fécondes.

511. La passion de l'amour n'est point nécessaire dans la tragédie. *Athalie* et *Mérope* sont des chefs-d'œuvre de deux grands tragiques, et ces pièces ne contiennent aucun rôle d'amour. Vouloir cette passion dans toutes les tragédies, dit Voltaire lui-même, me paraît être d'un goût efféminé. Il faut, ajoute le même auteur, que l'amour conduise aux malheurs et aux crimes pour faire voir combien il est dangereux, ou que la vertu en triomphe pour montrer qu'il n'est pas invincible.

512. Le style de la tragédie doit être noble et élevé, mais sans affectation et sans enflure. Il rejette cet enthousiasme et ces figures hardies qui conviennent à l'ode et à l'épopée. Les descriptions et les récits doivent être bien amenés et demandent beaucoup de richesses et d'ornements. La grande règle consiste à proportionner le style au rang, au caractère et aux dispositions présentes de ceux qui parlent.

513. Le but moral de la tragédie est de perfectionner

notre sensibilité, de nous apprendre à gémir sur le malheur, à être moins confiants dans la prospérité, plus doux et plus généreux envers nos semblables. Tout poëte tragique doit avoir pour fin d'inspirer l'admiration et l'amour des hautes vertus, l'horreur et la haine des grands crimes.

De la tragédie populaire ou drame.

514. Le **drame** ou tragédie populaire est *la représentation des événements les plus funestes et des situations les plus malheureuses de la vie commune.* Il diffère de la tragédie en ce qu'il remplace les infortunes royales ou héroïques par les aventures de la vie bourgeoise et de la société privée.

515. Ce genre est difficile, parce qu'il faut montrer une action populaire et commune, souvent pleine de bassesse et de noirceur, et parler cependant un langage décent, pathétique et moral. L'art du poëte consiste à embellir l'action qu'il met sur la scène, en éloignant ce qu'elle a de négligé, de plat, d'insipide et de trivial. Je ne vais point au spectacle, disait un homme de sens et de goût, pour n'y voir et pour n'y entendre que ce que je vois et ce que j'entends en me mettant à la fenêtre.

516. Il arrive quelquefois dans le drame qu'on ne cherche qu'à produire des émotions par toutes sortes de moyens. Certains dramaturges modernes ont prétendu qu'il fallait avant tout viser à l'effet, et que le succès en littérature épurait et justifiait tous les moyens. Cette opinion, qu'on appelle la théorie de *l'art pour l'art*, est tout à fait fausse et immorale.

Pour que le drame ait un but sérieux et la bonté morale qui est toujours requise, il faut que l'homme y soit malheureux par sa faute ou son imprudence, jouet de sa propre faiblesse et victime de sa passion.

517. Les principaux poëtes tragiques sont, chez les Grecs, Eschyle, Sophocle et Euripide; chez les Latins, Sénèque; chez les Français, Corneille, Racine, Voltaire, Crébillon, Ducis, C. Delavigne, Guiraud, Soumet; chez les Anglais, Shakspeare; chez les Espagnols, Lope de Vega et Calderon; chez les Italiens, Maffei, Alfieri, Silvio Pellico et Manzoni; chez les Allemands, Goëthe et Schiller.

Du genre comique.

518. Dans le genre comique nous pouvons distinguer quatre espèces particulières de comédies : la *comédie proprement dite*, la *comédie populaire*, la *comédie-ballet* et le *vaudeville*.

De la comédie proprement dite.

519. La **comédie** *proprement dite* (κώμη, bourg, ᾄδω, chanter) est *la représentation d'une action prise dans la vie commune et montrée sous le côté ridicule.* L'objet de la comédie est donc de corriger les vices et les travers de la société; le ridicule et la plaisanterie sont les armes dont se sert le poëte pour atteindre ce but. *Castigat ridendo mores.*

520. D'après sa définition, on voit que le but moral de la comédie est de rendre l'homme meilleur en lui montrant ce que les vices ont d'odieux et de repoussant. Malheureusement, il est arrivé fort souvent

qu'on a jeté du ridicule sur la vertu, et jamais peut-être la comédie n'est parvenue à rendre l'homme meilleur au moyen du ridicule; elle n'a point l'autorité requise pour s'attaquer efficacement aux vices qui travaillent l'humanité. Au reste, ce but si noble est souvent oublié par les poëtes, et la comédie n'est d'ordinaire qu'une excitation aux passions et à la licence.

521. Le *ridicule* est une difformité du caractère ou des manières contrastant avec la nature ou les usages reçus; le *risible* n'est que l'extérieur du ridicule; le *comique* est la réunion de l'un et de l'autre : c'est le *vis comica* des anciens.

522. Il y a plusieurs moyens de peindre le ridicule et les vices des hommes : le premier, c'est d'opposer un ridicule à un autre ridicule, un vice à un autre vice; le second, c'est d'opposer le ridicule ou le vice à l'honnête et au décent; le troisième, c'est d'outrer un peu la peinture. Mais la plupart des comédies sont fondées sur le contraste de deux vices opposés. Ici, c'est un fils prodigue qui désole un père avare; là, c'est une complaisance poussée jusqu'à la flatterie mise en face d'une sévérité qui va jusqu'à la misanthropie.

523. Il y a, dit Marmontel, trois espèces de comique : le comique *noble*, qui peint les mœurs des grands et charme particulièrement les gens d'esprit; le comique *bourgeois*, qui peint les prétentions déplacées et les faux airs de la bourgeoisie; le *bas* comique, qui peint les mœurs du peuple avec beaucoup de franchise et de gaieté, mais ne doit jamais descendre jusqu'au genre trivial et grossier.

524. D'après les sujets que traite le poëte, on dis-

tingue la comédie d'*intrigue*, la comédie de *caractère* et la comédie *mixte*.

La comédie d'*intrigue* présente un enchaînement d'aventures plaisantes qui tiennent le spectateur en suspens et forment un embarras qui croît toujours jusqu'au dénoûment.

La comédie de *caractère* ou de *mœurs* présente un caractère dominant, qui est le principal objet de la pièce, et plusieurs autres caractères qui contrastent entre eux, comme le *Misanthrope* et les *Femmes savantes*.

La comédie *mixte* est celle où se combinent ensemble les deux espèces dont nous venons de parler. Les situations amènent les développements des caractères, et les caractères provoquent les situations. Ce sont les pièces les plus agréables.

De la comédie populaire.

525. La comédie *populaire* est une petite pièce dont le but est de faire rire par une peinture familière des ridicules et des vices de la société. Elle prend quelquefois le nom de *farce* et quelquefois le nom de *parodie*. Dans le temps où le spectacle français était composé de *moralités*, il y avait presque toujours une petite pièce destinée à délasser le spectateur d'une pièce plus sérieuse; et quand l'art dramatique fut perfectionné, on eut encore recours à ce genre grossier pour conserver la faveur populaire.

La *parodie*, en général, est l'imitation travestie d'un ouvrage sérieux. On y réussit en substituant une action triviale à une action héroïque. Le mérite et le but de la parodie sont de faire sentir, entre les plus grandes choses et les plus petites, un rapport qui nous cause une vive surprise.

Une excellente parodie est celle des *Plaideurs* de Racine, parce que l'éloquence de Petit-Jean et de l'Intimé est une fine critique d'un défaut autrefois commun chez les avocats.

De la comédie-ballet.

526. On appelle *comédie-ballet* la comédie dans laquelle la danse joue un rôle important : telles sont *Psyché, la Princesse d'Élide*. Autrefois la danse, étant souvent placée entre deux actes, s'appelait un *intermède dansant;* et c'est presque toujours sous cette forme qu'on la trouve dans les comédies-ballets de Molière. Depuis, elle a été plus mêlée à l'action, et enfin elle a exclu toute parole.

527. Il y a des pièces où toute la suite des événements est exprimée par le geste seul non mesuré, d'autres par le geste seul mesuré. Dans le premier cas, c'est-à-dire lorsque l'acteur vient seulement gesticuler devant l'assistance, les pièces s'appellent des *pantomimes;* elles portent le nom de *ballet* quand ce sont des danseurs qui viennent représenter l'action. Le *Malade imaginaire* est une comédie-ballet.

Du vaudeville.

528. Le *vaudeville* ou la *comédie-vaudeville* est une comédie d'un genre léger, entremêlée de couplets, de petits duos, le plus souvent sur des airs connus.

Autrefois, on mettait seulement à la fin de la pièce,

sous le nom de *vaudeville final*, une sorte de chanson satirique dont tous les acteurs présents sur la scène chantaient leur couplet à tour de rôle. Depuis, on a jeté des couplets dans toute la pièce sans aucune nécessité, mais seulement parce que le chant fait plaisir aux spectateurs.

529. Il nous paraît contraire au naturel et à la vraisemblance de faire chanter pour ainsi dire à tout propos des personnages d'une certaine condition. Le chant ne devrait avoir lieu que dans des situations particulières qui semblent le permettre ou même le demander. Au reste, nous citons en courant ce genre de comédies pour ne point laisser de lacune dans notre cours; mais ces pièces, presque toujours licencieuses et frivoles, n'offrent aucun véritable intérêt à la jeunesse chrétienne.

530. Les principaux poëtes comiques sont, chez les Grecs, Aristophane et Ménandre; chez les Latins, Plaute et Térence; chez les Français, Molière, Corneille, Regnard, Lesage, Gresset, Destouches, Sedaine, Andrieux, C. Delavigne; chez les Italiens, l'Arioste et Goldoni.

Genre mixte.

531. Le genre *mixte* embrasse les pièces où la musique joue le principal rôle et qui sont connues sous le nom d'*opéra*. On distingue le *grand opéra*, l'*opéra-comique* et le *mélodrame*.

De la tragédie lyrique ou grand opéra.

532. La tragédie lyrique ou **grand opéra** est une

tragédie faite pour être chantée. C'est un spectacle qui est tout ensemble lyrique et dramatique, et où l'on s'efforce de réunir tous les charmes des beaux-arts pour exciter l'intérêt et l'illusion. L'extraordinaire et le merveilleux font l'essence de ce spectacle, et il ne peut être soumis, comme la tragédie proprement dite, à la règle des trois unités.

533. Le musicien concourt avec le poëte pour la composition de l'opéra; bien plus, le musicien domine et modifie à son gré le travail du poëte. Une partie de l'opéra s'appelle *récitatif*, et l'autre est un chant qui porte le nom d'*air*. Dans l'opéra, on peut employer des vers libres et inégaux. Quinault fut jadis un modèle pour la tragédie lyrique. Toutefois, il faut bien se garder d'imiter ces lieux communs de *morale lubrique* que Boileau lui a justement reprochés. En général, les opéras sont pleins de maximes coupables et d'images voluptueuses.

De l'opéra-comique.

534. L'*opéra-comique* était autrefois une comédie mêlée de chant. Aujourd'hui, il ne diffère du grand opéra que parce que la simple parole y remplace le récitatif. Il y a dans ce genre des pièces gaies; il y en a de tristes, comme *Camille;* il y en a qui se terminent par un meurtre.

L'opéra-comique ne diffère pas aujourd'hui du vaudeville quant à la composition littéraire. Ces deux pièces diffèrent seulement en ce que les couplets du vaudeville se chantent généralement sur des airs connus, tandis qu'un compositeur spécial fait toujours les airs d'un opéra-comique.

Du mélodrame.

535. Le *mélodrame*, dont le nom signifie *drame musical*, est un drame dans lequel l'arrivée des personnages est indiquée par une phrase musicale exécutée par l'orchestre. Le chant ne se mêle pas à la pièce comme dans l'opéra-comique et le vaudeville; la musique ne se fait entendre qu'à l'ouverture et à l'entrée de chaque acteur sur la scène.

Quand il est d'un genre gai, il s'appelle mélodrame *comique;* mais il renferme souvent un mélange de tragique et de comique.

536. Pour ne rien omettre, nous devons mentionner enfin les pièces à *scènes détachées.* Ces pièces se composent d'une suite de portraits ou de tableaux qui n'ont entre eux aucune liaison et qui sont amenés par différents personnages. Il n'y a dans ces pièces ni unité d'action, ni intrigue, ni dénoûment.

Ainsi, dans une pièce en quatre actes et quinze tableaux il y a quinze changements de scène ou de décoration répartis en quatre actes.

537. Il n'est aucun genre de littérature où les écrivains aient fait un aussi déplorable abus de leur talent que dans la poésie dramatique. Oubliant la fin essentielle de ces sortes d'ouvrages, qui est d'inspirer l'amour de la vertu et de corriger les travers de l'esprit humain, ils semblent n'avoir pour but que d'allumer dans le cœur le feu des passions les plus funestes, quelquefois de fomenter la révolte contre toutes les autorités légitimes. Un jeune homme, fidèle aux lois de la religion et de l'honneur, doit s'interdire la lecture de la plupart de ces dangereux ouvrages.

538. Ce qui fait le péril du théâtre et des pièces dramatiques, c'est qu'un drame moderne semble impossible sans les extravagantes folies de l'amour. De nos jours surtout, les plus célèbres dramaturges n'ont obtenu leur succès qu'en prostituant leur talent à la licence, à l'impiété, aux passions les plus honteuses et les plus redoutables. Si l'on ajoute à tout cela le peu de décence des acteurs, le charme de la musique, l'exaltation de tous les sens, on comprendra facilement que le théâtre est avec le roman le grand fléau de notre société.

539. Tout le monde connaît ce que les saints Pères et nos orateurs sacrés ont pensé des œuvres dramatiques. Mais on ignore parfois ce qu'en ont dit des hommes du monde, tels que La Bruyère, qui condamne le théâtre, Racine, qui regretta une grande partie de sa vie les tragédies qu'il avait composées dans sa jeunesse, Gresset, qui brûla des pièces destinées sans doute à accroître beaucoup sa renommée.

Il y a pour l'homme, dit Lamartine lui-même, un moyen plus sûr d'être conduit à la perfection et à la vertu; il y a d'autres leçons que celles du théâtre, et la société serait bien à plaindre si elle n'avait d'autre frein à opposer aux passions humaines que les moqueries et les sarcasmes de la comédie.

TROISIÈME SECTION

GENRES SECONDAIRES.

540. Nous comprenons ici, sous le titre de genres secondaires, le genre *didactique*, le genre *pastoral* et le genre *élégiaque*. Nous allons parler en peu de mots de chacun d'eux.

CHAPITRE PREMIER.

Du genre didactique[1].

541. Le poëme **didactique**, comme l'indique son nom, a pour but d'instruire et d'exposer en vers les principes d'une science ou d'un art.

Dans les autres genres de poésie, l'instruction est subordonnée à l'agrément et au plaisir; mais, dans la poésie didactique, au contraire, le plaisir est subordonné à l'instruction qui est ici le principal objet.

542. Le genre didactique comprend le poëme *didactique proprement dit*, le poëme *descriptif*, l'*épître*, la *satire*, la *fable* ou *apologue*.

Du poëme didactique proprement dit.

543. Le poëme *didactique proprement dit* est un traité régulier qui roule sur un sujet religieux, scien-

---

[1] Auteurs à consulter : Le Batteux, *Principes de littérature*, 7ᵉ traité; Blair, *Leçons de rhétorique*, leç. XL; Marmontel, art. Didactique, Descriptif; Collombet, *Cours de littérature*, sect. II, chap. III.

tifique ou littéraire. Il trace les règles de l'art qu'il veut enseigner comme les traités en prose, mais il a sur eux l'avantage de la versification, des descriptions et des portraits. *Les Travaux et les Jours* d'Hésiode, les *Géorgiques* de Virgile, l'*Art poétique* d'Horace et celui de Boileau, *la Religion* de Racine fils, sont des poëmes didactiques.

544. Pour réussir dans le poëme didactique, il faut : 1° choisir un sujet utile et intéressant ; 2° suivre un certain ordre dans l'enchaînement des idées, mais un ordre moins rigoureux que dans les traités en prose ; 3° embellir le sujet de tous les charmes de l'élocution et y répandre la variété par les descriptions et les épisodes.

545. Les épisodes sont une grande ressource pour le poëte didactique ; mais il faut que ces épisodes sortent naturellement du sujet, qu'ils ne soient pas d'une longueur disproportionnée avec l'ensemble de l'ouvrage, et que l'auteur sache rentrer avec art dans son propre sujet. La mort de César, dans les *Géorgiques*, est un vrai modèle de ce genre. (Voir le n° XVIII.)

Du poëme descriptif.

546. Chez les anciens, le poëme purement *descriptif* n'était pas connu. On se contentait d'employer fréquemment la méthode descriptive dans le poëme didactique, et lorsqu'on décrivait, c'était pour instruire l'homme et enseigner un art ou une vérité. De nos jours, l'accessoire a usurpé la place du principal, et la poésie didactique n'est plus guère que la poésie descriptive.

547. Le poëme descriptif consiste donc à décrire uniquement pour le plaisir de décrire, sans autre cause que le caprice de l'imagination. Il ne faut point chercher ici une action continue ; c'est une suite de descriptions que l'auteur sait rattacher ensemble par un sentiment ou une idée et qui concourent au même but. Ce fut Saint-Lambert, poëte du dix-huitième siècle, qui introduisit en France le genre descriptif, en publiant le poëme des *Saisons*. Roucher l'a imité dans le poëme des *Mois ;* mais c'est Delille qui a excellé dans ce genre.

Cette invention moderne n'est approuvée ni de la raison ni du goût, car toute composition doit former un tout dont les parties soient bien liées et tendent vers un but sérieux et moral.

De l'épître.

548. L'épître, comme l'indique son nom, n'est autre chose qu'*une lettre écrite en vers*. Elle peut, comme la lettre en prose, embrasser tous les sujets et se plier à tous les tons. Tour à tour sérieuse et enjouée, grave et légère, l'épître est le plus libre de tous les genres.

549. On peut distinguer trois sortes d'épîtres : l'épître *philosophique,* l'épître *familière* et l'*héroïde.*

550. L'épître *philosophique* est celle qui roule sur la religion, la morale, la littérature, les sciences, les arts, ou sur quelque autre sujet sérieux. Elle doit se distinguer par la justesse et la solidité des idées, par la concision et la rapidité du style. Horace et Boileau nous offrent sur ce point d'assez bons modèles.

551. L'épître *familière* est caractérisée par un air de négligence et de liberté. Elle demande une élégante simplicité, une plaisanterie aimable, un badinage léger, ces saillies et ces traits d'esprit qui paraissent n'avoir rien coûté. Quelques poëtes de nos jours nous ont laissé des poésies légères qui appartiennent à ce genre.

552. L'*héroïde* est une épître dans laquelle le poëte fait parler des héros, des héroïnes, ou quelque autre personnage célèbre agité d'une violente passion. C'est Ovide qui est l'inventeur de ce genre frivole et souvent dangereux. Il est mille sujets plus utiles que ces passions imaginaires de personnages plus ou moins dignes de revivre dans la postérité.

De la satire.

553. La satire est *un discours en vers où l'on attaque directement les vices et les travers des hommes, et où l'on critique les mauvais ouvrages.* La satire vient du mot latin *satyra,* qui signifie mélange, parce que dans l'origine ce poëme était un discours qui roulait sur toutes sortes de sujets.

554. Le devoir du poëte satirique est de combattre les mœurs corrompues, de lutter contre les vices généraux de la société, de frapper les méchants auteurs des traits du ridicule, pour venger la raison et le goût. Mais il ne doit jamais attaquer les personnes, publier les scandales et enflammer les passions haineuses par son amertume et sa partialité. Boileau a observé la plupart de ces règles : cependant on lui reproche trop d'acharnement à poursuivre certains auteurs et des personnalités blessantes qui s'accordent mal avec l'esprit de l'Évangile.

De la fable ou apologue.

555. La **fable** ou **apologue** est le *récit d'une action allégorique, d'où résulte une instruction utile pour les mœurs appelée moralité.* La fable voile la vérité en mettant en action des personnages quelconques, hommes, animaux, êtres inanimés; mais cette vérité n'en est que plus frappante.

> Les fables ne sont pas ce qu'elles semblent être ;
> Le plus simple animal nous y tient lieu de maître.
> Une morale nue apporte de l'ennui :
> Le conte fait passer le précepte avec lui.
>
> (La Fontaine.)

556. Les acteurs que l'on met en scène dans un apologue peuvent être des personnages doués de raison, ou simplement des personnages qui ne tiennent à l'homme que par supposition, comme des arbres, des animaux. Dans le premier cas, l'apologue prend le nom de *parabole ;* dans le second cas, il garde proprement le nom de *fable.*

Quand un personnage doué de raison est mêlé à un autre qui ne l'est pas, on dit que l'apologue est *mixte.*

557. L'apologue n'est qu'une sorte de narration poétique ou de petite épopée, et il doit suivre à peu près les mêmes règles que le poëme épique et réunir les mêmes qualités.

L'apologue présente une vérité que l'on veut enseigner, une action qui cache cette vérité, un récit par lequel on fait connaître l'action et la vérité qu'elle renferme. Ainsi l'apologue se compose d'une *action*, d'un *récit* et d'une *moralité*.

558. L'action de l'apologue doit être *une*, c'est-à-dire que toutes les parties doivent aboutir à ce même point qu'on appelle moralité de la fable. La fable de La Fontaine, intitulée *les Deux Pigeons*, pèche contre cette règle.

Elle doit être *juste* et *naturelle*, c'est-à-dire conforme au caractère connu des acteurs qu'on met en scène, et tout à fait propre à amener la conclusion pratique que l'on a en vue.

Elle doit être *vraisemblable*, c'est-à-dire que tous les personnages doivent agir d'après leurs mœurs et leur caractère. La fable de Phèdre : *Vacca, capella, ovis et leo*, manque de vraisemblance, parce que la société de pareils animaux est impossible.

559. La *moralité* de l'apologue se met quelquefois avant le récit, mais plus souvent à la fin. Placée au début, elle guide l'esprit du lecteur ; réservée pour la fin, elle le tient en suspens, ménage l'intérêt et laisse le plaisir de deviner la leçon. Quand la moralité est assez claire par elle-même, il est inutile de l'exprimer.

CHAPITRE DEUXIÈME.
Du genre pastoral [1].

560. La poésie **pastorale** est la *peinture de la vie champêtre dans ce qu'elle a de plus gracieux.*

[1] Auteurs à consulter : Blair, *Leçons de rhétorique*, leç. XXXIX ; Marmontel, art. Églogue, Idylle ; Laurentie, *De l'étude des lettres*, ch. X.

Quand le tumulte et la corruption des villes eurent succédé à la paix des champs, les hommes commencèrent à regretter les plaisirs purs de la campagne et à les célébrer dans leurs vers : de là est venue la poésie pastorale.

561. Le but moral de la poésie pastorale, dit M. Laurentie, est d'inspirer à l'homme des pensées douces, de lui faire aimer la vie innocente et pure, d'amortir ses passions ardentes, de le retirer des sociétés corrompues, pour lui faire goûter la paix des solitudes.

L'objet de la poésie pastorale, c'est le repos de la vie champêtre, telle qu'on l'imagine dans un pays riant, fertile, habité par des gens simples, naïfs, spirituels et honnêtes. Le poëte doit choisir des bergers jouissant d'une juste abondance et d'une douce gaieté, avec des passions modérées qui produisent des chants, des luttes poétiques, des récits intéressants.

562. On peut considérer les bergers dans trois états différents : ou tels qu'ils ont été dans l'abondance du premier âge avec l'innocence de la nature, ou tels qu'ils sont aujourd'hui, réduits à des nécessités grossières et à de pénibles travaux, ou tels qu'ils pourraient être s'ils étaient parvenus à se polir sans se corrompre. Le premier de ces trois états est vraisemblable, le second est réel, le troisième est possible. Le poëte doit tenir le milieu entre ces deux états, et comme à la campagne tout n'est pas propre à intéresser, il ne doit prendre que ce qui peut plaire, et exclure la grossièreté et les menus détails.

563. La poésie pastorale ou bucolique s'appelait indifféremment chez les anciens, ou idylle (εἰδύλλιον,

petite image), ou **églogue** (ἐκ λέγω, pièce de choix). Ce mélange indique que chez eux l'églogue et l'idylle pouvaient traiter toutes sortes de sujets.

Chez les modernes l'églogue et l'idylle diffèrent en ce que la première met les personnages en scène et les fait parler et agir; l'idylle, au contraire, ne contient que l'expression d'un sentiment ou d'une passion modérée.

564. On distingue trois espèces d'églogues, l'*épique* ou narrative, dans laquelle le poëte parle lui-même ou rapporte les discours de ses personnages; la *dramatique*, où il fait parler les personnages, comme dans la troisième églogue de Virgile, et la *mixte*, où le poëte mélange ensemble ces deux formes différentes, comme dans la septième églogue du même poëte.

565. Les bergers doivent être modestes, simples et naïfs, c'est-à-dire que, dans leurs démarches et leurs discours, il ne doit y avoir rien de brillant, de recherché, ni de trop subtil. En même temps, ils doivent montrer du discernement et même de l'esprit, pourvu qu'il soit naturel. Il faut aussi que les mœurs pastorales soient toujours bonnes et variées.

566. Le style de la poésie pastorale doit être toujours proportionné aux idées, au caractère, au langage de l'habitant des campagnes. Souvent la simple ingénuité de l'homme des champs a plus de grâce que toute la civilisation de celui qui habite nos grandes villes. Que le style de l'églogue soit donc simple comme l'âme des bergers, doux comme leurs passions, naïf comme leur caractère, gracieux dans les descriptions et plein de délicatesse dans les choses

de sentiment. Qu'il s'embellisse de périphrases et de comparaisons tirées des objets de la campagne et toujours suggérées par la nature.

567. Les modèles du genre pastoral sont, chez les Grecs, Théocrite, Bion, Moschus : chez les Latins, Virgile ; chez les Français, Racan, Segrais, Mme Deshoulières, André Chénier ; chez les Allemands, Gessner.

On peut citer aussi, comme un charmant tableau du genre pastoral, l'histoire de Ruth, qui forme un des livres de nos saintes Écritures. (Voir le n° xix.)

CHAPITRE TROISIÈME.

Du genre élégiaque.

568. **L'élégie** comme l'indique son nom (ἐλέγειν, dire hélas !) est *un petit poëme généralement consacré à l'expression des sentiments de tristesse.* Dans l'origine, c'était même son unique objet ; mais plus tard l'élégie devint aussi l'expression d'une douce joie et de tous les sentiments tendres et délicats.

> Versibus impariter junctis querimonia primum,
> Post etiam inclusa est voti sententia compos.

569. Par cette définition, on voit que l'élégie diffère seulement de l'ode en ce que celle-ci embrasse les sentiments de toute espèce et de tout degré, tandis que l'élégie est consacrée à des passions douces et modérées, et n'exprime d'ordinaire que la tristesse ou la joie. En outre, l'élégie n'est pas, comme l'ode,

destinée à être chantée ou du moins revêtue d'une forme chantante.

570. L'élégie a vraisemblablement commencé par les plaintes ou lamentations usitées aux funérailles, dans tous les temps et chez tous les peuples de la terre. Ces plaintes furent d'abord sans ordre, sans liaison, et peu à peu elles arrivèrent à prendre la forme qu'elles eurent plus tard chez les Grecs et les Latins, où nous voyons les poésies élégiaques en vers pentamètres et hexamètres entrelacés. Chez nous, il n'y a point de forme particulière pour ce genre, et on ne le distingue que par le sentiment qui y est exprimé.

571. Dans l'élégie, tout doit respirer cet abandon d'une âme livrée modérément à la tristesse et à la mélancolie. Quand l'homme est dans le malheur, il repasse dans son esprit toutes les causes de ses peines; il aime à s'entourer des objets qui sont propres à entretenir la tristesse dans son cœur. La tranquillité et le silence, un ciel obscur, un bois solitaire, des ruines grandioses, le murmure des eaux, voilà des circonstances et des images qui viennent naturellement se prêter à l'expression de la douleur.

572. Le style de l'élégie doit être simple, facile, naturel, sans apprêt, tendre et quelquefois brisé. Un certain air de négligence et d'abandon lui convient à merveille. Un peu de désordre sied bien aussi à la mélancolie et à la douleur. Dans tous les cas, il ne faut point de prétentions ni de subtilités.

573. La poésie sacrée nous offre les plus parfaits modèles de poésie élégiaque. Les plaintes de Job, les lamentations de Jérémie, une trentaine de psaumes

de David sont des chefs-d'œuvre vraiment inimitables. Citons, en particulier, le *Super flumina Babylonis*, le *Quemadmodum desiderat cervus*, le chant lugubre de David sur la mort de Saül et de Jonathas. Si l'on ajoute à ces touchantes inspirations quelques pieuses élégies de saint Grégoire de Nazianze, quelques chants liturgiques, tels que le *Dies iræ* et le *Stabat Mater*, on sera forcé de convenir que le christianisme, en élevant et en épurant le cœur, le dispose à la plus sublime et à la plus attendrissante poésie.

574. Les poëtes élégiaques n'ont pas manqué dans l'antiquité profane. Les Grecs nous présentent Mimnerme, Simonide et Callimaque ; les Latins, Catulle, Properce, Ovide et Tibulle. Malheureusement ces auteurs ont prostitué leurs muses aux passions coupables et aux peintures licencieuses, et il n'est presque aucun de leurs ouvrages qui puisse être étudié par le littérateur chrétien.

On peut aussi compter parmi les élégies, l'*Églogue* de Virgile sur la mort de Daphnis et l'*Ode* d'Horace sur la mort de Quintillius.

575. Notre grand siècle littéraire ne fut pas fécond en élégies. Nous trouvons seulement à cette époque les stances de Malherbe à Duperrier sur la mort de sa fille, et les plaintes de La Fontaine sur la disgrâce de Fouquet. Plus tard, Gilbert, A. Chénier et Millevoye nous ont laissé quelques élégies justement célèbres. De nos jours, Lamartine, C. Delavigne, Soumet, Turquety et Reboul ont trouvé dans ce genre de nobles et suaves inspirations. (Voir le n° xx.)

QUATRIÈME SECTION

GENRE LÉGER OU POÉSIES FUGITIVES[1].

576. On appelle **poésies fugitives** de petites pièces de vers qui ne demandent pas un long travail, et qui sont plutôt destinées à amuser un moment et à plaire qu'à produire de grands effets.

Quoique ces pièces ne soient que de simples jeux d'esprit, il est difficile de réussir en ce genre. Outre qu'elles exigent chacune un talent particulier, on n'y souffre pas les moindres défauts. Si elles ne sont pas irréprochables, on les regarde comme mauvaises.

577. Les poésies fugitives sont : 1° l'*épigramme* et le *madrigal;* 2° l'*épitaphe* et l'*inscription;* 3° le *sonnet* et la *ballade;* 4° le *rondeau* et le *triolet;* 5° l'*énigme*, la *charade* et le *logogriphe*.

De l'épigramme et du madrigal.

578. On entend aujourd'hui par **épigramme** une pensée fine, ingénieuse, mordante, présentée heureusement et en peu de mots.

Chez les Grecs, ce mot signifiait une inscription qu'on plaçait sur un tombeau ou sur un monument quelconque. Chez les Latins, l'épigramme commença à changer de caractère, et parmi celles de Martial il y en a qui ne sont que de simples billets adressés à un ami, mais il y en a aussi d'assez mordantes.

---

[1] Auteurs à consulter : Le Batteux, *Principes de littérature*, 8ᵉ traité; Marmontel, *Éléments de littérature*, art. Épigramme, Épitaphe, Énigme, Ballade, etc.; Collombel, *Cours de littérature*, sect. II, ch. II.

579. Parmi nous, l'épigramme est nécessairement caustique. Il faut qu'elle ne s'étende guère au delà de dix ou douze vers, qu'on expose le sujet dans les premiers, et que le dernier contienne une pensée fine qu'on appelle *pointe* ou *bon mot*. Cette exposition doit être simple, claire, facile, et préparer l'effet qu'on attend de l'épigramme. Elle a pour objet d'aiguiser le trait et de le rendre plus pénétrant.

Comme les Français sont naturellement malins, les épigrammes abondent dans notre littérature. Boileau, Racine et J.-B. Rousseau nous en ont laissé de fort belles.

> A quoi bon tant d'efforts, de larmes et de cris,
> Cotin, pour faire ôter ton nom de mes ouvrages ?
> Si tu veux du public éviter les outrages,
> Fais effacer ton nom de tes propres écrits.
>
> (BOILEAU.)

> Ci-gît l'auteur d'un gros livre
> Plus embrouillé que savant;
> Après sa mort il crut vivre,
> Et mourut dès son vivant.
>
> (J.-B. ROUSSEAU.)

580. Le **madrigal** diffère de l'épigramme en ce que, au lieu d'exprimer une pensée satirique, il présente une pensée douce, tendre et délicate. Dans l'épigramme, le tour a quelque chose de plus vif et de plus saillant, et tourne presque toujours à la plaisanterie ; le madrigal, au contraire, a quelque chose de fin et de gracieux, et il est spécialement consacré à la louange et à l'amitié.

Desmarets fait dire par une violette à Mlle de Rambouillet :

Modeste est ma couleur, modeste est mon séjour.
Franche d'ambition, je me cache sous l'herbe ;
Mais si sur votre front je puis me voir un jour,
La plus humble des fleurs sera la plus superbe.

De l'épitaphe et de l'inscription.

581. L'épitaphe est une inscription gravée sur un tombeau ; elle renferme ordinairement l'éloge du personnage et doit toujours se distinguer par un trait saillant ou délicat. Quelques écrivains ont fait eux-mêmes leurs épitaphes. Voici celle où La Fontaine a très-bien peint son caractère :

Jean s'en alla comme il était venu,
Mangeant son bien avec son revenu,
Croyant trésor chose peu nécessaire.
Quant à son temps, bien sut le dépenser :
Deux parts en fit, dont il soulait passer
L'une à dormir, et l'autre à ne rien faire.

582. L'inscription consiste en quelques vers placés sur un édifice, un monument, au bas d'un portrait, d'une statue, pour rappeler un événement ou pour faire connaître au passant une personne ou une chose. Le style de l'inscription doit être clair, juste, plein de noblesse et de précision. Les habitants d'Arcis-sur-Aube avaient élevé une pyramide à un insigne bienfaiteur. Voici quelle en fut l'inscription :

La flamme avait détruit ces lieux,
Grassin les rétablit par sa munificence.
Que ce marbre à jamais serve à tracer aux yeux
Le malheur, le bienfait et la reconnaissance.

(PIRON.)

14.

Du sonnet et de la ballade.

583. Le **sonnet** est une pièce de quatorze vers dont les huit premiers, partagés en **deux quatrains**, roulent sur deux rimes, et les six autres, en deux tercets, sur trois rimes différentes. Le premier tercet commence par deux rimes semblables, et les quatre derniers vers sont en rimes mêlées. La pensée qui termine le sonnet doit avoir quelque chose de frappant.

Malgré l'importance que les beaux esprits du dix-septième siècle attachaient à ces futilités, nous n'avons jamais pu prendre au sérieux ce vers de Boileau :

> Un sonnet sans défaut vaut seul un long poëme.

C'est là une satire ou une exagération ridicule. Mais il est vrai que les sonnets sans défaut sont très-rares ou plutôt sont encore à faire. Nous ne citerons pas le sonnet de Desbarreaux, si longtemps présenté comme modèle, parce qu'il contient des pensées fausses et injurieuses à la Divinité. En voici un de J.-B. Rousseau dans le genre mordant et satirique. Il prête à quelque mauvais poëte le langage suivant :

> Laissons la raison et la rime
> Aux mécaniques écrivains ;
> Faisons-nous un nouveau sublime,
> Inconnu des autres humains.
>
> Intéressons dans notre estime
> Quelques esprits légers et vains,
> Dont la voix et l'exemple anime
> Les sots à nous battre des mains.
>
> Par là, croissant en renommée,
> Chez la postérité charmée
> Nos noms braveront le trépas...

— Fort bien. Voilà la bonne route :
Vos noms y parviendront sans doute,
Mais vos vers n'y parviendront pas.

584. La **ballade** est un petit poëme qui renferme trois couplets et un envoi, en vers égaux et avec un refrain qui doit être le même pour l'envoi aussi bien que pour le couplet. L'envoi est un demi-couplet, et le couplet peut être composé de huit, de dix ou de douze vers. Ces sortes de passe-temps sont aujourd'hui peu en honneur, et nous croyons qu'il est inutile de nous y arrêter. Des poëtes contemporains ont donné le titre de *ballades* à quelque inspirations libres et parfois bizarres qui rentrent dans le genre lyrique ; mais ces poésies n'ont rien de commun avec le petit poëme dont nous venons de parler.

Du rondeau et du triolet.

585. Le **rondeau** est une pièce composée de treize vers, auxquels on ajoute deux refrains. Ces treize vers doivent être partagés en trois couplets : le premier de cinq, le second de trois, le troisième de cinq vers. Après le second et le troisième couplet, on place sous forme de refrain les premiers mots du premier vers. Voiture a marqué tout ce mécanisme dans le rondeau suivant, qui est d'ailleurs assez curieux :

> Ma foi, c'est fait de moi, car Isabeau
> M'a conjuré de lui faire un rondeau.
> Cela me met en une peine extrême.
> Quoi ! treize vers, huit en *eau*, cinq en *ême* !
> Je lui ferais aussi tôt un bateau.
> En voilà cinq pourtant en un monceau.

> Faisons-en sept en invoquant Brodeau,
> Et puis mettons, par quelque stratagème,
> Ma foi, c'est fait.

> Si je pouvais encor de mon cerveau
> Tirer cinq vers, l'ouvrage serait beau.
> Mais cependant me voilà dans l'onzième,
> Et si je crois que je fais le douzième,
> En voilà treize ajustés au niveau,
> Ma foi, c'est fait.

586. Le **triolet** se compose de huit vers sur deux rimes seulement. Le premier doit reparaître après le troisième, et les deux premiers après le sixième, de sorte que le triolet n'a, à proprement parler, que cinq vers.

> Que vous montrez de jugement,
> Jeunes soldats, et de courage!
> Vous allez au feu rarement.
> Que vous montrez de jugement!
> Mais on vous voit rapidement
> Courir les premiers au pillage.
> Que vous montrez de jugement,
> Jeunes soldats, et de courage!

De l'énigme, de la charade et du logogriphe.

587. L'**énigme** est une définition vague et obscure, où l'on fait connaître un objet par ses causes, ses propriétés et ses effets, mais sous des termes assez équivoques pour qu'il reste à faire un certain effort dans la découverte du vrai sens. Le mérite de l'énigme est d'être courte, précise, ni trop claire, ni trop obscure.

> Je suis difficile à trouver
> Et plus encor à conserver.

> Les curieux, pour me connaître,
> Avec grand soin me font la cour.
> Mais mon destin me défend de paraître ;
> Car l'instant où je vois le jour
> Est l'instant où je cesse d'être. — (*Secret.*)

588. La **charade** est une énigme où l'on donne à deviner un mot dont on divise les syllabes, de manière que chacune d'elle forme un autre mot, on caractérise chacun de ces mots par quelque propriété qui lui convient : l'on indique, en terminant, la signification du mot pris dans son entier. Voici une charade latine et une charade française :

> Sume caput, curram ; ventrem conjunge, volabo ;
> Adde pedes, comedes ; et sine ventre, bibes.
>
> (*Mus-ca-tum.*)

> Au malheureux qui tend la main
> De mon premier je fais hommage,
> Et je vois briller soudain
> Mon dernier sur son visage.
> Mon tout, dit la fable, autrefois
> Prit par métamorphose un gracieux minois. —(*Souris.*)

589. Le **logogriphe** se borne à analyser un mot en indiquant les différentes significations qu'il prend, suivant qu'on en retranche une ou plusieurs lettres.

> Mélange les six pieds qui composent mon être
> Et bientôt, cher lecteur, tu verras apparaître
> Une ville, une mouche, un oiseau dont le nom
> Ne se prononce pas d'ordinaire façon.
> Avec cinq pieds je suis un habitant du pôle.
> Je donnais des leçons jadis dans une école,
> Ces leçons font l'orgueil de l'humaine raison. — (*Platon.*)

TROISIÈME PARTIE

CITATIONS ET MODÈLES

I. Le talent et le génie.

Le *talent* est une disposition particulière et habituelle à réussir dans une chose : à l'égard des lettres, il consiste dans l'aptitude à donner aux sujets que l'on traite, et aux idées qu'on exprime, une forme que l'art approuve et dont le goût soit satisfait ; l'ordre, la clarté, l'élégance, la facilité, le naturel, la correction, la grâce même, sont le partage du talent.

Le *génie* est une sorte d'inspiration fréquente, mais passagère, et son attribut est le don de créer. Il s'ensuit que l'homme de *génie* s'élève et s'abaisse tour à tour, selon que l'inspiration l'anime ou l'abandonne. Il est souvent inculte, parce qu'il ne se donne pas le temps de perfectionner ; il est grand dans les grandes choses, parce qu'elles sont propres à réveiller cet instinct sublime et à le mettre en activité ; il est négligé dans les choses communes, parce qu'elles sont au-dessous de lui et n'ont pas de quoi l'émouvoir. Si cependant il s'en occupe avec une attention forte, il les rend nouvelles et fécondes, parce que cette attention qui couve les idées les pénètre, si j'ose le dire, d'une chaleur qui les vivifie et les fait germer, comme le soleil fait germer l'or dans les veines d'un rocher.

Ce qu'il y aurait de plus rare et de plus étonnant dans la nature, ce serait un homme que son *génie* n'abandonnerait jamais; et celui de tous les écrivains qui approche le plus de ce prodige, c'est Homère dans l'*Iliade*.

Si l'on demande à présent quelle est la différence de la création du *génie* et de la production du talent, l'homme éclairé, sensible, versé dans l'étude de l'art, n'a pas besoin qu'on le lui dise, et le grand nombre même des hommes cultivés est en état de le sentir. La production du talent consiste à donner la forme, et la création du *génie* à donner l'être; le mérite de l'un est dans l'industrie, le mérite de l'autre est dans l'invention; le talent veut être apprécié par les détails, le *génie* nous frappe en masse. Pour admirer le cinquième livre de l'*Énéide*, il faut le lire; pour admirer le second et le quatrième, il suffit de s'en souvenir, même confusément. L'homme de talent pense et dit les choses qu'une foule d'hommes aurait pensées et dites; mais il les présente avec plus d'avantage, il les choisit avec plus de goût, il les dispose avec plus d'art, il les exprime avec plus de finesse ou de grâce; l'homme de *génie*, au contraire, a une façon de voir, de sentir, de penser qui lui est propre. Si c'est un plan qu'il a conçu, l'ordonnance en est surprenante et ne ressemble à rien de ce qu'on a fait avant lui. S'il dessine des caractères, leur singularité frappante, leur étonnante nouveauté, la force avec laquelle il en exprime tous les traits, la rapidité et la hardiesse dont il en trace les contours, l'ensemble et l'accord qui se rencontrent dans ses conceptions soudaines, font dire qu'il a créé des hommes; et, s'il les groupe, leurs contrastes, leurs rapports, leur action, leur réaction mutuelle, sont encore, par leur vérité rare, une sorte de création; dans les détails, il semble dérober à la nature des secrets qu'elle n'a révélés qu'à lui; il pénètre plus avant dans notre cœur que nous n'y pénétrions nous-mêmes avant qu'il nous eût éclairés; il nous fait découvrir, en nous et hors de nous, comme de nouveaux phénomènes. S'il veut agir sur la pensée et subjuguer l'entendement, il donne à ses raisons un poids, une force d'impulsion à laquelle rien ne résiste. S'il veut agir sur l'âme, il l'attaque, il l'ébranle, il l'agite en tous sens avec tant de vigueur et de violence, il la tourmente si impérieusement, soit du frein, soit de l'aiguillon, qu'il vient à bout de la dompter. S'il peint les passions, il donne à leurs ressorts une force qui nous étonne, à leurs mouvements des retours dont le naturel nous confond; dans le moment où nous croyons leur force et leur véhémence épuisée, son souffle y ajoute des degrés de chaleur dont le cœur humain est surpris d'être susceptible; c'est la colère, la vengeance, l'ambition, l'amour, la douleur exaltée à son plus haut point, mais jamais au delà; tout est vrai dans cette peinture, quoique tout y soit surprenant. S'il décrit les objets sensibles, il y fait remarquer des traits frappants qui jusqu'à lui nous avaient échappé, des accidents et des rapports sur lesquels nos regards ont glissé mille fois. Le commun des hommes regarde sans voir; l'homme de *génie* voit si rapidement, que c'est presque sans regarder. S'il creuse le premier dans une mine, il en épuise les grandes veines, et ne laisse que des filons. S'il se saisit d'un sujet connu, il le pénètre si profondément, que ce champ, que l'on croyait usé, devient une terre féconde. Il fait sortir un fleuve de la même source d'où le talent ne tirait qu'un ruisseau. S'il s'enfonce dans les possibles, il y découvre des combinaisons à la fois si nouvelles et si vraisemblables, qu'à la surprise qu'elles causent se mêle en secret le plaisir de penser qu'on a vu ce qu'il feint, ou du moins qu'on a pu l'imaginer sans peine.

(Marmontel.)

II. Le style.

QU'EST-CE QUE LE STYLE ?

Le style, c'est la parole humaine. La parole humaine doit être franche et discrète ; pour réunir en un mot ces deux mots, elle doit être vraie.

La vérité, qui est la loi de la pensée et la loi de la vie, est aussi la loi de la parole et est toujours la même vérité.

La vérité, c'est la vie. Il est clair que l'homme doit vivre dans la vérité.

Il est clair que la pensée de l'homme doit être conforme à la même vérité que son acte, puisqu'il n'y a pas deux vérités contradictoires.

Il est clair encore que la parole de l'homme doit être conforme à la même vérité que sa pensée et son acte, puisqu'il n'y a pas trois vérités contradictoires.

Ainsi l'homme doit :

Vivre dans la vérité,

Penser comme il vit,

Et parler comme il pense.

Voilà la loi du style. Nous sommes ici en pleine simplicité, parce que nous sommes en pleine vérité.

Les idées qu'un homme exprime sont la propriété de tous. Mais le style de cet homme est sa propriété particulière.

Placez les mêmes mots dans la bouche de deux hommes, ces deux mots ne rendront pas le même son.

Un homme parle : la sphère sonore qui l'entoure est large ; les vibrations de sa voix retentissent dans le monde intelligible, il vous ouvre une fenêtre sur l'infini.

Un autre homme parle : il articule les mêmes syllabes ; la sphère sonore qui l'entoure est étroite, et sa voix ne porte pas. Vous n'avez rien entrevu au delà du sens immédiat des paroles qu'il aura prononcées.

Le style, c'est l'explosion de notre personne, c'est notre création. L'idée que nous exprimons, nous ne la créons pas.

Mais nous créons notre style : un homme peut, sans être un homme de génie, voir une grande vérité. Mais pour la dire, cette vérité, en termes définitifs, pour la parler dans un langage immortel, pour la signer de son nom, pour l'associer, aux yeux du genre humain, à cette signature, il faut être un homme de génie. Le lieu du génie, c'est le style : le style est sa résidence, sa preuve, sa marque et sa gloire. Quelque chose que vous disiez, si le style vous manque, la gloire vous manquera.

Le style ne peut pas être remplacé par la pensée, quelque splendide qu'on la suppose. Rien ne dispense de lui. Il est la condition de la gloire; comme elle, à mériter, et, comme elle, à conquérir. Nous disons d'un homme qu'il possède une langue, quand il la parle enfin comme il veut la parler. C'est qu'en effet la langue, et surtout la langue française, ne se livre pas à tout venant : elle exige une lutte et ne se rend qu'à qui la dompte. L'humanité, qui est si dure pour le penseur, ne consent enfin à l'admirer que s'il sait forcer, par la splendeur de la parole, son admiration récalcitrante. Elle s'incline de force sous le coup de la parole, et semble dire malgré elle, en parlant du grand écrivain qui a lutté contre son idée pour la saisir, contre la langue pour la dompter :

> Qu'il règne avec éclat sur sa propre conquête,
> Et que de sa victoire il couronne sa tête.

Quand un homme a conquis son style, il perd, comme les souverains, le plaisir de l'incognito. On le reconnaît dès qu'il parle : il se trahit dès qu'il apparaît.

La rhétorique vous conseille d'imiter les grands écrivains. Elle croit qu'ils ont une recette et qu'il suffit de la prendre. Leur recette, c'est d'être eux-mêmes. Leur personne est inviolable et nul ne peut se l'approprier. Tout ce qu'on peut faire, c'est de voler leur habit, et voici la punition du voleur : l'habit volé ne lui va pas, il est trop grand pour sa taille.

Donnez à un homme les idées d'un autre homme ; donnez-lui tout : le plan d'une œuvre, l'ensemble et les détails, les matériaux, tout, jusqu'aux mots, jamais les deux œuvres ne se ressembleront. Le grand écrivain et l'*autre* seront éternellement séparés par un abîme. Chacun d'eux aura son style. Le style ! voilà la grande parole ; voilà le nom du secret. Mais quel est le sens de cette parole ? qu'est-ce que le style, en vérité ?

La même idée, pénétrant dans mille intelligences, en sortira sous mille expressions différentes. Ces expressions varieront comme variera le travail secret que l'idée aura fait en chacun de nous. Notre expression résultera de l'élaboration que l'idée aura subie dans notre âme. L'idée donnera à notre parole l'aspect qu'elle-même aura pris en nous. Absorbée en nous, elle entrera dans notre moule, s'y façonnera et dira, en se manifestant au dehors, l'expression que notre intelligence particulière lui aura donnée. La relation qui se sera établie entre elle et nous sera manifestée par la parole.

Notre style, c'est la signature de notre personne apposée sur une idée ; notre style, ce sont nos armoiries, c'est notre empreinte, notre effigie, notre couronne qui se frappe d'elle-même sur le métal chaud, sur le métal encore en fusion.

(ERNEST HELLO.)

III. Style simple.

LE DISTRAIT.

Ménalque descend son escalier, ouvre sa porte pour sortir, et la referme; il s'aperçoit qu'il est en bonnet de nuit, et, venant à mieux s'examiner, il se trouve rasé à moitié; il voit que son épée est mise du côté droit, que ses bas sont rabattus sur ses talons, et que sa chemise est par-dessus ses chausses. S'il marche dans les places, il se sent tout d'un coup rudement frappé à l'estomac ou au visage; il ne soupçonne point ce que ce peut être, jusqu'à ce qu'ouvrant les yeux et se réveillant, il se trouve ou devant un limon de charrette, ou derrière un long ais de menuiserie que porte un ouvrier sur ses épaules. On l'a vu une fois heurter du front contre celui d'un aveugle, s'embarrasser dans ses jambes, et tomber avec lui, chacun de son côté à la renverse.

Il entre à l'appartement et passe sous un lustre où sa perruque s'accroche et demeure suspendue; tous les courtisans regardent et rient; Ménalque regarde aussi et rit plus haut que les autres; il cherche des yeux, dans toute l'assemblée, où est celui qui montre ses oreilles, et à qui il manque une perruque.

C'est lui encore qui entre dans une église, et, prenant l'aveugle qui est collé à la porte pour un pilier et sa tasse pour le bénitier, y plonge la main, la porte à son front, lorsqu'il entend tout d'un coup le pilier qui parle et qui lui offre des oraisons. Il s'avance dans la nef, il croit voir un prie-Dieu, il se jette lourdement dessus, la machine plie, s'enfonce et fait des efforts pour crier : Ménalque est surpris de se voir à genoux sur les jambes d'un fort petit homme, appuyé sur son dos, les deux bras passés sur ses épaules, et ses deux mains jointes et étendues qui lui prennent le nez et lui ferment la bouche; il se retire confus et va s'agenouiller ailleurs; il tire un livre pour faire sa prière, et c'est sa pantoufle qu'il a prise pour ses heures et qu'il a mise dans sa poche avant que de sortir.

Il joue au trictrac, il demande à boire, on lui en apporte; c'est à lui à jouer, il tient le cornet d'une main et un verre de l'autre, et, comme il a une grande soif, il avale les dés et presque le cornet, jette le verre d'eau dans le trictrac et inonde celui contre lequel il joue.

Lui-même écrit une longue lettre, met de la poudre dessus à plusieurs reprises, et jette toujours la poudre dans l'encrier; ce n'est pas tout, il écrit une seconde lettre, et, après les avoir achevées toutes deux, il se trompe à l'adresse : un duc et pair reçoit l'une de ces deux lettres, et, en l'ouvrant, il lit ces mots : *Maître Olivier, ne manquez pas, sitôt la présente reçue, de m'envoyer une provision de foin...* Son fermier reçoit l'autre, il l'ouvre, il se la fait lire; on y trouve : *Monseigneur, j'ai reçu avec une soumission aveugle les ordres qu'il a plu à Votre Grandeur...* Lui-même écrit encore une lettre pendant la nuit, et, après l'avoir cachetée, il éteint sa bougie, et il ne laisse pas d'être surpris de ne voir *goutte*, et il sait à peine comment cela est arrivé.   (LA BRUYÈRE.)

IV. Style sublime.

RÈGNE GLORIEUX DE L'ÉGLISE.

Lève-toi, Jérusalem, ouvre les yeux à la lumière : elle s'avance, la gloire du Seigneur a brillé sur toi.

Les ténèbres enveloppent la terre, la nuit environne les peuples, et voilà que le Seigneur se lève à tes yeux, et sa gloire reposera sur tes murs.

Alors les nations marcheront à ta lumière, et les rois à l'éclat de ta splendeur.

Lève les yeux autour de toi, regarde : tous ces peuples s'avancent vers toi ; tes fils viendront de loin, tes filles s'élèveront à tes côtés.

Alors tu verras, et ton cœur admirera, et il sera inondé de délices, quand la multitude des contrées de la mer et la force des nations accourront vers ton enceinte.

Des chameaux s'avanceront en grand nombre près de toi ; à tes côtés paraîtront les dromadaires de Madian et d'Épha ; ils viendront de Saba t'offrir l'or et l'encens, avec des cantiques de louange.

Les habitants de Cédar et de Nabaïoth rassembleront leurs troupeaux ; il les offriront sur mes autels, et je remplirai de gloire le sanctuaire de ma majesté.

Qui sont ceux qui volent comme des nuées et comme des colombes qui retournent à leur asile ?

Les îles m'attendent, et les vaisseaux de la mer, pour transporter tes enfants et leurs trésors, pour honorer le Dieu qui t'a comblée de gloire.

Les fils de l'étranger relèveront tes murs et leurs rois te serviront : le Seigneur a frappé Jérusalem dans sa colère ; il a pitié d'elle dans sa clémence.

Tes portes seront ouvertes nuit et jour ; on ne les fermera jamais, afin de laisser entrer les rois et l'élite des nations.

La nation et le royaume qui ne te recevront pas périront, et les peuples qui ne te reconnaîtront pas seront désolés comme la solitude du désert.

La gloire du Liban viendra vers toi ; le lin et le sycomore orneront mon sanctuaire, et j'honorerai le lieu où reposent mes pieds.

Les enfants de tes persécuteurs se prosterneront devant toi, tes ennemis adoreront la trace de tes pas ; ils t'appelleront la Cité du Seigneur, la Sion du saint d'Israël.

Parce que tu as été abandonnée et en butte à la haine,

au lieu que personne ne passait dans tes murs, je t'établirai l'orgueil des siècles et la joie des peuples.

Tu te nourriras du lait des nations; tu seras allaitée comme les rois, et tu sauras que je suis le Seigneur qui sauve, ton rédempteur, le saint de Jacob.

(ISAÏE, ch. LX.)

V. Allégorie.

Sous l'image d'une bergère hors d'état de pourvoir aux besoins et à la défense de son troupeau, Mme Deshoulières implore la protection de Louis XIV en faveur de ses enfants.

> Dans ces prés fleuris
> Qu'arrose la Seine,
> Cherchez qui vous mène,
> Mes chères brebis.
> J'ai fait pour vous rendre
> Le destin plus doux
> Ce qu'on peut attendre
> D'une amitié tendre;
> Mais son long courroux
> Détruit, empoisonne
> Tous mes soins pour vous,
> Et vous abandonne
> Aux fureurs des loups.
> Seriez-vous leur proie,
> Aimable troupeau,
> Vous de ce hameau
> L'honneur et la joie?
> Vous qui gras et beau
> Me donniez sans cesse
> Sur l'herbette épaisse
> Un plaisir nouveau?
> Que je vous regrette!
> Mais il faut céder :

Sans chien, sans houlette,
Puis-je vous garder?
L'injuste fortune
Me les a ravis,
En vain j'importune
Le ciel par mes cris ;
Il rit de mes craintes,
Et, sourd à mes plaintes,
Houlette ni chien,
Il ne me rend rien.
Puissiez-vous, contentes
Et sans mon secours
Passer d'heureux jours,
Brebis innocentes,
Brebis, mes amours.
Que Pan vous défende,
Hélas ! il le sait,
Je ne lui demande
Que ce seul bienfait.
Oui, brebis chéries,
Qu'avec tant de soin
J'ai toujours nourries,
Je prends à témoin
Ces bois, ces prairies,
Que, si les faveurs
Du dieu des pasteurs
Vous gardent d'outrages
Et vous font avoir
Du matin au soir
De gras pâturages,
J'en conserverai
Tant que je vivrai
La douce mémoire ;
Et que nos chansons,
En mille façons,
Porteront sa gloire
Du rivage heureux
Où, vif et pompeux,

L'astre qui mesure
Les nuits et les jours,
Commençant son cours,
Rend à la nature
Toute sa parure,
Jusqu'en ces climats
Où, sans doute las
D'éclairer le monde,
Il va chez Téthis
Rallumer dans l'onde
Ses feux amortis.

VI. Concession.

Si vous êtes résolu de périr, eh ! pourquoi voulez-vous donc encore garder certaines mesures avec la religion ? Pourquoi cherchez-vous toujours à mettre quelques raisons spécieuses de votre côté, à réconcilier vos mœurs à l'Évangile, et à sauver encore, pour ainsi dire, les apparences avec Jésus-Christ ? Pourquoi n'êtes-vous pécheur qu'à demi, et laissez-vous encore à vos passions les plus grossières le frein inutile de la loi ? Secouez donc ce reste de joug qui vous gêne et qui, en diminuant vos plaisirs, ne diminuera pas vos passions. Pourquoi donc vous perdez-vous avec tant de peine ? Au lieu de ce confesseur indulgent qui vous damne, mettez-vous au large, n'en ayez point du tout ; au lieu de ces scrupules, qui ne vous permettent que des biens douteux et vous interdisent encore certains profits bas et iniques, qui vous mettent néanmoins au nombre des ravisseurs qui ne posséderont pas le royaume du ciel, franchissez le pas, et ne mettez pas d'autres bornes à votre injustice que celle de votre cupidité ; au lieu de ces familiarités suspectes, où votre âme est toujours blessée, ôtez à la passion la barrière importune et inutile

de ce que le crime a de plus grossier; au lieu de ces
mœurs molles et mondaines, qui aussi bien vous damne-
ront, ne refusez rien à vos passions, et vivez, comme les
animaux, au gré de tous vos désirs. Oui, pécheurs, péris-
sez avec tous les fruits de l'iniquité, puisque aussi bien
vous en moissonnez les larmes et les peines éternelles.
Mais non, mon cher auditeur, nous ne vous donnons ces
conseils de désespoir que pour vous en inspirer de l'horreur. C'est un tendre artifice de zèle qui ne fait semblant
de vous exhorter à votre perte qu'afin que vous n'y con-
sentiez pas vous-même. Hélas! suivez plutôt ces restes de
lumières qui vous montrent encore de loin la vérité.

(MASSILLON.)

VII. Imprécation.

Grand Dieu, si tu prévois qu'indigne de sa race
Il doive de David abandonner la trace,
Qu'il soit comme le fruit en naissant arraché,
Ou qu'un souffle ennemi dans sa tige a séché.
Mais si ce même enfant, à tes ordres docile,
Doit être à tes desseins un instrument utile,
Fais qu'au juste héritier le sceptre soit remis:
Livre en ses faibles mains ses puissants ennemis;
Confonds dans ses conseils une reine cruelle;
Daigne, daigne, mon Dieu, sur Mathan et sur elle
Répandre cet esprit d'imprudence et d'erreur,
De la chute des rois funeste avant-coureur!

(RACINE, Athalie, acte I.)

Rome, l'unique objet de mon ressentiment!
Rome, à qui vient ton bras d'immoler mon amant!
Rome, qui t'a vu naître et que ton cœur adore!
Rome enfin que je hais, parce qu'elle t'honore!
Puissent tous ses voisins ensemble conjurés
Saper ses fondements encor mal assurés!

Et si ce n'est assez de toute l'Italie,
Que l'Orient contre elle à l'Occident s'allie !
Que cent peuples unis des bouts de l'univers
Passent pour la détruire et les monts et les mers !
Qu'elle-même sur soi renverse ses murailles,
Et de ses propres mains déchire ses entrailles !
Que le courroux du ciel, allumé par mes vœux,
Fasse pleuvoir sur elle un déluge de feux !
Puissé-je de mes yeux y voir tomber la foudre,
Voir ses maisons en cendre et ses lauriers en poudre,
Voir le dernier Romain à son dernier soupir,
Moi seule en être cause et mourir de plaisir ;

(CORNEILLE, les Horaces.)

VIII. Prosopopée.

CHUTE DU ROI DE BABYLONE.

Comment ont cessé tout à coup ce maître impitoyable et le tribut qu'il exigeait de nous ?

Le Seigneur a brisé la verge des impies, le sceptre des dominateurs.

Celui qui frappait les peuples d'une plaie incurable, celui qui commandait aux nations dans sa colère et les persécutait sans relâche.

Toute la terre s'est reposée en silence ; elle s'est réjouie ; elle a jeté des cris d'allégresse.

Les sapins et les cèdres du Liban ont vu avec joie sa ruine. Tu dors, ont-ils dit : qui maintenant s'élèvera contre nous ?

A ton approche, le séjour de la mort a été troublé jusqu'au fond de ses abîmes ; au-devant de toi se sont élancés les princes qui l'habitent ; les maîtres de la terre, les rois des nations sont descendus de leurs trônes.

Tous ont élevé leur voix et ont dit : Eh quoi ! tu as

été blessé comme l'un de nous; tu es devenu semblable à nous!

Ta gloire est tombée dans l'abîme, ton cadavre est étendu sur la terre; les insectes te dévorent, les vers forment ton vêtement.

Comment es-tu tombé du ciel, astre brillant, fils de l'aurore? Comment es-tu renversé sur la terre, toi qui frappais les nations?

Tu disais dans ton cœur : Je monterai au plus haut des cieux, j'établirai mon trône au-dessus des astres; je me reposerai près de l'aquilon, sur la montagne du Testament.

Je m'élèverai au-dessus des nues; je serai semblable au Très-Haut.

Mais tu seras jeté dans l'enfer, au plus profond de l'abîme.

Ceux qui te verront se pencheront vers toi, te regarderont de près et diront :

« Est-ce là cet homme qui a troublé la terre, qui a ébranlé les royaumes;

« Qui a fait de l'univers une solitude, qui a renversé les villes, et qui ne délivre point ses captifs? »

Les rois des nations sont morts dans la gloire : tous ont leur tombeau.

Pour toi, jeté hors du sépulcre comme une racine souillée, comme des lambeaux couverts de sang, confondu avec les soldats tombés sous le glaive et précipités sans honneur dans la fosse, comme un cadavre hideux,

Tu n'entreras pas en partage de leur sépulture; tu as ruiné ton pays, tu as massacré ton peuple : la race des méchants ne durera pas toujours.

Préparez les enfants à leur ruine, à cause de l'iniquité de leurs pères; ils ne s'élèveront pas, ils n'hériteront pas de la terre, ils ne rempliront pas l'univers de leurs villes.

(ISAÏE, ch. XIV.)

IX. Harmonie.

Mais qui peut compter tes merveilles,
Enchanteresse de nos sens?
Si je languis, tu me réveilles;
Je ris au gré de tes accents.
Tyrtée enflamme mon courage,
Il chante, je vole au carnage,
Bellone règne dans mon cœur;
Anacréon monte sa lyre;
Mes armes tombent; je soupire,
Et le plaisir est mon vainqueur.

Par quel art le chantre d'Achille
Me rend-il tant de bruits divers?
Il fait partir la flèche agile,
Et par ses sons sifflent les airs.
Des vents me peint-il le ravage?
Du vaisseau que brise leur rage
Éclate le gémissement,
Et de l'onde qui se courrouce
Contre un rocher qui la repousse
Retentit le mugissement.

S'il me présente ce coupable
Qui, dans l'empire ténébreux,
Roule une pierre épouvantable
Jusqu'au sommet du mont affreux,
Des genoux tremblants qui fléchissent,
Des bras nerveux qui se roidissent,
Me font pour lui pâlir d'effroi;
Le malheureux enfin succombe,
Et de la pierre qui retombe
Le bruit résonne jusqu'à moi.

Par la cadence de Virgile
Un coursier devance l'éclair;

> Souvent, prêt à suivre Camille,
> Comme elle je me crois en l'air.
> Du bœuf tardif que rien n'étonne
> Et qu'en vain son maître aiguillonne,
> Tantôt je presse la lenteur,
> Et tantôt d'un géant énorme
> La masse lourde, horrible, informe,
> M'accable de sa pesanteur.
>
> (L. RACINE.)

X. Narration historique.

MASSACRE DES PRÊTRES DANS L'ÉGLISE DES CARMES.

Bientôt commença une des plus déchirantes scènes qui aient souillé nos annales révolutionnaires : cent quatre-vingts prêtres avaient été entassés dans le couvent et dans l'église des Carmes. Ils attendaient leur sort avec une pieuse résignation, aucun doute ne leur avait été laissé. Outre les paroles significatives prononcées à l'Assemblée par Tallien, ils avaient pu comprendre le sens de la promesse que Manuel leur fit deux jours auparavant : *Dans quarante-huit heures, leur dit-il, vous serez tous libres. Disposez-vous à aller dans une terre étrangère jouir du repos que vous ne pouvez plus trouver ici.* Un gendarme disait, la veille, au vénérable archevêque d'Arles, en lui soufflant la fumée de sa pipe : *C'est demain qu'on tuera Votre Grandeur.*

Le 2 septembre, on répéta jusqu'à trois fois l'appel nominal des prisonniers, tant on craignait qu'il n'en manquât un seul. Un peu avant l'heure fatale, on les fit tous sortir de l'église et passer dans le jardin. Une heure après, les assassins entrèrent par l'église, en refermèrent les portes et descendirent au jardin sans éprouver nul empêchement des gendarmes qui gardaient le passage. Au fond du jardin était une orangerie, qui depuis est devenue une chapelle; l'archevêque d'Arles et les évêques de Beauvais et de Saintes, tous les deux du nom de La Rochefoucauld, et la plupart de leurs compagnons de martyre y faisaient leur dernière prière. L'un d'entre eux, entendant le bruit de ces hommes, parut à la porte; il fut abattu d'un coup de fusil. Entrés dans l'orangerie, ils demandèrent à grands cris l'archevêque d'Arles. Aucun ne le désignait; lui-même, après avoir demandé l'absolution à un de ses compagnons, s'avança vers la porte. C'était un vieillard de plus de quatre-vingts ans, dont la vie avait été exemplaire et sainte. Les mains croisées sur la poitrine et levant les yeux au ciel : *Je suis celui que vous cherchez*, dit-il, *mon sacrifice est fait; mais épargnez ces dignes prêtres; ils prieront pour vous sur la terre et moi dans le ciel.*

La dignité et le courage du vieillard les émurent; ils n'osèrent point le frapper. Un homme du Midi (sans doute il avait fait partie des bandes qui avaient envahi la ville d'Arles) l'accusa d'y avoir fait assassiner des patriotes. *Je n'ai jamais fait de mal à personne*, répondit-il. Un coup de sabre à travers le visage fut la réplique du brigand. En un instant, l'archevêque fut haché par ces misérables, et, lorsqu'il fut tombé, ils lui enfoncèrent une pique dans la poitrine.

Ils avaient tiré presque à bout portant sur les prêtres et en avaient tué plusieurs; les autres s'étaient dispersés dans le jardin. Pour lors commença une effroyable chasse; les assassins poursuivaient d'allée en allée, de charmille en charmille, ces malheureux prêtres, leur tirant des coups de fusil, riant lorsque les coups avaient porté, chantant une de leurs chansons de cannibales : *Dansez la Carmagnole.*

Quelques-uns n'étaient point commissionnés ou soldés pour les massacres; c'étaient de jeunes hommes, qui, négligeant leurs études de médecine et de droit, s'étaient exaltés dans les clubs, les cafés où à la section; ils se nommaient les frères rouges de Danton, et portaient le bonnet, la cravate, le gilet et la ceinture rouges. On ne les vit point dans les autres prisons. Eux seuls se mêlèrent aux massacreurs et s'introduisirent aux Carmes; les portes avaient été fermées, et la population effrayée entendait les cris des victimes et les clameurs des assassins, sans les voir.

Ensuite, l'ordonnateur fit suspendre la fusillade; tous les prêtres encore vivants furent rassemblés dans l'église; on y apporta les blessés, puis on les appela deux par deux. Quand ils avaient passé la porte qui ouvrait au jardin, on les tuait sur le perron. L'évêque de Beauvais était à genoux devant un autel, ils vinrent l'y prendre. L'évêque de Saintes fut appelé; il ne venait point. *Messieurs,* dit-il, *je ne refuse pas d'aller mourir avec mes frères; mais une balle m'a cassé la jambe, aidez-moi à marcher.*

Ils le relevèrent du matelas où il gisait, le prirent sous les bras et le conduisirent sur l'escalier. Vers huit heures du soir, le massacre était achevé, et les cadavres chargés sur des chariots ordonnés d'avance, pour les transporter dans une fosse creusée près la barrière Saint-Jacques. Trois ou quatre prêtres avaient réussi à se cacher ou à passer par-dessus le mur du jardin.

Il n'y a plus rien à faire ici, dit alors Maillard, qui semblait le principal délégué de Billaud-Varennes et du Comité de la Commune; *retournons à l'Abbaye, nous y trouverons du gibier.*

(De Barante.)

XI. Narration poétique.

JEANNE D'ARC DEVANT SES JUGES.

Prince, je vous dirai la simple vérité :
Quand déjà les Anglais dévastaient ce royaume,
Près des bords de la Meuse, et sous un toit de chaume,
Mes parents m'élevaient à côté de mes sœurs,
Et de la charité m'enseignaient les douceurs.
J'étais dans l'âge heureux que la paix accompagne :
Durant le jour, j'allais de montagne en montagne
Conduire nos troupeaux, ou, cherchant le saint lieu,
Chanter devant l'autel les louanges de Dieu.
Deux besoins de mon cœur, l'aumône et la prière,
Remplissaient mes instants... Dans notre humble chaumière
On me parlait souvent des maux de mon pays,
De nos princes captifs, par leurs sujets trahis.
Et moi, me confiant en la main qui délivre,
Je me faisais relire aux pages du saint livre
L'histoire du berger que protégeait le ciel,
Ou Débora partant pour sauver Israël.
Bientôt d'affreux vainqueurs en nos champs accoururent ;
Nos troupeaux, nos moissons devant eux disparurent ;
Dans le fond des forêts il fallut nous cacher,
Et du toit paternel deux fois nous arracher.
Partout des cris, du sang, d'éternelles alarmes,
Et je vis bien souvent, non sans verser des larmes,
Nos soldats mutilés que l'Anglais insultait,
Tendre à la charité le bras qui leur restait.
Nous attendions la mort, nous la croyions prochaine.
Un jour je m'arrêtai tremblante au pied d'un chêne ;
J'y pleurai bien longtemps, et, tombant à genoux,
Je m'écriai : Seigneur, ayez pitié de nous !
Voyez nos rois proscrits, nos villes alarmées !
N'êtes-vous plus le Dieu qui commande aux armées ?
Si nos fautes du ciel allument le courroux,
Ne frappez que moi seule, oui, je m'offre pour tous.

Rendez, rendez la France à sa gloire première...
Je parlais... et soudain dans des flots de lumière,
Au bruit miraculeux des célestes concerts,
Une vierge des cieux m'apparut dans les airs :
« Tes vœux sont exaucés ; lève-toi, me dit-elle,
« Bergère comme toi, simple et faible mortelle,
« J'ai porté la houlette, et, priant dans mon cœur,
« Protégé nos cités contre Attila vainqueur ;
« Paris révère en moi sa céleste patronne ;
« Le Seigneur te destine à la même couronne,
« Et tu dois, délivrant nos remparts asservis,
« Dégager les serments qu'il a faits à Clovis.
« Il parle par ma voix ; son ordre ici m'amène,
« Il ne veut s'appuyer d'aucune gloire humaine,
« Et, n'offrant aux Français qu'un roseau pour soutien,
« Son glaive deviendra visible près du tien.
« Pars, Orléans t'appelle en sa fidèle enceinte,
« Et le front de ton roi demande l'huile sainte. »
La vision céleste à ces mots s'envola ;
Mais des feux m'embrasaient, oui, je les sentais là ;
Je portais dans mon sein sa promesse gravée ;
Je brûlais pour la palme à mes mains réservée.
Affranchir son pays est un bien précieux
Qu'on ne refuse pas lorsqu'on l'obtient des cieux...
Voilà, prince, quelle est l'histoire de ma vie !
Je n'ai point mérité qu'elle me soit ravie.
Le ciel, qu'on ose ici m'accuser de trahir,
Avait tout commandé ; je n'ai fait qu'obéir.

(SOUMET).

XII. Topographie.

LA SYRIE.

Si vous jetez un coup d'œil sur une mappemonde, vous
y remarquerez sans peine un point qui est comme le centre
de l'Asie, de l'Afrique et de l'Europe ; qui, baigné des flots

de la Méditerranée, touche par eux à ces climats forts et modérés, où s'agite, dans la plénitude de l'activité humaine, la race énergique de Japhet; tandis que, par un autre côté, le fleuve de l'Euphrate et le golfe de la mer Rouge ouvrent à ses habitants les routes de l'océan Indien, et leur permettent de chercher sous les zones équatoriales ces richesses fabuleuses où Salomon puisa, qu'Alexandre voulut voir, que les Romains ambitionnaient, que le moyen âge découvrit de nouveau, et que la puissance britannique garde présentement avec une si suprême jalousie. Tout proche encore de ce point favorisé de la terre, vous entreverrez Memphis, le Nil, les Pyramides et les déserts sublimes, rebelles, jusqu'à présent, à la plus courageuse curiosité, afin que ces rivages, ayant des portes ouvertes sur tout, eussent aussi des portes fermées à tous. Là, comme en un rendez-vous inévitable indiqué par la nature et par Dieu, tous les conquérants ont paru. Les primitives monarchies d'Assur et de la Chaldée y ont envoyé sans relâche leurs généraux; Alexandre y fut arrêté devant Tyr, et vint lire à Jérusalem l'histoire de ses triomphes, écrits d'avance, comme ceux de Cyrus; ses successeurs se disputèrent avec acharnement ce débris de sa couronne; les Romains en prirent possession; le moyen âge y poussa toute sa chevalerie pendant deux cents ans; Napoléon y fit luire sur le sable un éclair de son épée; enfin, tout à l'heure, les derniers coups de canon tirés par l'Europe ont réveillé les vieux échos de cette terre fantastique, et le doigt scrutateur de ceux qui observent l'avenir l'a marquée comme le champ futur des combats réservés à nos neveux. Vous avez nommé la Syrie, messieurs, et avec elle le territoire qui fut donné au peuple juif comme le complément temporel des grâces magnifiques qu'il avait reçues dans l'ordre de l'esprit.

(R. P. Lacordaire.)

XIII. Prosopographie.

LE CHEVAL.

I

Voyez ce cheval ardent et impétueux : pendant que son écuyer le conduit et le dompte : que de mouvements irréguliers ! C'est un effet de son ardeur, et son ardeur vient de sa force, mais d'une force mal réglée. Il se compose ; il devient plus obéissant sous l'éperon, sous le frein, sous la main qui le mène à droite et à gauche, le pousse, le retient comme elle veut. A la fin, il est dompté ; il ne fait que ce qu'on lui demande ; il sait aller le pas, il sait courir, non plus avec cette activité qui l'épuisait, par laquelle son obéissance était encore désobéissante. Son ardeur s'est changée en force, ou plutôt, puisque cette force était en quelque façon dans cette ardeur, elle s'est réglée.

Remarquez, elle n'est pas détruite, elle se règle ; il ne faut plus d'éperon ; presque plus de bride, car la bride ne fait plus l'effet de dompter l'animal fougueux. Par un petit mouvement qui n'est que l'indication de la volonté de l'écuyer, elle l'avertit plutôt qu'elle ne le force, et le paisible animal ne fait plus, pour ainsi dire, qu'écouter. Son action est tellement unie à celle de celui qui le mène, qu'il ne s'en fait plus qu'une seule et même action.

(Bossuet, méditations.)

II

Voyez ce fier coursier, noble ami de son maître,
Son compagnon guerrier, son serviteur champêtre ;
Le traînant dans un char, ou s'élançant sous lui.
Dès qu'a sonné l'airain, dès que le fer a lui,
Il s'éveille, il s'anime, et, redressant la tête,
Provoque à la mêlée, insulte à la tempête :

De ses naseaux brûlants il souffle la terreur ;
Il bondit d'allégresse, il frémit de fureur.
On charge ; il dit : allons ! se courrouce et s'élance !
Il brave le mousquet, il affronte la lance ;
Parmi le feu, le fer, les morts et les mourants,
Terrible, échevelé, s'enfonce dans les rangs ;
Du bruit des chars guerriers fait retentir la terre,
Prête au foudre de Mars les ailes du tonnerre.
Il prévient l'éperon, il obéit au frein,
Fracasse par son choc les cuirasses d'airain,
S'enivre de valeur, de carnage et de gloire,
Et partage avec nous l'orgueil de la victoire ;
Puis revient dans nos champs, oubliant ses exploits,
Reprendre un air plus doux et de plus doux emplois,
Aux rustiques travaux humblement s'abandonne,
Et console Cérès des fureurs de Bellone.

(DELILLE.)

III

Numquid præbebis equo fortitudinem, aut circumdabis collo ejus hinnitum ?

Numquid suscitabis eum quasi locustas ? Gloria narium ejus terror.

Terram ungula fodit ; exultat audacter ; in occursum pergit armatis.

Contemnit pavorem, nec cedit gladio.

Super ipsum sonabit pharetra, vibrabit hasta et clypeus.

Fervens et fremens sorbet terram, nec reputat tubæ sonare clangorem.

Ubi audierit buccinam, dicit : Vah ! procul odoratur bellum, exhortationem ducum, et ululatum exercitus.

(JOB.)

XIV. Lettre familière.

LE COMTE DE MAISTRE A MADEMOISELLE CONSTANCE SA FILLE.

Mon très-cher enfant, il faut absolument que j'aie le plaisir de t'écrire, puisque Dieu ne veut pas encore me donner celui de te voir. Peut-être tu ne sauras me lire couramment, mais tu ne manqueras pas de gens qui t'aideront à déchiffer l'écriture de ton vieux papa. Ma chère petite Constance, comment donc est-il possible que je ne te connaisse point encore, que tes jolis petits bras ne se soient point jetés autour de mon cou, que les miens ne t'aient point mise sur mes genoux pour t'embrasser à mon aise? Je ne puis me consoler d'être si loin de toi; mais prends bien garde, mon cher enfant, d'aimer ton papa comme s'il était à côté de toi : quand même tu ne me connais pas, je ne suis pas moins dans ce monde, et je ne t'aime pas moins que si tu ne m'avais jamais quitté. Tu dois me traiter de même, ma chère petite, afin que tu sois tout accoutumée à m'aimer quand je te verrai et que ce soit comme si nous ne nous étions jamais perdus de vue : pour moi, je pense continuellement à toi, et pour y penser avec plus de plaisir, j'ai fabriqué dans ma tête une petite figure espiègle, qui me semble être ma Constance. Elle a bien quelquefois certaines petites fantaisies; mais tout cela n'est rien, je sais bien qu'elles ne durent pas. Ma chère petite amie, je te recommande de tout mon cœur d'être bien sage, bien douce, bien obéissante avec tout le monde, mais surtout avec ta bonne maman et ta tante, qui ont tant de bontés pour toi : toutes les fois qu'elles te font une caresse, il faut que tu leur en rendes deux, une pour toi et une pour ton papa. J'ai bien ouï dire par le monde qu'une certaine demoiselle te gâtait un peu, mais ce sont des discours de mauvaises langues que le bon Dieu ne bénira jamais. Si tu en entends parler, tu n'as qu'à dire que les enfants gâtés réussissent toujours. Je ne veux point que tu te mettes en frais pour répondre à cette lettre; je sais que la bonne maman veut ménager ta petite taille, et elle a raison. Tu m'écriras quand tu seras plus forte; en attendant, je suis bien aise de savoir que tu aimes beaucoup la lecture, et que tu sais ton *Télémaque* sur le bout du doigt. Je voudrais bien te demander si tu n'as point eu peur, quand tu as vu Mentor jeter ce pauvre Télémaque dans l'eau, tête première, pour l'empêcher de perdre son temps. Ah! jamais ta tante Nancy n'aurait fait un coup de cette sorte. Un bon oncle, que tu ne connais pas encore, te portera bientôt, de ma part, un livre qui t'amusera beaucoup; il est tout plein de belles images, et, dès qu'on t'aura expliqué comment il faut se servir du livre, tu pourras t'amuser toute seule. Adèle et Rodolphe s'en sont bien divertis; à présent, c'est ton tour. Je te le donne, et quand tu le feuilletteras, tu ne manqueras jamais de penser à ton papa.

Ta maman, ton frère, ta sœur, t'embrassent de tout leur cœur; et moi, ma chère enfant, juge si je t'embrasse, si je te serre sur mon cœur, si je pense à toi continuellement. Adieu, mon cœur, adieu, ma Constance. Mon Dieu, quand pourrais-je donc te voir?

(Juillet 1802.)

XV. Dithyrambe.

IMMORTALITÉ DE L'AME.

D'où me vient de mon cœur l'ardente inquiétude?
En vain je promène mes jours
Du loisir au travail, du repos à l'étude,
Rien n'en saurait fixer la vague inquiétude,
Et les tristes dégoûts me poursuivent toujours.

Des voluptés essayons le délire,
Couronnez-moi de fleurs, apportez-moi ma lyre,
Grâces, Plaisirs, Amours, Jeux, Ris, accourez tous;
Que le vin coule,
Que mon pied foule
Les parfums les plus doux.
Mais quoi! déjà la rose pâlissante,
Perd son éclat, les parfums leur odeur!
Ma lyre échappe à ma main languissante,
Et les tristes ennuis sont rentrés dans mon cœur!
Volons aux plaines de Bellone;
Peut-être son brillant laurier
A mon cœur va faire oublier
Le noir chagrin qui l'environne,
Marchons, déjà la charge sonne,
Le fer brille, la foudre tonne:
J'entends hennir le fier coursier,
L'acier retentit sur l'acier;
L'Olympe épouvanté résonne
Des cris du vaincu, du vainqueur;
Autour de moi le sang bouillonne.
A ces tableaux mon cœur frissonne
Et la pitié plaintive a crié dans mon cœur.
D'un air moins turbulent l'Ambition m'appelle,
Sublime quelquefois et trop souvent cruelle:
Pour commander j'obéis à sa loi.
Puissant dominateur de la terre et de l'onde,
Je dispose à mon gré du monde,
Et ne puis disposer de moi.
Ainsi d'espérances nouvelles
Toujours avide et toujours dégoûté,
Vers une autre félicité
Mon âme ardente étend ses ailes;
Et rien ne peut calmer, dans les choses mortelles,
Cette indomptable soif de l'immortalité.
Lorsqu'en mourant le sage cède
Au décret immortel dont tout subit la loi,
Un Dieu lui dit : « J'ai réservé pour moi

> L'éternité qui te précède,
>   L'éternité qui s'avance est à toi. »
Ah! que dis-je? Écartons ce profane langage,
   L'éternité n'admet point de partage.
Tout entière en toi seul, Dieu sut la réunir;
Dans lui ton existence à jamais fut tracée,
      Et déjà ton être à venir
   Était présent à sa vaste pensée.
      Sois donc digne de ton auteur,
      Ne ravale point la hauteur
      De cette origine immortelle!
      Eh! qui peut mieux enseigner qu'elle
A braver des faux biens l'éclat ambitieux?
Que la terre est petite à qui la voit des cieux!
Que semble à ses regards l'ambition superbe?
C'est de ces vers, rampant dans leur humble cité,
Vils tyrans des gazons, conquérants d'un brin d'herbe,
      L'invisible rivalité.
   Tous ces objets qu'agrandit l'ignorance,
      Que colore la vanité,
Que sont-ils aperçus dans un lointain immense,
Des célestes hauteurs de l'immortalité?
C'est cette perspective, en grands pensers féconde;
C'est ce noble avenir qui, bien mieux que ces lois
Qu'inventa de l'orgueil l'ignorance profonde,
Rétablit en secret l'équilibre du monde,
Aux yeux de l'Éternel égale tous les droits,
Nos rires passagers, nos passagères larmes;
Ote aux maux leur tristesse, aux voluptés leurs charmes;
De l'homme vers le ciel élance tous les vœux.
Absent de cet atome et présent dans les cieux,
Voit-il, daigne-t-il voir s'il existe une terre,
S'il y brille un soleil, s'il y gronde un tonnerre,
S'il est là des héros, des grands, des potentats;
Si l'on y fait la paix, si l'on y fait la guerre,
Si le sort y ravit ou donne des États?
. . . .
   Et qui, du sommet d'un coteau,

Voyant le Nil au loin rouler ses eaux pompeuses,
Détournerait les yeux de ce riche tableau
  Et de ces eaux majestueuses,
Pour entendre à ses pieds murmurer un ruisseau?
Silence, être mortel! Vaines grandeurs, silence!
L'obscurité, l'éclat, le savoir, l'ignorance,
  La force, la fragilité :
 Tout, excepté le crime et l'innocence,
 Et le respect d'une juste puissance,
Près du vaste avenir, courte et frêle existence,
Aux yeux désanchanteurs de la réalité,
  Descend de sa haute importance
  Dans l'éternelle égalité.
Tel le vaste Apennin, de sa cime hautaine,
Confondant à nos yeux et montagne et vallon,
  D'un monde entier ne forme qu'une plaine,
Et rassemble en un point un immense horizon.
Ah! si ce noble instinct par qui du grand Homère,
Par qui des Scipions l'esprit fut enfanté,
  N'était qu'une vaine chimère,
 Qu'un vain roman par l'orgueil inventé,
  Aux limites de sa carrière,
  D'où vient que l'homme épouvanté
A l'aspect du néant se rejette en arrière?
  Pourquoi, dans l'instabilité
  De cette demeure inconstante,
  Nourrit-il cette longue attente
  De l'immuable éternité?
  Non, ce n'est point un vain système,
C'est un instinct profond vainement combattu;
  Et sans doute l'Être suprême
  Dans nos cœurs le grava lui-même,
Pour combattre le vice et sauver la vertu.
  Dans sa demeure inébranlable,
  Assise sur l'éternité,
  La tranquille immortalité,
 Propice au bon, et terrible au coupable,
Du temps qui sous ses yeux marche à pas de géant,

Défend l'ami de la justice,
Et ravit à l'espoir du vice
L'asile horrible du néant.
Oui, vous qui, de l'Olympe, usurpant le tonnerre,
Des éternelles lois renversez les autels, -
Lâches oppresseurs de la terre,
Tremblez; vous êtes immortels !
Et vous, vous, du malheur victimes passagères,
Sur qui veillent d'un Dieu les regards paternels,
Voyageurs d'un moment aux terres étrangères,
Consolez-vous, vous êtes immortels !

(DELILLE.)

XVI. Analyse de l'Énéide.

LIVRE 1er. Énée, étant parti de Sicile, vogue sur la mer de Toscane. Éole, à la sollicitation de Junon, excite une violente tempête. Neptune calme les flots, et les vaisseaux des Troyens abordent en Afrique. Vénus va se plaindre à Jupiter de l'acharnement de Junon contre son fils Énée. Le père des dieux la console en lui dévoilant ce que les destins réservent à ce fils; il envoie Mercure à Carthage pour qu'il dispose Didon à le bien recevoir. Vénus, déguisée en chasseresse, se présente à Énée, à qui elle raconte l'histoire de cette princesse, puis l'enveloppe d'un nuage avec son fidèle Achate. Les deux héros vont à Carthage sans être vus et entrent dans le temple. Leurs compagnons étant arrivés, Énée se montre et se présente à Didon, qui lui fait un accueil favorable. Il envoie chercher son fils Ascagne ; mais Vénus, pour prévenir l'inconstance de Didon et la perfidie des Carthaginois, substitue au jeune Troyen son fils Cupidon. La reine caresse cet enfant, et, peu après, l'amour se glisse dans son cœur. Dans un grand repas qu'elle donne à Énée, elle le prie de lui faire le récit de la prise de Troie et celui de ses propres malheurs, depuis son départ de cette ville.

Livre II. Le héros raconte à Didon le stratagème dont se servirent les Grecs pour se rendre maîtres de Troie, le siége du palais de Priam, la fin malheureuse de ce monarque, la destruction totale de sa patrie embrasée, sa retraite sur le mont Ida avec son père Anchise et un grand nombre de Troyens, enfin, la perte qu'il fit de Créuse, son épouse.

Livre III. Suivant le récit que continue Enée, il équipa une flotte, et, s'étant mis en mer, il aborda dans une presqu'île de la Thrace, d'où plusieurs prodiges l'obligèrent de partir. Il se rendit dans l'île de Délos, et y consulta l'oracle d'Apollon, qui lui dit d'aller s'établir dans le pays d'où les Troyens tiraient leur origine. Il crut que c'était dans la Crète ; mais à peine y fut-il arrivé que la peste se mit dans son camp. Alors ses dieux pénates lui déclarèrent pendant la nuit que l'Italie devait être le terme de son voyage. Il se remit en mer, mouilla aux îles Strophades, passa près d'Actium, se rendit de là en Épire, où il fit un assez long séjour, côtoya ensuite plusieurs pays, aborda à Drépane, où il perdit son père, et essuya la tempête qui le jeta sur les côtes de Carthage.

Livre IV. Didon devient éperdument amoureuse d'Énée, qui, de son côté, épris pour Didon, perd le souvenir de l'empire que les destins lui assuraient. Mais Mercure vient lui annoncer les ordres de Jupiter, pour qu'il aille en Italie. Énée triomphe alors de sa passion, il part ; Didon se tue de désespoir.

Livre V. Une tempête fait prendre à Énée le parti de relâcher à Drépane, où il célèbre l'anniversaire de la mort de son père, et donne à cette occasion des jeux funèbres. Iris, envoyée par Junon, sous la figure d'une femme troyenne, fait envisager aux compagnons d'Énée de nouveaux périls sur la mer, et leur persuade de mettre le feu aux vaisseaux pour obliger le héros de se fixer dans ce pays. Jupiter fait tomber, durant l'incendie, une grosse pluie qui sauve la flotte. Anchise, apparaissant en songe à Énée, lui ordonne, de la part des dieux, de laisser en Sicile les vieillards et les femmes, et de ne conduire en Italie que l'élite des Troyens. Il lui conseille, en même temps, d'aller à Cumes et d'y consulter la Sybille. Énée, docile à ses ordres, fonde en Sicile une ville où il laisse une partie de sa suite, et s'embarque.

Livre VI. Énée aborde à Cumes ; la Sybille lui annonce tout ce qu'il doit souffrir avant de s'établir en Italie ; elle le conduit aux enfers. Après avoir traversé le Tartare et vu le supplice des méchants, il entre dans les Champs Élysées, où son père Anchise l'entretient des sujets de sa glorieuse postérité, et lui peint les plus fameux héros de la République romaine.

Livre VII. Énée arrive à l'embouchure du Tibre, dans un pays où régnait Latinus, père de Lavinie, que l'oracle du dieu Faune destinait à un prince étranger. Ce monarque reçoit favorablement les Troyens et offre à leur chef sa fille en mariage. Mais la furie Alecto, évoquée des enfers par Junon, souffle sa rage dans le cœur de la reine Amate, qui a promis sa fille à Turnus, son neveu, roi d'Ardée. Alecto inspire de même à ce jeune prince l'amour de la guerre. Le jeune Ascagne blesse imprudemment un cerf apprivoisé, et l'on saisit aussitôt cette occasion de s'armer contre les Troyens, malgré le roi Latinus. Le bouillant Turnus rassemble les troupes latines et celles de ses alliés.

Livre VIII. Le héros troyen, suivant le conseil du dieu du Tibre, va demander du secours au roi Évandre, qui avait établi une colonie d'Arcadiens au lieu même où Rome fut depuis bâtie. Ce prince donne à Énée quatre cents chevaux commandés par Pallas, son fils unique, et lui conseille en même temps d'aller se joindre à l'armée des Tyrrhéniens qui se sont soulevés contre le tyran Mézence : c'est ce que fait Énée, qui reçoit alors de Vénus, sa mère, des armes que Vulcain avait forgées pour lui.

LIVRE IX. Turnus, averti par Junon, profite de l'absence d'Énée pour attaquer le camp des Troyens ; il veut mettre le feu à leurs vaisseaux qui se changent en nymphes. Les Troyens délibèrent sur les moyens d'instruire Énée de leur situation. Nisus et Euryale offrent de traverser le camp des Rutules et d'aller le trouver ; mais ils périssent dans cette entreprise. Turnus attaque le camp. Les portes en sont tout à coup ouvertes par deux Troyens, et refermées aussitôt que Turnus y est entré ; accablé par le nombre, il bat en retraite, se précipite du haut du rempart dans le Tibre et va rejoindre l'armée.

LIVRE X. Tous les dieux de l'Olympe s'assemblent par l'ordre de Jupiter, qui, ne pouvant réconcilier Junon et Vénus, déclare que désormais il ne favorisera ni les Troyens ni les Rutules, et qu'il abandonne tout au destin. Cependant Énée, à la tête des troupes auxiliaires, s'embarque ; mais, étant arrivé à sa nouvelle ville, les ennemis s'opposent à sa descente. Il se livre un combat dans lequel Pallas, fils du roi Évandre, est tué par Turnus ; Énée, qui veut le venger, poursuit son meurtrier. Turnus aurait péri dans cette journée, si Junon, pour le sauver, n'eût offert à ses yeux un fantôme armé semblable à Énée, fuyant devant lui. Turnus court après ce faux Énée, qui se réfugie dans un navire. Il y entre avec ce fantôme qui disparaît aussitôt de ses yeux. Alors Junon coupe le câble et fait aborder Turnus près d'Ardée, capitale de son royaume. Mézence, qui prend la place de ce prince dans le combat, est tué avec son fils Lausus par le héros troyen.

LIVRE XI. Les deux parties conviennent d'une suspension d'armes pour enterrer leurs morts.

Le roi Latinus, ayant assemblé son conseil, veut demander la paix. Turnus est de l'avis contraire, et offre de combattre seul à seul contre Énée, comme celui-ci l'a demandé. Cependant le chef des Troyens vient attaquer les Latins par deux endroits : Turnus, à la tête de son infanterie, se met en embuscade dans les montagnes où est Énée. D'un autre côté, il se livre un combat de cavalerie dans lequel les Latins défaits sont poursuivis jusque sous les murs de Laurente. Turnus marche aussitôt pour aller secourir la ville. Énée le suit et l'atteint ; mais la nuit les sépare.

Livre XII. Un combat singulier entre Énée et Turnus doit terminer cette guerre. On élève des autels au milieu des armées. On fait un traité par lequel Lavinie doit être le prix du vainqueur. Mais les Latins le violent en tirant sur les Troyens, et les deux armées en viennent aux mains. Énée, atteint d'une flèche lancée par une main inconnue, se retire du combat. Vénus le guérit aussitôt, et il reparaît sur le champ de bataille, appelant à haute voix Turnus qui l'évite. Le héros troyen marche alors à la ville et met le feu aux palissades. La reine Amate, croyant que tout est perdu, se donne la mort. Turnus, informé de ce funeste accident, se résout à chercher Énée pour le combattre. Ces deux guerriers se joignent, et Turnus meurt de la main de son rival.

XVII. Poésie dramatique.

DIALOGUE DE NÉARQUE ET DE POLYEUCTE.

NÉARQUE.

Où pensez-vous aller ?

POLYEUCTE.

Au temple où l'on m'appelle.

NÉARQUE.

Quoi! vous mêler aux vœux d'une troupe infidèle!
Oubliez-vous déjà que vous êtes chrétien?

POLYEUCTE.

Vous, par qui je le suis, vous en souvient-il bien?

NÉARQUE.

J'abhorre les faux dieux.

POLYEUCTE.

       Et moi je les déteste.

NÉARQUE.

Je tiens leur culte impie.

POLYEUCTE.

       Et je le tiens funeste.

NÉARQUE.

Fuyez donc leurs autels.

POLYEUCTE.

       Je les veux renverser,
Et mourir dans leur temple, ou les y terrasser.
Allons, mon cher Néarque, allons aux yeux des hommes
Braver l'idolâtrie et montrer qui nous sommes.
C'est l'attente du ciel, il nous faut la remplir;
Je viens de le promettre, et je vais l'accomplir.
Je rends grâces au Dieu que tu m'as fait connaître
De cette occasion qu'il a sitôt fait naître,
Où déjà sa bonté, prête à me couronner,
Daigne éprouver la foi qu'il vient de me donner.

NÉARQUE.

Ce zèle est trop ardent, souffrez qu'il se modère.

POLYEUCTE.

On n'en peut trop avoir pour le Dieu qu'on révère.

NÉARQUE.

Vous trouverez la mort.

POLYEUCTE.

       Je la cherche pour lui.

NÉARQUE.

Et si ce cœur s'ébranle ?

POLYEUCTE.

Il sera mon appui.

NÉARQUE.

Il ne commande point que l'on s'y précipite.

POLYEUCTE.

Plus elle est volontaire, et plus elle mérite.

NÉARQUE.

Il suffit, sans chercher, d'attendre et de souffrir.

POLYEUCTE.

On souffre avec regret, quand on n'ose s'offrir.

NÉARQUE.

Mais dans ce temple enfin la mort est assurée.

POLYEUCTE.

Mais dans le ciel déjà la palme est préparée.

NÉARQUE.

Par une sainte vie il faut la mériter.

POLYEUCTE.

Mes crimes en vivant me la pourraient ôter.
Pourquoi mettre au hasard ce que la mort assure ?
Quand elle ouvre le ciel, peut-elle sembler dure ?
Je suis chrétien, Néarque, et le suis tout à fait ;
La foi que j'ai reçue aspire à son effet.
Qui fuit croit lâchement, et n'a qu'une foi morte.

NÉARQUE.

Ménagez votre vie : à Dieu même elle importe.
Vivez pour protéger les chrétiens en ces lieux.

POLYEUCTE.

L'exemple de ma mort les fortifiera mieux.

NÉARQUE.

Vous voulez donc mourir ?

POLYEUCTE.

Vous aimez donc à vivre ?

(CORNEILLE, *Polyeucte.*)

XVIII. Poésie didactique.

ANALYSE DES GÉORGIQUES DE VIRGILE.

La culture de la terre, celle des arbres, le soin des troupeaux et celui des abeilles, tels sont les quatre sujets des quatre livres des Géorgiques.

CHANT Iᵉʳ. Après une invocation terminée par l'éloge d'Auguste, Virgile parle des travaux qui doivent préparer la terre à recevoir les semences, puis de l'ensemencement et des soins qu'il exige; viennent ensuite l'énumération des divers instruments de labourage, la manière dont il convient de distribuer le temps, les différentes espèces de culture, la description de la sphère, l'exposé des occupations auxquelles le laboureur peut se livrer pendant les jours de fête ou d'orage, quelques avis superstitieux sur les jours que l'on doit craindre ou préférer pour certains ouvrages; enfin des pronostics tirés du lever et du coucher des astres, etc.; ce qui sert au poëte de transition pour rappeler la mort de César.

CHANT II. Une courte exposition du sujet, suivie d'une invocation à Bacchus, commence le deuxième chant : on voit ensuite la double reproduction, naturelle et artificielle, des arbres et des arbustes; les divers modes de cultiver, la variété du sol avec l'éloge de l'Italie, la manière de reconnaître le terrain propre à chaque arbre, la plantation et la culture de la vigne, celle des autres plantes; détails qui sont terminés par un épisode sur le bonheur de la vie champêtre.

CHANT III. Le troisième chant a pour objet l'éducation des troupeaux. Il se divise en deux parties, dont l'une traite des grands troupeaux et l'autre des petits. Dans la première, Virgile donne des conseils sur le choix des mères; à cette occasion, il peint la vache et l'étalon, une course

de chars et un combat de taureaux. Dans la seconde, il
apprend quels soins exigent les brebis et les chèvres, le
profit qu'on peut tirer de leur laine et de leur lait. Puis
il s'occupe de la défense des troupeaux, et à ce sujet il
parle des chiens et de leur nourriture.

Ce chant, comme les deux premiers, commence par une
magnifique invocation, et finit par l'intéressante description d'une épizootie.

CHANT IV. Après une invocation à Mécène, le poëte donne
des conseils sur le choix d'une habitation commode pour
les abeilles et propice à leurs travaux. Il parle du temps
où les essaims se multiplient; il indique la manière de les
fixer dans le lieu de leur naissance, et à cette occasion il
place le touchant épisode du vieillard d'Abalie. Il peint
ensuite les combats des abeilles, et enseigne le moyen de
calmer leur fureur. Il décrit la régence intérieure de leur
petite république, leurs immenses travaux, leur étonnante
reproduction. Il montre à extraire le miel des ruches; il
indique les signes qui annoncent les maladies des abeilles
et la manière de les guérir. Une réflexion lui fournit l'occasion de parler de leur reproduction artificielle, et amène
l'histoire d'Aristée, dans laquelle on trouve celle d'Orphée
et d'Eurydice.

XIX. Poésie pastorale.

RUTH.

Le soleil n'avait pas commencé sa carrière,
Que Ruth est dans les champs. Les moissonneurs lassés
Dormaient près des épis autour d'eux dispersés;
Le jour commence à naître, aucun ne se réveille;
Mais aux premiers rayons de l'aurore vermeille,
Parmi ses serviteurs, Ruth reconnaît Booz.
D'un paisible sommeil il goûtait le repos;

Des gerbes soutenaient sa tête vénérable.
Ruth s'arrête : O vieillard, soutien du misérable,
« Que l'Ange du Seigneur garde tes cheveux blancs !
« Dieu pour se faire aimer doit prolonger tes ans.
« Quelle sérénité se peint sur ton visage !
« Comme ton cœur est pur, ton front est sans nuage,
« Tu dors, et tu parais méditer des bienfaits :
« Un songe t'offre-t-il les heureux que tu fais?
« Ah ! s'il parle de moi, de ma tendresse extrême,
« Crois-le, ce songe, hélas ! est la vérité même. »
Le vieillard se réveille à ces accents si doux.
« Pardonnez, lui dit Ruth, j'osais prier pour vous ;
« Mes vœux étaient dictés par la reconnaissance ;
« Chérir son bienfaiteur ne peut être une offense ;
« Un sentiment si pur doit-il se réprimer?
« Non, ma mère me dit que je puis vous aimer.
« De Néomi dans moi reconnaissez la fille :
« Est-il vrai que Booz soit de notre famille?
« Mon cœur et Néomi me l'assurent tous deux.
— « O ciel, répond Booz, ô jour trois fois heureux !
» Vous êtes cette Ruth, cette aimable étrangère,
« Qui laissa son pays et ses dieux pour sa mère !
« Je suis de votre sang ; et, selon notre loi,
« Votre époux doit trouver un successeur en moi.
« Mais puis-je réclamer ce noble et saint usage?
« Je crains que mes vieux ans n'effarouchent votre âge ;
« Si je suis heureux seul, ce n'est plus un bonheur.
— « Ah ! que ne lisez-vous dans le fond de mon cœur
« Lui dit Ruth ; vous verriez que la loi de ma mère
« Me devient dans ce jour et plus douce et plus chère. »
La rougeur à ces mots augmente ses attraits.
Booz tombe à ses pieds : « Je vous donne à jamais
« Et ma main et ma foi ; le plus saint hyménée
« Aujourd'hui va m'unir à votre destinée.
« A cette fête, hélas ! nous n'aurons pas l'amour ;
« Mais l'amitié suffit pour en faire un beau jour.
« Et vous, Dieu de Jacob, seul maître de ma vie,
« Je ne me plaindrai point qu'elle me soit ravie,

« Je ne veux que le temps et l'espoir, ô mon Dieu !
« De laisser Ruth heureuse en lui disant adieu. »
Ruth le conduit alors dans les bras de sa mère.
Tous trois à l'Éternel adressent leur prière,
Et le plus saint des nœuds en ce jour les unit.
Juda s'en glorifie ; et Dieu, qui les bénit,
Aux désirs de Booz permet que tout réponde.
Belle comme Rachel, comme Lia féconde,
Son épouse eut un fils : et cet enfant si beau
Des bienfaits du Seigneur est un gage nouveau :
C'est l'aïeul de David ; Néomi le caresse,
Elle ne peut quitter ce fils de sa tendresse,
Et dit, en le montrant sur son sein endormi :
« Vous pouvez maintenant m'appeler Néomi. »

XX. Élégie.

L'ANGE ET L'ENFANT.

Un ange au radieux visage,
Penché sur le bord d'un berceau,
Semblait contempler son image
Comme dans l'onde d'un ruisseau.

« Charmant enfant qui me ressemble,
Disait-il, oh ! viens avec moi,
Viens, nous serons heureux ensemble :
La terre est indigne de toi.

« Là, jamais entière allégresse :
L'âme y souffre de ses plaisirs :
Les cris de joie ont leur tristesse,
Et les voluptés leurs' soupirs.

« La crainte est de toutes les fêtes ;
Jamais un jour calme et serein
Du choc ténébreux des tempêtes
N'a garanti le lendemain.

« Eh quoi ! les chagrins, les alarmes,
Viendraient troubler ce front si pur !
Et par l'amertume des larmes
Se terniraient ces yeux d'azur !

« Non, non ; dans les champs de l'espace
Avec moi tu vas t'envoler ;
La Providence te fait grâce
Des jours que tu devais couler.

« Que personne dans ta demeure
N'obscurcisse ses vêtements ;
Qu'on accueille ta dernière heure
Ainsi que tes premiers moments.

« Que les fronts y soient sans nuage,
Que rien n'y révèle un tombeau ;
Quand on est pur comme à ton âge,
Le dernier jour est le plus beau. »

Et, secouant ses blanches ailes,
L'ange à ces mots a pris l'essor
Vers les demeures éternelles.....
Pauvre mère !..... ton fils est mort !

(J. Reboul.)

QUESTIONNAIRE

DU

COURS DE LITTÉRATURE

Notions préliminaires.

1. Qu'est-ce qu'on entend par littérature en général ?
2. Combien d'acceptions peut avoir le mot *littérature* ?
3. Faut-il confondre les lettres et les belles-lettres ?
4. A combien d'objets se rapportent les travaux de l'esprit ?
5. Pour agir sur les hommes, suffit-il de leur montrer le vrai ?
6. Qu'est-ce que le beau ?
7. Quelle est la fin immédiate des belles-lettres ?
8. Quelle est la fin suprême et véritable des belles-lettres ?
9. Quelle est l'utilité des belles-lettres ?
10. Quelles sont les facultés les plus utiles pour cultiver les belles-lettres ?
11. Qu'est-ce que le génie ?
12. Qu'est-ce que le talent ?
13. Quelles sont les principales différences entre le talent et le génie ?
14. Qu'est-ce qui caractérise le génie dans tous les genres ?
15. Qu'est-ce que l'esprit ?
16. Qu'est-ce que la sensibilité ?
17. Qu'est-ce que l'imagination, et quelle est sa puissance ?
18. Qu'est-ce que la mémoire, et quelle est sa nécessité ?
19. Qu'est-ce que le jugement ?
20. Qu'est-ce que le goût ?
21. Quelle différence y a-t-il entre le jugement et le goût ?
22. Le goût est-il une faculté commune à tous les hommes ?

23. Peut-on distinguer un bon et un mauvais goût?
24. Tous les hommes de bon goût ont-ils la même manière de juger?
25. Quels sont les deux caractères d'un goût exquis?
26. Qu'entendez-vous par règles de littérature?
27. Quelle est l'origine des règles?
28. Quelle est l'importance des règles?
29. Les règles ont-elles précédé les modèles?
30. Les règles sont-elles généralement invariables et sans exception?
31. Qu'est-ce que la critique et que faut-il pour bien juger un ouvrage?
32. Quels sont les principes communs à toute composition?
33. Comment se divisent les œuvres littéraires?

PREMIÈRE PARTIE

DU STYLE.

34. Quel a été le sens primitif du mot *style*?
35. Comment peut-on définir le style?
36. Le style n'est-il pas l'expression du caractère de chaque homme?
37. Le style ne change-t-il pas avec les peuples et les climats?
38. Le style est-il dépendant du savoir?
39. Comment divisez-vous le *traité du style*?
40. Qu'est-ce que bien écrire et d'où viennent les nobles expressions?
41. Combien d'éléments peut-on distinguer dans le style?
42. Qu'est-ce que la pensée proprement dite?
43. Quelle différence y a-t-il entre une idée et une pensée?
44. Le mot *pensée* n'a-t-il pas souvent un sens plus étendu, et qu'est-ce que la pensée littéraire?
45. Doit-on séparer le style de la pensée?
46. Combien y a-t-il de sortes de qualités de pensées, et quelles sont les qualités requises par la raison?
47. Quand la pensée est-elle vraie et quand est-elle fausse?
48. Qu'est-ce qu'une pensée juste et quelle différence y a-t-il entre la vérité et la justesse des pensées?
49. Qu'est-ce que la pensée claire?
50. Quelles sont les qualités particulières des pensées?
51. Qu'est-ce que la pensée simple?
52. En quoi consiste la naïveté de la pensée?

53. La naïveté exclut-elle l'énergie ?
54. Faut-il confondre la naïveté avec *une naïveté* ?
55. Quel est le défaut voisin de la naïveté ?
56. Qu'est-ce que la pensée fine ?
57. Quel est le défaut voisin de la finesse ?
58. Qu'est-ce que la pensée gracieuse ?
59. Qu'est-ce que la pensée hardie ?
60. Que devient la hardiesse poussée à l'excès ?
61. Qu'est ce que la pensée forte ?
62. Quel est le défaut voisin de la force ?
63. Qu'est-ce que la pensée sublime ou le sublime de la pensée ?
64. Quelle règle peut-on suivre pour l'emploi de ces diverses
     pensées ?
65. Qu'entendez-vous par sentiments , et comment diffèrent-ils
     des passions ?
66. Le sentiment doit-il accompagner la pensée ?
67. Quels sont les caractères communs et les caractères particu-
     liers des sentiments ?
68. Qu'est-ce que le sentiment vrai !
69. Qu'est-ce que le sentiment naturel ?
70. Qu'est-ce que le sentiment délicat ?
71. Qu'est-ce que le sentiment énergique ?
72. Qu'est-ce que le sentiment noble ?
73. Qu'est-ce que le sentiment sublime ?
74. Quelle est la meilleure source des nobles sentiments ?
75. Qu'est-ce qu'on entend par images ?
76. Quelles sont l'importance et l'utilité des images ?
77. Sur quoi reposent les images ?
78. D'où dépendent la clarté et la vérité des images ?
79. Les mêmes images conviennent-elles à toutes les langues ?
80. Que faut-il faire pour s'assurer de la justesse d'une image ?
81. Combien de conditions faut-il pour qu'une image soit em-
     ployée à propos ?
82. Qu'est-ce que le *phébus* ?
83. Qu'est-ce que l'image sublime ou le sublime d'image ?
84. Les mots contribuent-ils beaucoup à faire valoir les pensées ?
85. Sous combien de rapports peut-on considérer les mots ?
86. Que faut-il observer sur les mots considérés isolément ?
87. En quoi consiste la pureté de langage ?
88. Qu'y a-t-il de plus contraire à la pureté, et qu'appelle-t-on
     barbarisme ?
89. N'est-ce pas un barbarisme que d'employer des mots con-
     trairement à l'usage ?
90. En quoi consiste la propriété du langage ?

91. Qu'est-ce qui rend les mots propres difficiles à trouver, et y
   a-t-il beaucoup de synonymes ?
92. Est-il permis d'employer des mots équivoques ?
93. Qu'est-ce que la phrase, et combien de conditions doit-elle
   réunir?
94. En quoi consiste la correction?
95. La correction est-elle bien importante?
96. Qu'exige la correction relativement à l'arrangement des mots?
97. Que défend la correction par rapport à l'emploi des pronoms?
98. En quoi consiste la précision ?
99. Quel est le défaut contraire à la précision ?
100. En quoi consiste l'ordre à donner aux mots dans une phrase?
101. Quelle place faut-il donner aux idées principales?
102. Quand faut-il placer le mot important au commencement de
   la phrase ?
103. Quand faut-il placer à la fin le mot principal?
104. Comment se divisent les qualités du style?
105. Combien comptez-vous de qualités générales du style?
106. Qu'est-ce que la clarté ?
107. La clarté est-elle bien nécessaire à un écrivain?
108. Quel est le meilleur moyen d'être clair ?
109. L'obscurité est-elle un grand défaut, et d'où provient-elle ?
110. L'obscurité ne vient-elle pas souvent de ce qu'on veut paraître
   profond ?
111. Quand est-ce que l'obscurité vient de l'expression?
112. Est-il quelquefois permis d'obscurcir sa pensée?
113. En quoi consiste la pureté du style?
114. De combien de manières peut-on pécher contre la pureté du
   style?
115. En quoi consiste le néologisme?
116. Ne fait-on pas, en notre temps, trop grand usage des mots
   nouveaux ?
117. D'où vient le fréquent emploi des mots nouveaux?
118. Doit-on interdire aux écrivains l'emploi de tous les mots
   nouveaux?
119. En quoi consiste le défaut qu'on appelle *archaïsme*?
120. Qu'appelle-t-on purisme ?
121. En quoi consiste le naturel dans le style?
122. Quelle différence y a-t-il entre le naïf et le naturel ?
123. Quelle illusion produit sur le lecteur le style naturel et aisé ?
124. Quels sont les écrivains français les plus remarquables par le
   naturel ?
125. La facilité ne résulte-t-elle pas du naturel dans le style?
126. En quoi consiste l'affectation ?

127. Quelle impression produit sur le lecteur l'affectation du style ?
128. En quoi consiste la noblesse du style ?
129. La noblesse ne convient-elle qu'au genre le plus élevé ?
130. Comment relève-t-on les expressions qui manquent de noblesse ?
131. A quelle époque a-t-on distingué le style noble du familier ?
132. Qu'est-ce qui fait la noblesse des expressions ?
133. En quoi consiste la bassesse du style ?
134. Qu'est-ce que la convenance du style ?
135. Combien y a-t-il d'espèces différentes de style ?
136. Les bons écrivains ne changent-ils pas de style avec leur sujet ?
137. La variété ne résulte-t-elle pas de la convenance ?
138. En quoi consiste la monotonie ?
139. A combien de genres différents se rapportent les qualités particulières du style ?
140. Qu'est-ce que le style simple ?
141. A quels sujets convient le style simple ?
142. Quelles sont les qualités propres au style simple et les modèles de ce genre ?
143. Qu'est-ce que le style tempéré, et quelle est l'idée que nous en donne Cicéron ?
144. Par quels moyens le style tempéré parvient-il à plaire ?
145. En quoi consiste l'élégance du style ?
146. Quel est le défaut contraire à l'élégance, et en quoi consiste-t-il ?
147. En quoi consiste la richesse du style ?
148. Quand est-ce que l'expression est riche ?
149. En quoi consiste la sécheresse ?
150. Qu'est-ce que le style sublime ?
151. Quelles sont les qualités qui caractérisent le style sublime ?
152. Qu'est-ce que l'énergie du style ?
153. Quel est le vice contraire à l'énergie ?
154. En quoi consiste la véhémence du style ?
155. Qu'est-ce que le style froid ?
156. En quoi consiste la magnificence du style ?
157. Quel est l'écueil à éviter dans la magnificence, et qu'est-ce que l'enflure ?
158. Qu'est-ce que le sublime proprement dit ?
159. Quelle différence y a-t-il entre le sublime et le style sublime ?
160. Qu'entendez-vous par ornements du style ?
161. L'écrivain a-t-il besoin d'ornements pour arriver à son but ?
162. Les ornements doivent-ils être dispensés avec sobriété ?
163. Quelles sont les deux sources où le style puise ses ornements ?

164. Qu'est-ce que les figures ?

165. Comment reconnaît-on les figures dans une phrase?

166. Ne distingue-t-on pas deux classes principales de figures ?

167. Qu'est-ce que les figures de mots en général, et qu'entendez-vous par tropes ?

168. La plupart des mots n'ont-ils pas deux sens bien distincts?

169. Combien comptez-vous de tropes ?

170. Qu'est-ce que la métaphore ?

171. La métaphore est-elle une figure fréquemment employée ?

172. Quels sont les principaux usages de la métaphore?

173. De combien de manières peuvent pécher les métaphores ?

174. Quelle analogie et quelle différence y a-t-il entre une image
et une métaphore ?

175. En quoi consiste l'allégorie, et comment la distinguez-vous
de la métaphore ?

176. Quel nom prend l'allégorie lorsqu'elle se prolonge dans toute
une composition ?

177. Qu'est-ce que la catachrèse?

178. En quoi consiste l'antonomase ?

179. Quand est-ce qu'a lieu la métonymie?

180. Qu'est-ce que la synecdoque ?

181. Presque tous les tropes ne rentrent-ils pas dans la métaphore?

182. N'y a-t-il pas quelques autres locutions qui se rapportent
aux tropes ?

183. Quelles sont les principales figures de mots proprement dites ?

184. Qu'est-ce que l'ellipse?

185. Qu'est-ce que le pléonasme ?

186. Qu'est-ce que la syllepse?

187. Qu'est-ce que l'hyperbate ?

188. Qu'est-ce que les figures de pensées?

189. Les rhéteurs comptent-ils un grand nombre de figures de
pensées ?

190. Quelles sont les figures de pensées propres à instruire?

191. Qu'est-ce que la prolepse ?

192. Quand est-ce que la prolepse prend le nom de subjection ?

193. En quoi consiste la suspension ?

194. Qu'est-ce que la concession?

195. Qu'est-ce que la communication?

196. En quoi consiste la prétérition ou prétermission ?

197. Qu'est-ce que la sentence ?

198. Quand est-ce que la sentence prend le nom d'épiphonème?

199. Quelles sont les figures de pensées propres à plaire?

200. Qu'est-ce que la correction?

201. Qu'est-ce que la réticence ?

202. Qu'est-ce que l'antithèse?
203. Qu'est-ce que la gradation?
204. Qu'est-ce que l'ironie?
205. Quand est-ce que l'ironie prend le nom de sarcasme?
206. Qu'est-ce que la comparaison ou similitude?
207. Quand est-ce que la comparaison prend le nom de contraste?
208. Quelles sont les figures de pensées propres à émouvoir?
209. Qu'est-ce que l'hyperbole?
210. Que produit l'hyperbole outrée?
211. Qu'est-ce que la litote?
212. Qu'est-ce que la permission?
213. Qu'est-ce que l'apostrophe?
214. Qu'est-ce que l'exclamation?
215. Quand est-ce que l'exclamation prend le nom d'optation?
216. Qu'est-ce que l'interrogation?
217. Qu'est-ce que la déprécation ou obsécration?
218. Qu'est-ce que l'imprécation?
219. Qu'est-ce que la prosopopée?
220. Quand est-ce que la prosopopée prend le nom de dialogisme?
221. Faut-il attacher beaucoup d'importance à la classification des figures?
222. Les figures doivent-elles être prodiguées?
223. Qu'est-ce que l'harmonie et combien de sortes y en a-t-il?
224. L'harmonie a-t-elle une grande importance?
225. En quoi consiste l'harmonie du style et d'où résulte-t-elle?
226. Quels mots doit-on admettre de préférence pour l'harmonie de la phrase?
227. Par quels moyens peut-on faire entrer dans le style des mots durs et choquants?
228. L'harmonie des mots ne dépend-elle pas surtout de leur arrangement?
229. Que faut-il éviter surtout dans l'arrangement des mots?
230. Faut-il éviter absolument toutes les syllabes rudes et fortes?
231. D'où résulte l'harmonie des phrases?
232. En quoi consiste le nombre?
233. Que demande la respiration, l'esprit et l'oreille dans le nombre de la phrase?
234. Pourquoi a-t-on appelé nombre l'harmonie dans le style?
235. Qu'est-ce que la période?
236. Qu'est-ce qui distingue proprement une période?
237. Que faut-il entendre par membre et incise?
238. Quelle est la condition nécessaire pour toute période?

239. Ne rencontre-t-on pas de longues phrases qui ne forment pas
     une seule période?
240. Combien une période peut-elle avoir de membres?
241. Qu'est-ce qui contribue le plus à la beauté de la période?
242. Quand est-ce que le style est appelé périodique?
243. En quoi consiste l'harmonie imitative?
244. L'harmonie imitative est-elle d'une grande importance?
245. De combien de sortes sont les objets que peut représenter
     l'harmonie?
246. Citez des exemples pour les sons de la nature?
247. Citez des exemples pour l'harmonie qui peint les mou-
     vements?
248. Citez des exemples de l'harmonie qui représente les émotions
     de l'âme?
249. Combien y a t-il de moyens de se former à l'art d'écrire?
250. Les préceptes suffisent-ils sans les modèles et les exercices du
     style?
251. Qu'entendez-vous par modèles littéraires?
252. Où se trouvent les modèles que le jeune homme doit sans
     cesse étudier?
253. La Bible n'est-elle pas un modèle qu'il faut méditer conti-
     nuellement?
254. Le chrétien doit-il aussi étudier les auteurs païens?
255. Que doit-on rechercher principalement dans les chefs-d'œuvre
     des païens?
256. Que faut-il pour qu'un ouvrage puisse être cité comme modèle?
257. Combien d'exercices embrasse l'étude des modèles?
258. En quoi consiste une lecture bien entendue des modèles?
259. La lecture des écrivains est-elle un puissant moyen de se
     former le style?
260. La lecture est-elle indispensable aux jeunes littérateurs?
261. Combien faut-il prendre de précautions pour le choix des livres?
262. Faut-il s'interdire tout ouvrage immoral?
263. Doit-on lire des auteurs médiocres et imparfaits?
264. Faut-il se borner à un petit nombres de livres?
265. De quelle manière faut-il lire, pour tirer des fruits de ses lec-
     tures?
266. Que demande l'ordre qu'on doit apporter à ses lectures?
267. Qu'exige la sobriété dans les lectures?
268. Faut-il lire avec lenteur?
269. La lecture doit-elle être accompagnée de réflexions?
270. En quoi consiste l'analyse?
271. Combien d'opérations comprend l'analyse?
272. Quels sont les avantages de l'analyse?

273. Comment l'analyse littéraire diffère-t-elle des autres genres
       d'analyse?
274. L'analyse ne s'applique-t-elle pas à tous les genres de com-
       position?
275. En quoi consiste la traduction?
276. La traduction est-elle un puissant moyen d'approfondir les
       modèles?
277. La lecture peut-elle tenir lieu de la traduction?
278. La traduction est-elle un moyen de se former le style?
279. Combien de choses faut-il considérer pour bien traduire?
280. En quoi consiste l'imitation proprement dite?
281. Comment faut-il entendre l'imitation dans un sens plus
       étendu?
282. Quels sont les avantages de l'imitation?
283. Quelles sont les différentes manières d'imiter un écrivain?
284. Combien y a-t-il de précautions à prendre dans l'imitation
       d'un écrivain?
285. Qu'est ce qu'une composition littéraire?
286. Combien de choses sont nécessaires pour réussir dans la
       composition?
287. Est-il important de bien choisir son sujet?
288. Faut-il méditer sérieusement le sujet avant de commencer à
       écrire?
289. De quelle manière faut-il méditer son sujet?
290. Est-il vraiment impossible aux jeunes gens de méditer un
       sujet?
291. Quels seront les fruits d'une longue et patiente méditation?
292. Faut-il suspendre le travail dans les moments de stérilité?
293. Doit-on se contenter du premier jet de l'esprit?
294. Avec quelle précaution et quelle lenteur faut-il corriger son
       travail?
295. Faut-il soumettre son œuvre à la correction d'un maître ou
       d'un ami?
296. Le travail de la correction ne doit-il pas avoir un terme?
297. Quels sont les principaux genres de compositions littéraires?
298. Qu'est-ce que la narration?
299. Combien de parties comprend une narration quelconque?
300. Quel est le but de l'exposition?
301. Que faut-il pour que l'exposition soit claire?
302. Comment l'exposition sera-t-elle simple et modeste?
303. Quand l'exposition porte-t-elle le nom de début dramatique?
304. Qu'est-ce que le nœud de l'action?
305. Le nœud de l'action demande-t-il beaucoup de talent et
       d'habileté?

306. Qu'est-ce que le dénoûment de l'action ?
307. Faut-il s'arrêter aussitôt que le dénoûment est connu
308. Quelles sont les qualités générales de la narration ?
309. En quoi consiste l'unité de la narration ?
310. En quoi consiste la clarté de la narration ?
311. En quoi consiste la brièveté de la narration ?
312. En quoi consiste l'intérêt de la narration ?
313. Quels sont les ornements qui forment l'agrément de la narration ?
314. Combien distingue-t-on d'espèces de narrations ?
315. Qu'est-ce que la narration historique ?
316. Quel est le véritable but de l'histoire ?
317. Quelles sont les qualités particulières à la narration historique ?
318. En quoi consiste la vérité de la narration historique ?
319. En quoi consiste l'impartialité de l'histoire ?
320. Quel est l'ordre qui doit régner dans l'historien ?
321. Qu'exige la moralité de l'histoire ?
322. Qu'est-ce que la narration poétique ou fabuleuse, et en quoi diffère-t-elle de la narration historique ?
323. Quelles sont les qualités particulières à la narration poétique ?
324. Quels sont les écrivains qui présentent les meilleurs modèles de narration ?
325. Qu'est-ce que la description, et quel talent exige-t-elle ?
326. Combien de conditions faut-il pour bien décrire ?
327. Comment faut-il choisir l'objet de la description ?
328. Sous quel point de vue faut-il présenter un objet ?
329. Ne faut-il pas choisir le moment le plus avantageux quand l'objet est changeant ?
330. La description doit-elle être toujours également étendue ?
331. Faut-il admettre dans la description les circonstances minutieuses ?
332. Quel est l'avantage des contrastes dans la description ?
333. Combien y a-t-il de sortes de descriptions ?
334. Qu'est-ce que la chronographie ?
335. Qu'est-ce que la topographie ?
336. Qu'est-ce que la démonstration ou narration descriptive ?
337. Qu'est-ce que la prosopographie ?
338. Qu'est-ce que l'éthopée, le portrait et le caractère ?
339. Quand est-ce que le portrait prend le nom de parallèle ?
340. Qu'est-ce que la lettre ?
341. Combien de sujets peut embrasser la lettre ?
342. Le talent d'écrire une lettre est-il bien important ?
343. A quoi se réduisent les règles que nous donnons sur les lettres ?

344. Quels caractères doit avoir le style de la lettre?
345. Qu'exige la simplicité?
346. Que demande le naturel dans une lettre?
347. En quoi consiste la facilité?
348. Quel est le genre d'abandon qui doit régner dans la lettre!
349. Qu'exige la convenance dans la lettre?
350. Combien peut-on compter d'espèces de lettres?
351. Quel doit être le caractère des lettres d'amitié?
352. Quels ornements conviennent aux lettres d'amitié?
353. Qu'est-ce que les lettres de convenance, et comment faut-il les écrire?
354. Comment faut-il écrire les lettres d'affaires?
355. Quels sont les principaux écrivains épistolaires?
356. Que comprenez-vous sous le nom de dissertation ou genre didactique?
357. Que demandent principalement les dissertations et les œuvres de raisonnement?
358. Quelles sont les principales compositions qui se rapportent à la dissertation ou au genre didactique?
359. Quelles qualités demande un ouvrage élémentaire?
360. Quels sont les caractères qui conviennent aux œuvres de polémique?
361. Quel est le but des critiques ou analyses littéraires?
362. Comment faut-il faire la critique d'un ouvrage?
363. Les jeunes gens peuvent-ils juger une œuvre littéraire?
364. Dans quel sens peut-on entendre le travail d'une analyse littéraire?
365. Qu'entendez-vous par considérations religieuses ou morales?
366. Que demande la dissertation philosophique?
367. Comment peut-on exercer les jeunes gens aux dissertations littéraires?
368. Qu'est-ce que le dialogue, et quelles qualités exige-t-il?
369. Comment faut-il faire les parallèles littéraires?
370. A quoi faut-il s'attacher avant tout dans les dissertations littéraires?

DEUXIÈME PARTIE

DE LA POÉTIQUE.

371. Qu'est-ce que la poétique ou l'art poétique!
372. Que signifie le mot *poésie*?
373. Qu'est-ce que la poésie dans le sens le plus large et le plus étendu?

374. En quoi consiste l'essence du génie poétique?
375. Qu'est-ce que l'imagination?
376. Qu'est-ce que l'inspiration?
377. Où se trouve l'inspiration dans toute sa plénitude?
378. Qu'est-ce que la poésie dans le sens le plus restreint?
379. La poésie est-elle nécessairement assujettie au rhythme?
380. La poésie diffère-t-elle seulement par le rhythme du langage
    ordinaire?
381. La poésie n'est-elle pas indépendante du langage mesuré?
382. Quels rapports y a-t-il entre la poésie, la peinture et la mu-
    sique?
383. Quelle est l'origine de la poésie?
384. Quel fut le premier emploi de la poésie?
385. L'objet de la poésie ne doit-il pas être toujours moral?
386. Quelle est la fin immédiate de la poésie, et quelle est sa fin
    principale?
387. Tous les genres de poésie n'ont-ils pas une fin utile?
388. En combien de genres peuvent se diviser tous les poèmes?
389. Qu'est-ce que la versification française?
390. A combien d'objets se rapportent les règles de la versification
    française?
391. Qu'est-ce que la mesure d'un vers?
392. Combien distingue-t-on d'espèces de vers?
393. Qu'est-ce que l'élision, et dans quel cas a-t-elle lieu?
394. Qu'appelle-t-on hiatus?
395. Que faut-il entendre par repos?
396. L'hémistiche peut-il tomber sur une syllabe muette?
397. Qu'est-ce que le repos final, et qu'appelle-t-on enjambement?
398. Dans combien de cas tolère-t-on l'enjambement?
399. Qu'est-ce que la rime, et combien y en a-t-il d'espèces?
400. Quelles sont les qualités de la rime?
401. Quelle est la règle générale pour la disposition des rimes?
402. Combien y a-t-il de combinaisons pour la disposition des rimes?
403. En quoi consiste l'arrangement des rimes plates ou suivies?
404. Qu'appelle-t-on rimes croisées?
405. Qu'appelle-t-on rimes mêlées?
406. Qu'appelle-t-on rimes redoublées?
407. De combien de manières peut-on diviser les vers?
408. Qu'est-ce qu'on appelle stances, strophes et couplets?
409. A combien de règles la stance est-elle soumise?
410. Qu'est-ce que la licence?
411. Quand peut-on employer les ellipses?
412. A quoi servent les transpositions ou inversions?
413. L'exercice de la versification française est-il utile?

414. Comment se divisent les grands genres de poésie?
415. Qu'est-ce que la poésie lyrique?
416. Le vrai caractère de la poésie ne se trouve-t-il pas surtout dans le genre lyrique?
417. Les lyriques grecs n'ont-ils pas plus d'enthousiasme que les autres?
418. N'y a-t-il pas des poëmes lyriques de deux genres différents?
419. Qu'est-ce que l'ode en général?
420. Comment se divisait l'ode chez les Grecs?
421. Quels sont les caractères de l'ode?
422. Qu'est-ce que l'enthousiasme?
423. Le début de l'ode doit-il être hardi?
424. Que faut-il entendre par écarts?
425. Qu'appelle-t-on digressions?
426. Comment faut-il entendre le désordre qui règne dans l'ode?
427. L'unité doit-elle se trouver dans l'ode?
428. Combien distingue-t-on d'espèces d'odes?
429. Qu'est-ce que l'ode sacrée?
430. Où se trouvent les plus belles odes sacrées?
431. Les hymnes de l'Église n'offrent-ils pas de grandes beautés?
432. Les païens nous ont-ils laissé des odes sacrées?
433. Qu'était le dithyrambe chez les Grecs et qu'est-il aujourd'hui?
434. Qu'est-ce que l'ode héroïque?
435. Quel doit être le style et le ton de l'ode héroïque?
436. Les chants héroïques de Pindare et d'Horace sont-ils également religieux?
437. Qu'est-ce que l'ode morale ou philosophique?
438. Quel doit être le caractère de l'ode philosophique?
439. Qu'est-ce que l'ode badine?
440. Qu'appelle-t-on ode anacréontique?
441. Quand est-ce que l'ode badine prend le nom de chanson?
442. Quels sont la forme et le style de la chanson?
443. Qu'est-ce que la cantate?
444. Quelle est la forme de la cantate?
445. Quels sont les principaux poëtes lyriques chez les différents peuples?
446. Qu'est-ce que le genre épique en général?
447. Qu'est-ce que l'épopée?
448. Que faut-il entendre par action de l'épopée?
449. L'action épique doit-elle être vraisemblable?
450. L'action épique doit-elle être héroïque?
451. L'action épique doit-elle être merveilleuse?
452. A quelle source les poëtes épiques doivent-ils puiser le merveilleux?

453. Le christianisme n'offre-t-il pas de grandes ressources au poëte épique?

454. Quelles sont les précautions à prendre dans l'emploi du merveilleux chrétien?

455. A combien d'objets se rapportent les règles de l'épopée?

456. Quelles sont les qualités de l'action épique?

457. L'unité est-elle nécessaire au poëme épique?

458. L'unité d'action exclut-elle les épisodes?

459. Comment faut-il employer les épisodes?

460. Qu'exige l'intégrité de l'action?

461. Qu'exige la grandeur de l'action?

462. Qu'exige l'intérêt de l'action?

463. Combien distingue-t-on de sortes de personnages dans l'épopée?

464. Doit-il y avoir un personnage dominant?

465. Quel est le caractère des personnages principaux et des personnages accessoires?

466. Qu'entend-on par caractères ou mœurs poétiques et quelles sont les qualités que doivent avoir ces mœurs?

467. Faut-il faire connaître les mœurs des personnages plutôt par des discours que par des portraits?

468. Qu'entend-on par forme ou disposition de l'épopée?

469. Que doit faire le poëte avant de commencer son récit?

470. Que fait le poëte dans la proposition?

471. Qu'est-ce que l'invocation?

472. Que fait le poëte dans la préparation?

473. Qu'est-ce que le nœud et comment se développe-t-il?

474. Qu'est-ce que le dénoûment?

475. Quel doit être le style de l'épopée?

476. Le poëte épique peut-il enrichir son ouvrage de discours, de descriptions et de portraits?

477. Comment le poëte épique doit-il présenter la morale?

478. Faut-il regarder le poëme épique comme une œuvre bien difficile?

479. Quels sont les poëmes que l'on distingue parmi les épopées secondaires?

480. Qu'est-ce que le poëme héroïque?

481. Que cherche le poëte dans le poëme héroï-comique?

482. Qu'est-ce que le poëme badin, et en quoi consiste le poëme burlesque?

483. Qu'est-ce que le roman?

484. Qu'est-ce que le drame et en quoi diffère-t-il de l'épopée?

485. Quelle est la fin du drame?

486. Que faut-il faire pour embrasser toutes les questions qui se rapportent à la poésie dramatique?

487. Quand est-ce que le drame a pris naissance et qu'était-il chez
     les anciens?
488. A quoi se rapportent les règles qui concernent le drame en
     général?
489. Quelles sont les qualités essentielles à toute action dramatique?
490. En quoi consiste la vraisemblance de l'action?
491. En quoi consiste l'intégrité de l'action?
492. Qu'exige l'unité de l'action?
493. Quand est-ce que l'action est une par le fait?
494. Qu'exige l'unité de lieu?
495. Qu'exige l'unité de temps?
496. Peut-on s'affranchir de la loi des trois unités?
497. Que renferme l'action et quelle est la fin de l'exposition du sujet?
498. En quoi consiste le nœud ou intrigue et d'où découle-t-il?
499. Quand le dénoûment a-t-il lieu et quels noms reçoit-il?
500. De quoi se compose toute action dramatique et qu'appelle-t-on
     acte?
501. Qu'appelle-t-on entr'acte?
502. Comment se divisent les actes et comment les scènes sont-elles
     caractérisées?
503. Que peut-on considérer dans les personnages dramatiques?
504. Qu'appelle-t-on dialogue?
505. Qu'est-ce que le monologue?
506. Combien y a-t-il de sortes de drames?
507. Quelles sont les sortes de poëmes dramatiques que comprend
     le genre tragique?
508. Qu'est-ce que la tragédie proprement dite?
509. Que doit faire le poëte pour arriver à cette tristesse qui fait le
     plaisir de la tragédie?
510. Est-il vrai que l'ambition, la vengeance et l'amour sont les trois
     passions les plus tragiques?
511. La passion de l'amour est-elle nécessaire dans la tragédie?
512. Quel doit être le style de la tragédie?
513. Quel est le but moral de la tragédie?
514. Qu'est-ce que le drame, et en quoi diffère-t-il de la tragédie?
515. Comment ce genre est-il difficile?
516. Doit-on chercher à produire des émotions par toutes sortes
     de moyens, et que faut-il pour que le drame ait un but
     sérieux?
517. Quels sont les principaux poëtes tragiques chez les différents
     peuples?
518. Combien distingue-t-on d'espèces de comédies?
519. Qu'est-ce que la comédie proprement dite, et quel en est
     l'objet?

520. La comédie a-t-elle rendu l'homme meilleur au moyen du ridicule?

521. Qu'est-ce que le ridicule, le risible, le comique dans la comédie?

522. Quels sont les principaux moyens de peindre le ridicule et les vices des hommes?

523. Combien y a-t-il de sortes de comiques?

524. Combien distingue-t-on de sortes de comédies, et quel est le caractère de chacune d'elles?

525. Qu'est-ce que la comédie populaire, et quand est-ce qu'elle prend le nom de parodie?

526. Qu'appelle-t-on comédie-ballet?

527. N'y a-t-il pas des pièces où tout est exprimé par le geste?

528. Qu'est-ce que le vaudeville?

529. Le vaudeville n'est-il pas contraire à la vraisemblance?

530. Quels sont les principaux poëtes comiques?

531. Qu'embrasse le genre mixte?

532. Qu'est-ce que l'opéra?

533. Le musicien concourt-il à la composition de l'opéra?

534. Qu'est-ce que l'opéra-comique?

535. Qu'est-ce que le mélodrame?

536. Que faut-il entendre par pièces à scènes détachées?

537. Les poëtes dramatiques ont-ils fait un abus de leur talent?

538. Qu'est-ce qui fait le péril du théâtre et des pièces dramatiques?

539. Quel fut le sentiment de plusieurs grands hommes du monde sur les œuvres dramatiques?

540. Que comprend-on sous le titre de genres secondaires?

541. Quel est le but du poëme didactique?

542. Que comprend le genre didactique?

543. Qu'est-ce que le poëme didactique proprement dit?

544. Que faut-il pour réussir dans le poëme didactique?

545. Les épisodes sont-ils d'une grande ressource pour le poëte didactique?

546. Qu'était le poëme descriptif chez les anciens et qu'est-il de nos jours?

547. En quoi consiste le poëme descriptif et quels sont les principaux poëtes de ce genre?

548. Qu'est-ce que l'épître et qu'embrasse-t-elle?

549. Combien distingue-t-on de sortes d'épîtres?

550. Qu'est-ce que l'épître philosophique et quelles sont ses qualités essentielles?

551. Comment est caractérisée l'épître familière et que demande-t-elle?

552. Que fait le poëte dans l'épître-héroïde?

553. Qu'entend-on par satire?
554. Que doit faire le poëte satirique, et que doit-il éviter?
555. Qu'est-ce que la fable ou apologue?
556. Quels sont les auteurs que l'on peut mettre en scène dans l'apologue?
557. Que présente l'apologue et de quoi se compose-t-il?
558. Que doit être l'action de l'apologue?
559. Où se place la moralité de l'apologue?
560. Qu'est-ce la poésie pastorale, et quelle est son origine?
561. Quel est le but moral et l'objet de la poésie pastorale?
562. Dans combien d'états peut-on considérer les bergers?
563. Comment s'appelait la poésie pastorale chez les anciens, et en quoi diffèrent l'églogue et l'idylle chez les modernes?
564. Combien distingue-t-on d'espèces d'églogues?
565. Quelles qualités doivent avoir les bergers?
566. Quel doit être le style de la poésie pastorale?
567. Quels sont les modèles du genre pastoral chez les anciens et chez les modernes?
568. Qu'est-ce que l'élégie, et qu'embrasse-t-elle aujourd'hui?
569. En quoi l'élégie diffère-t-elle de l'ode?
570. Quelle a été la forme de l'élégie chez les différents peuples?
571. Quel est le sentiment qui doit dominer dans l'élégie?
572. Quel doit être le style de l'élégie?
573. Où se trouvent les plus belles élégies?
574. Que faut-il penser des élégiaques païens?
575. Quels sont nos meilleurs poëtes élégiaques?
576. Qu'appelle-t-on poésies fugitives?
577. Quels sont les principaux genres de poésies fugitives?
578. Qu'est-ce qu'on entend aujourd'hui par épigramme?
579. Quel est le caractère de l'épigramme chez les Français?
580. En quoi le madrigal diffère-t-il de l'épigramme?
581. Qu'est-ce que l'épitaphe?
582. Qu'est-ce que l'inscription?
583. Qu'est-ce que le sonnet, et quelles sont l'importance et la difficulté de ce poème?
584. Qu'est-ce que la ballade proprement dite?
585. Qu'est-ce que le rondeau?
586. Qu'est-ce que le triolet?
587. Qu'est-ce que l'énigme?
588. Qu'est-ce que la charade?
589. Qu'est-ce que le logogriphe?

TABLE DES MATIÈRES

DEUXIÈME PARTIE.

TROISIÈME PARTIE.

CITATIONS ET MODÈLES.

Questionnaire

DU COURS DE LITTÉRATURE.

FIN

Paris. — Imprimerie P.-A. BOURDIER et Cᵉ, rue des Poitevins, 6.

LOUIS GIRAUD, LIBRAIRE-ÉDITEUR

RUE DES SAINTS-PÈRES, 11

EXERCICES MÉTHODIQUES

DE

VERSION LATINE

CONTENANT

TROIS CENTS EXTRAITS DES AUTEURS LATINS

du siècle d'Auguste au Ve siècle de l'ère chrétienne

PRÉCÉDÉS DE CONSEILS POUR LA TRADUCTION

A L'USAGE

DES ASPIRANTS AU BACCALAURÉAT

et aux écoles spéciales

PAR J. MONNIER

AGRÉGÉ DES CLASSES SUPÉRIEURES

Première Partie. — Textes.	Deuxième Partie. — Traductions.
Précédé de Conseils pratiques sur la Version.	Avec commentaires historiques, géographiques et littéraires.
Un volume in-12. Prix : 2 fr.	Un volume in-12. Prix : 2 fr. 50.

Voici en quels termes le *Journal officiel de l'Instruction publique* a rendu compte de cet ouvrage :

« Lorsque ces deux volumes nous sont arrivés, ils ont d'abord produit sur notre esprit une impression peu favorable. Le titre qu'ils portent inscrit sur leur couverture nous les dénonçait comme un nouveau recueil à joindre à tant d'autres qu'une spéculation, aussi regrettable pour ceux qui s'y livrent que pour ceux à qui elle s'adresse, offre en appât à la crédulité des paresseux assez simples pour croire, sur la parole d'une préface, que, sans avoir la peine d'apprendre, ils pourront arriver à tout savoir. Toutefois, comme d'après le précepte du bon La Fontaine, il ne faut pas juger des gens sur l'apparence, avant de ranger d'une manière définitive l'ouvrage qu'on nous soumettait dans la catégorie de ceux destinés à faire éclore des bacheliers anticipés, nous avons voulu remplir avec une complète impartialité les devoirs de la critique, et nous avons ouvert le livre pour pouvoir ensuite user à son égard de toute la sévérité de nos droits. Mais, en parcourant la préface, quelle n'a pas été notre surprise d'y trouver un langage bien différent de celui auquel nous nous étions préparé! L'Auteur commence par repousser loin de lui la prétention de vouloir donner une méthode expéditive, des moyens artificiels pour obtenir ce grade que l'on salue de loin sur les bancs du collège comme le jour de l'affranchissement. Il laisse à d'autres plus habiles, — comme on voudra l'entendre, — le soin d'apprendre à travailler sans travail, et à faire en quelques mois l'ouvrage de plusieurs années.

« Nous trouvant en accord parfait avec l'Auteur dès les premiers mots de la préface, l'examen de son travail est devenu pour nous un véritable plaisir, d'autant plus que nous y avons rencontré tout à la fois le désir d'être utile aux élèves et de rendre plus facile la tâche des professeurs. M. Monnier prend tout d'abord le soin de ne laisser aucun doute sur le but de son livre et sur la classe de lecteurs à laquelle il s'adresse. Il a travaillé, dit-il, pour les jeunes gens qui ont suivi un cours régulier d'études, mais qui peuvent avoir besoin de se fortifier sur une partie essentielle des travaux classiques, ou qui veulent, dans l'année qui précède leurs examens et qu'occupent d'autres études spéciales et nombreuses, *s'entretenir* avec leurs auteurs, en s'appliquant à améliorer leur manière de traduire et à lui donner la facilité et la sûreté désirables. En un mot, ajoute-t-il, notre recueil est un simple manuel du rhétoricien ou du philosophe qui s'exerce particulièrement à la version latine par un travail personnel et réfléchi, en se servant de modèles et s'aidant d'applications qu'il cherche à reproduire lui-même.

« Dans le choix des textes, l'Auteur s'est efforcé de répondre à la triple exigence de l'enseignement actuel. Il a d'abord eu soin de réunir la plus grande partie des versions données dans les examens des Facultés ; c'était le bon moyen d'indiquer de quelle force et de quelle longueur sont les devoirs proposés aux candidats. De plus, pour les examens des Écoles spéciales, on choisit en général des versions dont le sujet se rattache plus particulièrement à la nature des connaissances demandées aux candidats : c'est pour ce motif que M. Monnier a emprunté plusieurs passages à César, Végèce, Frontin, Vitruve, Pomponius Méla. Tout le monde sait enfin que, d'après le nouveau plan d'études, la littérature chrétienne occupe désormais une place dans l'enseignement classique ; aussi, pour se soumettre aux recommandations du programme, l'Auteur a-t-il recueilli, dans les Pères de l'Église, les morceaux qui, par leur latinité ou par leur intérêt, lui étaient désignés d'une manière plus spéciale. Comme il est facile d'en juger déjà, cette réunion de textes présente un ensemble des plus satisfaisants, et fournit les matériaux nécessaires aux différents genres d'études auxquels on se livre dans les classes, et des modèles heureusement variés de littérature sacrée et profane.

« Ces versions, disposées de manière à graduer les difficultés, ont pour résultat d'amener l'élève, par des exercices proportionnés à ses progrès et à ses forces, à surmonter facilement les obstacles du sens et de la traduction, réunis à dessein dans les textes. Des notices littéraires sur les différents auteurs attirent aussi l'attention des élèves sur les qualités et les défauts du style et la valeur de ces écrivains, et les préparent utilement à des notions plus développées sur la littérature. Des notes historiques et géographiques viennent compléter ces notions accessoires que le professeur doit toujours chercher à faire sortir de son enseignement principal, et qui sont d'autant plus utiles qu'elles servent en même temps de délassement aux autres travaux de la classe.

« M. Monnier a cru devoir présenter aussi quelques conseils aux élèves sur la manière de traduire et de faire les versions. Rien de plus commun et de plus banal pour l'ordinaire que ces avis, espèce de préface obligée de tous les ouvrages du même genre ; mais l'Auteur, auquel la pratique et l'expérience des classes semblent avoir donné l'habitude et l'usage de tout ce qui convient aux élèves, est sorti des généralités pour entrer dans l'application des règles et des procédés qui peuvent être l'objet d'une définition, et qui rendent la traduction plus facile et plus élégante.

« Pour ajouter une plus grande autorité à ses paroles, M. Monnier n'a point voulu mettre en avant ses propres opinions ; il a fait parler Cicéron surtout, indiquant de quelle manière il s'est efforcé de traduire Démosthènes et Eschine, dans leurs fameux discours sur la couronne. On verra, dans les conseils de M. Monnier, à quelles exigences doit satisfaire toute traduction.

M. Monnier, prenant pour exemple le discours de Céréalis dans Tacite et la traduction donnée par Burnouf, montre aux élèves, phrase par phrase, ce qu'ils ont à faire pour conserver aux pensées, en les faisant passer d'une langue dans l'autre, le véritable caractère qu'a voulu leur donner l'écrivain. Les élèves peuvent juger ainsi, d'après le maître, de quelle manière ils devront tourner des phrases semblables et venir à bout des difficultés du sens et de la traduction.

« Il ne suffit pas de comprendre, il ne suffit pas de traduire, il faut encore donner au style la couleur et la nuance qui lui conviennent. C'est là qu'il importe de faire, suivant la nature du sujet, la distinction entre le style sublime, le style tempéré et le style simple. Chaque genre, en outre, se caractérise par des délicatesses qui distinguent l'écrivain parfait de celui qui en est encore à ses débuts, et comme exemple, car c'est là un des grands mérites de M. Monnier de donner toujours des exemples à l'appui de ses préceptes, il nous présente une page de La Vallière, corrigée par Bossuet. — Quelle élève ! quel maître et quelle leçon !

« Ainsi que nous l'avons dit en commençant, M. Monnier ne se propose nullement, comme dans beaucoup de méthodes aussi variées que prétentieuses, d'offrir une prime à la paresse et de hâter le moment de la liberté pour certains esprits négligents et incapables. De même que les fruits venus en serre chaude n'ont aucune espèce de saveur, de même les candidats qu'on élève par des procédés analogues se présentent avec une ignorance complète devant les juges qui les renvoient à une autre séance pour leur donner le temps de mûrir. Il faut donc du temps et du travail, selon M. Monnier, pour réussir ; il faut la fréquentation assidue des auteurs ; il faut beaucoup traduire pour bien traduire. En un mot, le maître, quelque habile qu'il soit, ne saurait supprimer le travail de ceux auxquels il enseigne et ne peut que les diriger, au lieu de faire manœuvrer la partie mécanique de l'élève, comme le prétendent certains manuels, il doit développer chez lui la partie intelligente. Cette pensée, qui a inspiré M. Monnier dans le choix des textes, dans leur disposition, dans les conseils dont il les fait précéder, nous semble devoir assurer le succès de son livre auprès des maîtres et des élèves, persuadé que c'est par une communauté d'efforts et de travail que l'enseignement est profitable et que l'on arrive à la science.

G. Guiffrey. »

Ce compte rendu si complet nous dispense d'en reproduire d'autres ; cependant nous citerons encore le jugement d'un des hommes les plus compétents en matière d'enseignement secondaire :

« .... M. Monnier n'a pas dispersé les versions au hasard, comme cela s'est fait dans presque tous les recueils que nous connaissons. Cette marqueterie a d'abord l'inconvénient grave qu'une version facile se rencontre, la plupart du temps, à côté d'une version fort difficile ; l'élève qui veut travailler par lui-même (et c'est la pensée essentielle de M. Monnier) n'a rien qui puisse le guider, qui puisse, comme il le faut toujours, le faire passer du facile au difficile. Un autre désavantage de ces versions éparses, c'est que bien souvent on ne rencontre pas deux extraits de suite d'un même auteur ; impossible, alors, d'en étudier quelque peu le génie et le style. La chose deviendra aisée, au contraire et l'élève fera cette étude presque sans s'en apercevoir, si vous groupez pour lui une série de textes empruntés au même auteur.

« Voilà deux choses que M. Monnier a soigneusement faites. Il a réuni dans un même chapitre tous les emprunts qu'il a faits à chaque prosateur ou à chaque poëte. Il a ensuite disposé les textes selon les difficultés : le dernier numéro réunit toujours les plus nombreuses, soit pour le style à imiter, soit pour le sens à comprendre. Il offre ainsi au jeune étudiant un moyen sûr et facile de s'exercer proportionnellement à ses forces et à ses progrès.

« Notons encore deux choses pour qu'on ait une idée complète du volume des textes.

« 1° Il a introduit dans les trois cents versions un assez grand nombre d'extraits des Pères latins ; cinquante pour les prosateurs, dix-sept pour les poëtes. Les jeunes étudiants auront ainsi le moyen de connaître le mérite incontestable des Lactance, des Augustin, des Ambroise, et de se façonner aux idées et aux formes néologiques de cette littérature chrétienne, qui a ses difficultés pour l'humaniste même, quand il n'a été littérairement nourri que des idées païennes et du style de Tite-Live et de Cicéron, de Virgile et d'Horace.

« 2° M. Monnier a placé les extraits dans leur ordre chronologique. Le jeune étudiant pourra ainsi étudier par lui-même les débuts, le développement, les progrès, la décadence enfin de la littérature latine ; M. Monnier a excepté de sa nomenclature Horace et Virgile. Il observe avec justesse qu'il y aurait eu là surabondance, puisque ces deux poëtes sont partout presque intégralement expliqués dans les classes. Enfin, et ceci a également son prix, pour aider le jeune écolier dans l'étude et l'appréciation de chaque auteur, M. Monnier a fait précéder chaque série d'extraits d'un examen rapide du mérite littéraire de l'auteur auquel ils sont dus, et d'un jugement précis sur les ouvrages dont l'indication suit le nom des écrivains cités.

« Voilà certainement plusieurs choses qui peuvent distinguer le recueil de M. Monnier des autres recueils de même genre, et qui lui donnent déjà une physionomie particulière ; — mais là n'est point le principal mérite de son ouvrage.

« A la suite du *volume de Textes*, il offre au jeune étudiant un *volume de Traductions*. L'un est l'indispensable complément de l'autre ; le premier donne à l'écolier le devoir à faire ; le second sera pour lui, s'il en fait usage sagement, le remplaçant du maître, le correcteur de son travail, le livre auquel il pourra demander incessamment si son intelligence l'a bien servi, si son œuvre personnelle est mauvaise, passable ou bonne. L'interprétation du texte n'étant ni en regard, ni dans le même volume, il dépendra toujours de l'écolier studieux, de cet écolier de bonne volonté auquel s'adresse M. Monnier, de n'être pas même tenté de recourir au volume de traductions pour résoudre une difficulté, pour comprendre un passage obscur, pour trouver l'expression qui lui manque. Le sens de cette difficulté, l'explication de ce passage, ce mot qui le fuit, il les demandera à son dictionnaire, à sa mémoire, à son intelligence, à son travail *personnel* et *réfléchi* : il n'ouvrira le volume français que lorsque son œuvre sera achevée, pour corriger s'il n'a pas été heureux, pour s'applaudir et s'encourager si le succès a couronné ses efforts.

« Ce que nous venons de dire, Cicéron et Pline le Jeune le recommandaient, il y a dix-huit et vingt siècles, aux humanistes de leur temps. M. Monnier n'a fait que réaliser leur pensée. Ses deux volumes sont donc une publication éminemment utile ; nous pouvons le répéter maintenant, preuves en main. »

www.ingramcontent.com/pod-product-compliance
Lightning Source LLC
Chambersburg PA
CBHW061437060726
47597CB00002B/363